HENRY
DE L'ACADÉ...

Dames d'Autrefois

TROISIÈME ÉDITION

PARIS
LIBRAIRIE HACHETTE ET Cⁱᵉ
79, BOULEVARD SAINT-GERMAIN, 79
1912

3 fr. 50

Dames d'Autrefois

OUVRAGES DU MÊME AUTEUR

A LA LIBRAIRIE HACHETTE :

EN MARGE DU TEMPS. Un vol. in-16, br. . . . . . 3 fr. 50
LA GALERIE DES BUSTES. Un vol. in-16, br. . . . . 3 fr. 50

Pour paraître prochainement.

ARTISTES ET AMIS DES ARTS (notices académiques).

A LA LIBRAIRIE RUEFF :

AU MILIEU DES HOMMES. Un vol. in-16, br. . . . . 3 fr. 50

A LA LIBRAIRIE OLLENDORFF :

MIREMONDE (conte moral). Avec une préface d'Alexandre
Dumas . . . . 2 fr. »
(Ouvrage couronné par l'Académie française).

Imp. de Vaugirard, H.-L Motti, directeur.

HENRY ROUJON

de l'Académie Française

Dames d'Autrefois

TROISIÈME ÉDITION

PARIS

LIBRAIRIE HACHETTE ET Cⁱᵉ

79, BOULEVARD SAINT-GERMAIN, 79

1912

A mes Chers Amis
Adolphe et Madeleine BRISSON
en affectueuse gratitude.

Montreux, Septembre 1910.

H. R.

DAMES D'AUTREFOIS

HÉLOÏSE

———

Il n'est pas, dans l'histoire des amants illustres, de couple plus populaire qu'Héloïse et Abélard. D'où vient cette célébrité ? Il faut bien l'avouer, certain détail pathologique de cette vieille histoire est pour beaucoup dans son succès séculaire. Nous restons les héritiers des lecteurs de fabliaux égrillards ; nous sommes toujours amateurs de procès scandaleux. La douloureuse aventure du grand écolâtre et de son élève n'est jamais évoquée qu'avec un petit sourire polisson. Les poètes galants du dix-huitième siècle ont vu là un thème à badinage. L'opérette moderne est venue parfaire l'œuvre de défiguration caricaturale. Connus de tous et profondément méconnus, tels sont Abélard et Héloïse.

Une femme de rare talent et d'esprit généreux, Mme Jean Bertheroy, a publié le récit de cette idylle cruelle. Est-ce un roman comme en écrirait un romancier archéologue ? L'aimable volume de Mme Jean Bertheroy n'est, à vrai dire, ni une thèse de Sorbonne, ni un conte de fantaisie. Il faut y voir un poème, un tendre et compatissant poème, qu'un sentiment de pitié et de justice a dicté à un doux génie féminin. L'auteur le dit éloquemment : « Ce livre n'est point écrit pour les amateurs de

scandale. C'est l'histoire pathétique de deux êtres
qui, après s'être passionnément aimés, se sont trouvés brusquement arrachés aux bras l'un de l'autre. »
La narratrice de ce beau drame d'amour a voulu
revivre par la pensée dans ce Paris du douzième
siècle que le monde entier appelait alors « la Cité
des Lettres ». Cette reconstitution de la civilisation
médiévale témoigne du plus fin savoir et d'une délicate intelligence du passé. Tout le livre est écrit en
une noble prose rythmée, et dans le ton qui sied
a l'hagiographie. En ce sens, c'est presque une Vie de
Saints que Mme Bertheroy nous raconte. Mais
comme elle est femme et fille d'un siècle incrédule,
elle se plaît à reconnaître, même à proclamer, que ses
deux héros n'étaient point des saints. Et c'est pour
cela qu'elle nous invite, avec un charme délicieux
de persuasion, à ne les en aimer que davantage.

Qu'était-ce que Pierre Abélard, en tant que philosophe ? Les profanes, dont nous sommes, ont le
devoir de s'en rapporter aux doctes chercheurs qui
ont exploré les broussailles de la forêt scolastique.
Cousin, Rémusat, Jourdain, Jules Simon, Gréard
nous ont appris à vénérer en lui un des pères de la
pensée moderne, une sorte d'ébauche de Descartes
dans la France de Louis le Gros. Nos lecteurs n'attendent pas de moi que je leur explique en quoi
consistait le « conceptualisme ». Je n'en ferai rien,
pour mille raisons, dont la première est que je crain-
drais de dire des sottises. Il apparaît toutefois aux
gens les moins savants du monde que l'abbé de
Saint-Gildas a exercé sur les esprits du douzième
siècle une manière de souveraineté. « Il fut, dit
le regretté historien Achille Luchaire, le dominateur intellectuel, le dictateur de la pensée scientifique ; il a élargi dans tous les sens le champ de la
réflexion humaine. » On sait que l'Eglise prit om-

brage de l'enseignement de ce théologien subtil, trop épris de dialectique, qui allait, dans ses audaces d'interprétation, jusqu'à refuser au Fils et au Saint-Esprit la personnalité divine. Abélard n'échappa à l'hérésie que par le silence. Cette pensée, coupable d'un excès de hardiesse, ne se rétracta point ; elle abdiqua. L'orageuse carrière du moine suspect s'acheva dans la paix du cloître.

Mais ceci ne passionnera jamais qu'une élite. Peu importe à la foule le docteur que fut Abélard. La question qui reviendra toujours sur les lèvres des femmes est celle-ci : « Quel amant ce profond penseur a-t-il été ? »

A cette question, Mme Bertheroy vient, à son tour, donner sa réponse. Il apparaît clairement dans son livre que peu d'hommes ont été plus complètement, plus absolument, plus follement aimés. Mais, lui-même, comment aima-t-il ?

Ne dites pas que nous n'en savons rien ; nous sommes au contraire admirablement renseignés sur cette âme lointaine. Nous lisons couramment dans ses profondeurs. La confession d'Abélard est sous nos yeux ; il l'écrivit, plusieurs années après son malheur, sous la forme d'une *Lettre à un ami*. Cette confidence, il l'a rédigée dans le latin un peu lourd de l'école, mais Octave Gréard a pris soin de la traduire en beau français du dix-neuvième siècle. Inappréciable document qui n'est, ni du Moyen Age, ni d'aujourd'hui, mais de toujours, et qui contient l'aveu presque ingénu d'un des plus magnifiques égoïsmes des annales de l'Eternel Masculin.

Les historiens de la philosophie voient dans la théologie révoltée d'Abélard un cartésianisme qui s'essaie. Les simples psychologues sentent dans la *Lettre à un ami* un Rousseau qui s'annonce. Il y a du Saint-Preux, presque du Valmont entre les lignes

de cette confession. « Cette longue épitre d'Abélard,
dit Mme Bertheroy, respire un profond désenchan-
tement. Ses souffrances morales, bien plus que ses
souffrances physiques, y sont décrites avec des mots
où saigne le cœur. Mais il n'a rien perdu de sa volonté
puissante ; il reste toujours le lutteur indomptable
qui se dévoue pour la cause de la vérité ; à cette cause,
sacrée pour lui, il a sacrifié son repos, ses joies inti-
mes, et même l'amour de la plus admirable des
femmes. Et cela donne une telle grandeur à sa confession que, d'office, il est absous. » On ne saurait
plaider avec plus de chaleur en plaidant coupable.
Faut-il absoudre ? Alors, gardons-nous de lire trop
attentivement cette lettre où, plus de douze ans
après l'idylle, le moine de cinquante-trois ans,
remue du bout des doigts ces cendres où il ne trouve
plus rien de l'ancien feu. Il semble n'avoir gardé de
cette aventure que la vanité du séducteur. « Il exis-
tait à Paris une jeune fille nommée Héloïse... La
voyant parée de toutes les séductions, je pensai à
entrer en rapport avec elle. J'avais une telle réputation, une telle grâce de jeunesse et de beauté, que
je croyais n'avoir aucun refus à craindre, quelle que
fût la femme que j'honorais de mon amour. » Le
révérend Abbé se permet même une légère pirouette
en se souvenant de l'oncle Fulbert : « J'admirais sa
naïveté : confier ainsi une tendre brebis à un loup
affamé : *agnam teneram famelico lupo.* » Il ajoute
gaiement : « J'avais une grande réputation de continence. »

Cependant Héloïse, sous son voile de nonne, se
mourait d'amour. Elle eut connaissance de cette
lettre, où l'homme obstinément adoré se consolait
ainsi. Elle lui envoya alors ce déchirant, ce candide,
ce sublime appel, le plus beau cri de tendresse et de
douleur qu'une voix féminine ait jamais poussé.

« Quand on a lu cette première lettre d'Héloïse, a
écrit Rémusat, il est impossible de l'oublier. »
Toute sa folie d'abnégation, son ivresse de sacrifice,
son abdication agenouillée devant l'amant, son impé-
nitence amoureuse, la captive peut enfin exhaler tout
cela. Elle se montre savante malgré tout, et dogmati-
que, et subtile raisonneuse, mais de temps en temps
elle trouve d'humbles mots, comme en diront les gri-
settes abandonnées : « Comment as-tu pu me laisser
si longtemps sans une lettre de toi ? » Abélard fit à
cet hymne de tendresse et d'humilité une sèche
réponse de moine dont le cœur est mort. Ce concep-
tualiste a été n'importe quel homme, lorsqu'il ne
philosophait point.

« L'amour, avoue Mme Bertheroy, ne fut qu'un
accident dans sa vie. » Et c'est cela précisément qui
le rend petit, et quelconque, auprès de cette incorrigible adorable qu'était Héloïse. Elle resta jusqu'à son
dernier soupir désespérée et ravie. « Je t'ai fait bien
du mal », lui écrivait-elle. Elle s'humiliait, elle
s'abîmait à ses pieds. Elle ne se repentait point.

L'instinct du peuple ne s'y trompe pas. On dit
« Roméo et Juliette », en nommant Roméo le premier, parce que les amants créés par Shakespeare
ont été égaux dans la passion. Mais on dit « Héloïse
et Abélard ». C'est Héloïse qu'on honore d'abord,
parce qu'elle fut une humble femme, et femme uniquement, jusqu'au bonheur dans le martyre Nous
en voulons secrètement à Pierre Abélard de n'avoir
été, après tout, qu'un homme de génie.

LA DAME DES BELLES COUSINES

Nous avons goûté un rare plaisir à entendre commenter *Télémaque* par le plus subtil des conférenciers. M. Jules Lemaître estime avec raison que le livre d'un évêque, où il est si gracieusement parlé de l'amour, était d'une pédagogie hasardeuse. Que dire alors d'un autre roman didactique qui précéda de plus de deux cents ans celui de Fénelon ? *L'Hystoyre et plaisante chronicque du Petit Jehan de Saintré et de la jeune dame des Belles Cousines*, c'est le *Télémaque* du quinzième siècle. Le bon Antoine de la Sale était, lui aussi, précepteur de jeunes princes. Fut-ce dans une pensée d'édification qu'il imagina les aventures d'un héros d'abord caressé, puis maltraité par l'amour ? A vrai dire, il ne professait plus depuis longtemps lorsqu'il publia cette chronique décevante. Le livre est daté de 1459. Mais l'auteur l'a dédié à son ancien élève, le duc de Calabre. Il n'est pas défendu de supposer qu'à l'époque où Antoine de la Sale faisait de la pédagogie pratique à la cour du roi René, il songeait déjà à Jehan de Saintré. La composition et la rédaction du récit firent l'amusement de sa vieillesse. Les deux philosophies contraires que dégage cette histoire durent être successivement chères au précepteur des petits princes d'Anjou et de Bourgogne et au pédagogue retraité. Ce dut être tout de même un audacieux professeur de morale que ce capitaine transformé en éducateur.

Voici une édition nouvelle de son chef-d'œuvre troublant et troublé. M. Louis Haugmard explique ce qu'il a tenté en publiant une fois de plus le livre d'Antoine de la Sale. « A proprement parler, dit-il, je n'édite point. Je transpose, traitant le texte du *Petit Jehan* ainsi qu'un texte ancien, bien qu'il soit d'une langue relativement assez proche de la nôtre. J'ai voulu qu'il fût compréhensible à tous. Car pourquoi remettre au jour de vieux écrits, conservés intacts et intangibles avec une vénération sacrosainte, si personne ne les lira ? »

En principe, il est prudent de se méfier de tous ceux qui restaurent les monuments anciens. C'est le plus souvent, lorsqu'il s'agit d'architectures, une entreprise meurtrière. Anatole France s'est montré sévère pour l'architecte, M. Quatrebarbe, qui fut chargé de sauver de la ruine un manoir féodal. « Il commença par enlever toutes les vieilles pierres et les remplaça par des neuves. » M. Quatrebarbe eut le plus grand tort de procéder ainsi. Son crime fut d'assassiner de la beauté ancienne, sous prétexte de l'arracher à la mort. Les restaurations littéraires gardent, au contraire, une complète innocence. Transposer un texte d'autrefois en langage moderne, ce n'est point détruire. Plus heureux que les vénérables pierres abolies par M. Quatrebarbe, les vieux mots sont toujours là dans le vieux livre, intacts et respectés. Les fortunés mortels qui sont médiévistes conservent intégralement le privilège de goûter l'œuvre dans sa beauté première. Seulement, il a été fait quelque chose pour les très honnêtes gens, nombreux d'ailleurs, qui entendent mal la langue du moyen âge. Ceux-là n'ont que de la gratitude pour M. Michaut, l'aimable éditeur d'*Aucassin et Nicolette*, et ils font ingénument leurs délices de l'adorable *Tristan* de M. Bédier. C'est de ces précédents irréprochables que s'autorise M. Louis Haugmard pour « traduire » *Jehan de Saintré*. L'humble foule des profanes l'en remercie.

Etait-ce à cause de mon inaptitude à lire couramment le français du quinzième siècle, que l'illustre roman d'Antoine de la Sale m'avait laissé jusqu'ici un peu effaré ? Je viens de le relire dans l'élégante version de M. Haugmard. Il me semble que je commence maintenant à mieux comprendre pourquoi je ne comprenais pas. Qu'a voulu le maître conteur ? Nous exalter, nous attendrir, ou nous désoler ? Il peint, comme le plus suave des miniaturistes, avec du bleu sur un fond d'or, l'idylle charmante du page et de la châtelaine. Les trois premiers quarts de son livre sont d'un idéalisme raffiné. Puis, brusquement, la noble aventure s'achève en fabliau brutal.

Il est impossible de ne point aimer d'un discret amour craintif cette exquise dame des Belles cousines qui enseigne à Jehan la volupté avec l'honneur. Et voici que cette blanche figure s'obscurcit soudain. Le peintre brise lui-même d'un coup de poing le vitrail où elle resplendissait. La princesse lointaine finit en ribaude de conte scandaleux. La fin du roman insulte et salit tout ce qui précède. On lisait un gentil poème généreux ; on tourne une page, et c'est une « histoire rosse » qui vous saute aux yeux.

Pourquoi ? Parce que, explique M. Lanson, c'est la courtoisie elle-même qu'a voulu bafouer le romancier. Ainsi pensait Michelet, qui haïssait dans *Jehan de Saintré* un livre blasphémateur de l'amour. M. Haugmard affirme, de son côté, que l'intention d'Antoine de la Sale ne fut aucunement de railler la chevalerie, « mais bien plutôt de la magnifier, de la poétiser avant la mort. » Avouez qu'il s'y est pris singulièrement. Si j'osais, je' nasarderais, en toute indignité, une humble hypothèse. J'ai vaguement l'idée que les premières parties de ce livre, si cruellement contradictoire, ont été rêvées, sinon écrites, par l'auteur pendant les années où tout être humain, fût-il homme de lettres, a de la chevalerie dans le cœur. Antoine de la Sale avait, ne l'oublions pas, plus de soixante-dix ans lorsqu'il publia *Jehan de Saintré*. En faut-il davantage pour expliquer que le dénouement de son livre soit plein de rhumatismes et de rancunes? C'est un vieux monsieur qui grogne à travers les derniers chapitres : il a lu le *Décaméron*, ce pessimiste ; il ne lit plus guère que cela ; il est devenu misogyne, faute de mieux. Il était optimiste et féministe, lorsqu'il était page. Maintenant qu'il chauffe au landier ses blessures du corps et de l'âme, il moralise, comme on crache. Et c'est pour cela peut-être que cette *Hystoire et plaisante chronicque*, où Barbey et Maupassant sont annoncés, donnera éternellement du plaisir à tout le monde. Il y en a pour Chantecler et pour le Merle.

On a dit aussi qu'Antoine de la Sale, moitié courtois, moitié polisson, résumait, dans son œuvre, faite tour à tour d'idéalisme et d'ironie, les troubles d'une époque fatiguée. Il nous est recommandé de voir en lui l'interprète d'un monde finissant. J'entends bien, mais depuis qu'il y a des époques, elles sont fatiguées, et tant qu'il y aura des philosophes, ils se croiront toujours à la fin d'un monde. Ah ! qu'un romancier du quinzième siècle est donc quelqu'un de semblable à nous !

MARIE D'ARAGON

Nous avons rencontré hier un vieil habitué du Louvre devant une cimaise du Salon carré. Il était revenu dans ce lieu illustre un peu pour voir de la peinture, et aussi pour s'assurer si quelque ingénieux mystificateur n'avait pas cru devoir déplacer nuitamment les *Noces de Cana*. La grande page décorative de Véronèse est toujours à sa place coutumière. Mais en face du pompeux chef-d'œuvre, nous avons retrouvé avec joie une autre merveille d'art vénitien, celle-là plus intime, dont nous étions privés depuis plusieurs mois. L'*Allégorie matrimoniale* de Titien vient de reparaître, en recevant les honneurs du Salon carré. Il nous souvient de la lèpre hideuse qui la défigurait naguère; le temps lui était injurieux et cruel. Il n'est pas de plus périlleuse aventure que le traitement d'un tableau menacé de périr. Il y eut, à une époque reculée, des médecins d'œuvres d'art aussi redoutables que pouvaient l'être, au temps de Molière, les apothicaires du roi. Certaines de leurs interventions ont ressemblé à des assassinats. A ces opérateurs d'une ignorance audacieuse a succédé un prudent conseil d'hygiénistes. La dernière cure de ces sages praticiens leur fait grand honneur: le tableau de Titien, ce glorieux malade, sort de leurs mains parfaitement guéri.

Le vieil habitué se réjouissait de cette résurrection tout autant que d'une acquisition nouvelle.

Parmi toutes les belles personnes qui habitent ce Louvre où il y a tant de dames merveilleuses, il n'en est pas de plus adorable que la compagne du marquis d'Avalos. Hier encore d'affreuses taches de rouille outrageaient l'or fluide de ses bras. De pieuses mains amies viennent d'effacer discrètement ces souillures. Cela s'est fait sans bruit, ainsi qu'il convient à une bonne action.

Notre ami nous contait l'histoire de ce tableau et celle aussi de ces deux époux dont Titien a immortalisé le bonheur. Le peintre venait d'être élu par l'Empereur Charles portraitiste de l'héroïsme et de la beauté; les femmes et les capitaines ne voulaient poser que devant lui. Alphonse d'Avalos, marquis del Vasto, allait partir pour combattre l'infidèle. C'était un sauvage batailleur ; l'espoir de tuer beaucoup de Turcs le remplissait d'aise. Mais avant de quitter la plus douce des femmes et la plus captivante, il désirait faire éterniser l'instant des adieux par le peintre de la volupté tranquille. Titien, accablé de commandes, traitait de haut la clientèle. Mais le marquis, soldat doublé d'un politique, connaissait le pouvoir de la presse. Il prit pour intermédiaire entre lui et l'artiste l'ancêtre de la critique d'art intéressée. L'Arétin décida Titien : c'est ainsi que nous devons l'image de la félicité conjugale à l'intervention du pire des ruffians.

Il semble avoir du regret, cet Alphonse d'Avalos, et sa tristesse s'explique. On a beau être un belliqueux seigneur, pour les routiers un chef implacable et pour les peuples un exacteur sans scrupules, on ne quitte une blonde comme celle-là qu'avec mélancolie. Cette mélancolie, Titien, mieux que personne, pouvait la comprendre. Ce modèle féminin réalisait, en chair palpitante, son idéal de grâce paisible. Belle à miracle, avec ses bandeaux crespelés, Marie d'Aragon se laisse admirer complaisamment. Son possesseur, en signe de maîtrise, pose la main sur la place où bat le cœur de l'épouse ; il veut s'assurer une dernière fois que ce cœur fidèle est logé confortablement. Elle, cependant, les yeux noyés dans un chaste rêve, semble une proie heureuse et docile. — Ce marquis était bien marié.

Le méritait-il? Titien a vu et nous fait voir en lui bien des choses qui n'y furent probablement jamais. C'était sans doute un soldat brutal et perfide comme tant d'autres de son temps. Nous ne sommes guère payés pour l'aimer : il est fortement soupçonné d'avoir fait assassiner deux ambassadeurs français. En revanche, nous l'avons vaincu dans la journée de Cérisoles. La veille de l'action, il donna un festin aux dames milanaises et promit de leur amener M. d'Enghien prisonnier ; il avait même préparé deux charrettes pleines de menottes à l'usage des Français destinés aux galères de Charles-Quint. Brantôme, qui ne s'émeut pas facilement, s'indigne de cette vantardise. « Le malheur luy escheut de la bataille de Cérizolles, qui luy noircyst un peu sa blanche réputation, possible par punition divine. »

Bafoué, vaincu, disgracié, Alphonse d'Avalos mourut peu après de honte et de rage. Le veuvage de Marie d'Aragon fut un poème de suave élégance.

Brantôme visita cette veuve incomparable à Naples, alors qu'il accompagnait François de Lorraine, grand-prieur de France. Dans son *Discours sur l'amour des dames vieilles*, il donne une place d'élite à la marquise de Gouast, « laquelle j'ay veue une très belle dame sur sa dernière saison ». Marie d'Aragon avait alors soixante ans. Sa forme servait encore d'asile à cette beauté dont s'étaient remplis les yeux de Titien. Elle reçut galamment le grand-prieur « Voilà mes deux filles, lui dit-elle, auxquelles commanderay, encore qu'elles ne soient si accomplies qu'on diroit bien, de vous tenir compagnie à la françoise, comme de rire, danser, jouer, causer librement, modestement, honnestement, comme vous faites, à la cour de France. A quoy je m'offrirois volontiers, mais il fascheroit fort à un prince jeune et beau comme vous êtes d'entretenir une vieille surannée, fascheuse et peu aymable comme moy. »

Le grand-prieur était du pays de la courtoisie. « Il luy releva aussitost ces mots, en luy faisant entendre que la vieillesse n'avoit rien gaigné sur elle et que son automne surpassoit tous les printemps et estez qui estoyent en cette salle. » Brantôme remarqua, en observateur, que ce madrigal était goûté par la charmante matrone et lui rendait riant tout le visage.

Cet effronté Gascon devient respectueux pour parler de la marquise de Gouast. Il la revit six ans après. « Je la trouvay qui gardoit le lict, à cause d'un petit feu vollage qu'elle avoit d'un costé de joue. Elle me fit, je vous jure, très bonne chère. Je ne la trouvay que fort peu changée, et encore si belle qu'elle eust bien fait commettre un péché mortel, fust de volonté ou de faict. »

Les cimaises du Salon carré ne sont fréquentées que par des personnes de distinction. On n'y découvrirait pourtant que fort peu de dames capables d'être demeurées désirables à soixante-six ans, et après avoir inspiré Titien, d'intimider Brantôme. Marie d'Aragon, marquise de Gouast, rentrant au palais de la Beauté dans tout l'éclat d'une troisième jeunesse, ce sont les étrennes des amis du Louvre. Et nous sommes mieux partagés encore que Pierre de Bourdeille : elle n'a même pas, cette fois, un petit feu volage à la joue.

LA FAUSTINE DE JOACHIM DU BELLAY

———

Les Angevins s'apprêtent à fêter une fois de plus Joachim du Bellay, « pasteur d'éternelle mémoire ». Ils vont aller célébrer leur poète dans son décor natal, près de ce Liré qu'il a chanté en quelques vers où persiste le son des bruits immortels. Ce sera, nous dit-on, une cérémonie régionale, un peu jalouse et quasi fermée, une joie d'Anjou réservée aux seuls compatriotes de Joachim. Bah ! il se glissera bien parmi les pèlerins, sans parler des Parisiens indignes, quelques Angevins qui seront du Midi. Naguère les félibres se rendirent à Sceaux pour honorer Florian ; Renan les présidait. Il leur parla de la Bretagne adorablement, et ce fut une des journées les plus méridionales du dix-neuvième siècle. En des solennités pareilles, une piété sincère tient lieu d'acte de naissance. L'ombre douce de du Bellay accueillera volontiers aux jardins de la Loire des riverains de tous les fleuves. Lequel de nous n'a pas au fond du cœur un Anjou dont la nostalgie l'obsède et l'enchante ? La fable antique qui hantait l'esprit de Joachim, c'était l'aventure du héros homérique à la recherche de son foyer ; Ulysse a pour compatriotes tous les nomades qui rêvent au retour. Nous sommes tous d'une Ithaque quelconque, ou d'un Liré, réels ou chimériques, vers lesquels nous songeons à revenir.' Si, parmi les beaux chanteurs de la Pléiade, du Bellay résiste le mieux à l'oubli, plus victorieusement peut-

être que Ronsard lui-même, n'est-ce pas pour avoir
exhalé inoubliablement en sa plainte d'exil le remords
de la maison quittée ? La petite fumée bleue que le
marin de l'Odyssée demandait à l'horizon, Joachim,
captif aux bords du Tibre, ne voyait plus qu'elle au
fond de son désir. Et c'est pour cela qu'il demeure
amical et consolateur à tous les voyageurs de la vie.

Il s'était fait d'abord une âme livresque et toute
de littérature. Il serait resté dans sa gentilhommière,
ou dans quelque abbaye, à ciseler des sonnets
savants, les allant lire parfois au Louvre, que nous
garderions de lui le souvenir d'un artisan de syllabes
luxueuses. Il n'eût laissé que de brillants et froids
émaux, de ces ouvrages de vitrine qui se meurent lentement aux musées du style. Italianisant, latinisé,
ultramontain par attitude, il partit joyeusement
pour la terre classique de l'héroïsme et de l'éloquence.
Il emportait au fond de son bagage de théories la
vision d'une Italie nourrice de grandeur ; il se hâtait
vers Rome, comme vers l'intellectuelle patrie retrou-
vée. Là seulement, dans l'air des ruines immortelles,
se respirerait l'idéal de la Pléiade : « Tu auras en premier lieu les conceptions hautes, grandes et belles,
et non traînantes à terre. » Il allait là pour se grandir.
Il s'y grandit, mais tout autrement qu'il n'imaginait.

Tous les déboires l'attendaient pour lui refaire un
cœur plus large et une sensibilité meilleure. Son illustre cousin, le cardinal Jean, le soumit d'abord à d'o-
dieux emplois. Les premiers enthousiasmes du pèlerin
passionné eurent pour geôle un bureau d'intendance.
Ce n'était pas une sinécure que le poste de secrétaire
d'un prélat politicien et ambitieux. Joachim dut
apprendre la comptabilité, s'initier aux manèges de
l'intrigue italienne, fréquenter des banquiers fripons,
de bas espions, des clercs rusés, des moines avides,

Etait-ce là Rome, la Rome éternelle, cette « sentine de tous les vices à l'encan » ? Il chercha une pensée sous la tiare, une conscience chrétiennement royale sous la blanche étole. Jules III menait la vie galante en sa villa de *Papa Giulio*, donnant, après souper, la pourpre à son favori, un montreur de singe. Ce pontife mondain vint à mourir. Un prêtre austère fut élu à sa place ; après vingt jours de règne, le réformateur disparut et l'on entendit parler de poison. Marcel Cervino avait voulu « curer le cloaque immonde ». Voici venir alors les furieux Caraffa, l'oncle et le neveu, avec leurs violences napolitaines et le consentement cynique aux gestes de servitude. Joachim avait rêvé une Italie d'orgueil et de sainteté. Bien placé à son poste de témoin, il ne voyait dans cette Rome humiliée que les marchandages des conclaves, l'insolent népotisme, la ruée aux ignobles joies de l'esclavage. L'exilé se souvint alors de la France des Lys ; il compara. Le rimeur sans souci désapprit l'indifférence. Du Bellay devint satirique et patriote, par dégoût et par ennui.

Il avait encore quelque chose à apprendre : la douleur. Là-bas, aux rives de sa Loire, il s'était naïvement cru pris du mal d'amour. Il fallait bien un nom de femme à mêler aux musiques des vers savants. Et il avait pensé aimer, à la Pétrarque, cette Olive qui eût été sa Laure. Ce n'est pas dangereux le sport de la passion pétrarquisée ; on s'en tire avec une centaine de sonnets subtils. Les dames qu'on nomme «Olive» ne font point pleurer. Elles ont cette vertu charitable de n'exister point. Du Bellay passa quatre étés dans la ville des princesses humanistes et des triomphantes courtisanes sans connaître le délicieux péril. Il vit Faustine. Ce fut alors bien autre chose que des soupirs modulés en quatrains et en tercets. Elle était en chair cette Faustine, en chair palpitante et splendide ;

une brune magnifique, parée de tous les artifices de cette coquetterie romaine aux sortilèges infinis. Des cardinaux, des savants, en étaient éperdus. Du Bellay a conté tout cela en beaux vers latins, sonores et plaintifs, qu'on croirait volés à Ovide. Pourquoi n'a-t-il pas crié son mal dans ce parler de France qu'il s'était juré « d'illustrer et de défendre » ? Par tristesse, par pudeur, peut-être, pour se masquer du bel idiome défunt comme d'un voile de deuil. Oh ! il ne s'agissait plus de pétrarquiser ! Nous ne saurons jamais quels étaient les yeux, la bouche, les bras de l'immatérielle Olive, dame d'inoffensive littérature. Faustine, elle, nous l'entrevoyons. Elle était *venusta, bella, pulchra, delicata, candidula*. Elle portait, selon la fière mode italienne, le front haut sous le casque d'ébène. Elle méritait, pour la blancheur de sa gorge, le surnom de Columba. Elle était vivante. Elle avait, hélas ! un mari non moins vivant. Le drôle s'avisa d'être jaloux. Il trouva malséant que la mère de sa femme ait accueilli complaisamment le poète français ; il surveilla Faustine, et, pour plus de sûreté, la jeta au couvent. Dans la menteuse et voluptueuse Italie de la fin de la Renaissance, les mœurs étaient pour le droit à la passion, les lois hypocritement hostiles au péché d'amour. Les archives des cités regorgent de règlements implacables qui s'adoucissaient dans la pratique au son des ducats. En certaines villes, la peine de mort punissait l'adultère, au moins sur le papier. Il en coûtait « deux cents livres d'embrasser une femme mariée ou une veuve de bonne réputation. » La législation romaine n'avait point, semble-t-il, prévu le cas ; il n'est d'ailleurs aucunement prouvé que notre Joachim se soit permis jamais d'embrasser Faustine. Toutefois, dans la Rome de Paul IV l'administration de la pudeur faisait du zèle. Du Bellay dut se morfondre devant la prison de la bien-aimée.

Il sommait en vain Vénus de faire un miracle. Il accablait l'époux de latinité flétrissante. Il n'en voulait point, étant équitable, au mari de Faustine d'user de ses droits conjugaux ; il lui reprochait d'être, par sa laideur et sa décrépitude, disqualifié pour les exercer. La captive sortit de son couvent. Était-elle assagie ou terrorisée ? On ignore la fin de l'idylle. Consolé, guéri, vaincu, qu'en sait-on ? du Bellay se rappela alors les « nymphes angevines », aux pudiques parures. La patrie lointaine s'incarna pour lui dans une de ces jeunes filles du pays délaissé, aux yeux clairs comme l'eau du fleuve natal, à l'âme pareille au vert des prairies. Nous avions prêté à l'Italie un pétrarquisant. Elle nous rendit un poète, initié à l'art de souffrir.

Le mot de son œuvre, c'est *Regrets*. Il revint au Liré, blessé à mort, mais sacré pour la gloire, et redevenu un fils de France, un rustique attendri et repentant. Il eut contre la décevante Italie des paroles de colère ; c'était, de sa part, innocente ingratitude. S'il n'avait point goûté, aux marais du Tibre, ces belles nostalgies douloureuses, son génie ne serait jamais né. Nous ne chéririons pas en lui le chantre du retour. Remercions l'Italie d'avoir trompé ce paysan qui voulait se griser du bruit des villes, ce Français qui se croyait Romain avant d'aller contempler l'agonie d'un monde.

Lorsque du Bellay, séparé de Faustine, errait dans les ruelles du Transtévère, a-t-il vu passer devant lui l'Homme spectral qui survivait à la beauté de sa patrie ? A-t-il jamais salué au passage l'effrayant Michel-Ange écrasé sous le fardeau de sa pensée, doublement vieux, de sa propre vieillesse et de celle de l'Italie déshonorée ? Son cousin le Cardinal l'a-t-il conduit à cet atelier où le revenant des gloires anciennes taillait à grands coups furieux ce groupe de la *Déposition* qu'il brisa dans une rage de renoncement suprême ? Le vieillard maudit, avec son casque de carton surmonté d'une chandelle, s'en venait, la nuit, lutter une dernière fois contre le marbre pour lui faire dire son testament désespéré. Ce spectacle-là, le symbole même du génie insulté par le destin, l'horreur d'avoir duré trop longtemps, l'infinie douleur de se survivre, non, ce cauchemar sublime, du Bellay ne l'a pas eu sous les yeux : il aurait laissé, dans son livre des *Regrets*, quelque cri de respect épouvanté.

Il a pourtant, ce Français méditatif et clairvoyant, deviné cette tragédie magnanime. Partout, dans la ville des Caraffa, souillée, stérilisée, résignée aux hontes, sur cette terre d'ennui où le devoir était oublié, et l'amour cruel, il a senti le vent du soir et flairé l'odeur des tombeaux. Alors, son âme, sa vraie âme, naturelle, atavique, s'est évadée vers le coin du monde où il ferait bon et frais de revenir pour mourir sous les peupliers. En saluant d'un ingrat adieu les cyprès romains, il a dû murmurer ces vers de l'Anthologie : « La maison et la patrie sont la grâce de la vie ; tous les autres soins, pour les mortels, ce n'est pas vivre, c'est souffrir. »

ÉLÉONORE D'ESTE

On montre toujours, à Ferrare, la cellule de l'hôpital Sainte-Anne où fut enfermé Torquato Tasse. Le bon custode désigne consciencieusement au visiteur la place où lord Byron écrivit son nom. La prison du Tasse était, pour les grands ancêtres du romantisme, un lieu sacro-saint de pèlerinage. Chateaubriand passant à Ferrare, en 1833, vint y gémir, un peu sur le poète de la *Jérusalem* et beaucoup sur lui-même. Il se plaisait à voir en Alphonse d'Este, persécuteur d'un grand esprit, une sorte d'ébauche de Louis-Philippe. Le tyran de Ferrare avait été déjà victime d'un de ces rapprochements que dicte aux âmes irritables des poètes le génie d'indignation.

Mme de Staël l'avait naguère comparé à Napoléon : le Tasse captif, n'était-ce pas un frère de Corinne errante ? « Comme si, s'écriait-elle, le génie qui part de l'âme devait être traité ainsi qu'un talent mécanique, dont on tire parti en estimant l'œuvre et dédaignant l'ouvrier. » Au lendemain de la révolution de Juillet, René considérait le Tasse un peu comme le Chateaubriand de son temps : « Ma fortune et mon crédit ont pris de la destinée des cendres du Tasse... A ces martyrs de l'intelligence, impitoyablement immolés sur la terre, les adversités sont comptées en accroissement de gloire ; ils dorment au sépulcre avec leurs immortelles souffrances comme les rois avec leur couronne... Je me hâtai de porter mes hommages à ce fils des Muses, si bien consolé par ses frères. Riche ambassadeur, j'avais souscrit pour son mausolée à Rome. Indigent pèlerin à la suite de l'exil, j'allai m'agenouiller à sa prison de Ferrare. Je sais qu'on élève des doutes assez fondés sur l'identité des lieux ; mais comme tous les vrais croyants, je nargue l'histoire. Cette crypte, quoi qu'on en dise, est l'endroit même qu'habita sept ans le *pazzo per amore*. »

« Quoi qu'on en dise ! » proclamait Chateaubriand. Il voulait croire quand même à la légende du Tasse, martyr de l'amour. En 1844, Sainte-Beuve, encore romantique et crédule, parlait avec une enthousiaste piété de « la seule et unique Éléonore ». Il se portait garant de son immortalité : « Il n'y a, disait-il, que l'idéal qui vit à jamais et qui demeure. »

Ces nobles chimères entêtées sont interdites à notre raisonnable génération. La cruelle critique moderne a saccagé la belle fable douloureuse des amours du Tasse. Les trois volumes de Solerti pèsent de tout leur poids sur nos illusions. Le custode de l'hôpital Sainte-Anne ne croit plus lui-même qu'Éléonore d'Este et le poète se soient aimés ; il a entendu parler de l'ouvrage de Solerti et le rationalisme a desséché son cœur. La psychologie du Tasse est désormais la proie des aliénistes. Il nous souvient d'une brochure charmante où M. Pierre de Bouchaud, en exposant sur le cas psychologique le diagnostic de l'érudition, s'efforçait de demeurer tendre et respectueux. Mais hélas ! les faits parlaient plus haut que les voix des poètes. M. Solerti, impitoyable, avait éventré les cartons d'archives, interrogé les documents, dépouillé la correspondance du duc de Ferrare et de ses sœurs. Il fallait s'incliner devant cette vérité maussade: jamais Éléonore n'avait aimé l'auteur d'*Aminta*. C'était d'ailleurs une princesse énergique et sèchement vertueuse ; à l'amour elle préférait la politique. Quant au Tasse, Alphonse d'Este était en droit de le traiter comme il l'a fait. Légende menteuse, celle qui nous montrait le tyran ferrarais, surprenant, à l'aide d'un miroir oblique, le secret des amours du poète et de la princesse. Le Tasse a été emprisonné tout prosaïquement, en vertu de la législation ferraraise sur les aliénés. Comment s'étonner qu'un homme de lettres neurasthénique ait lassé la patience d'un militaire bien portant ? Et puis, selon ses humeurs passagères, le poète changeait les dédicaces de ses œuvres ; lorsqu'il était mécontent du duc Alphonse, il invoquait le patronage des Médicis. En tant que fonctionnaire, il eut une conduite indéfendable. « Ce que j'ai toujours cherché dans les cours, c'est une vie de loisirs consacrée à l'étude, sans être tenu à rien, car je ne sais pas rimer et servir à la fois. Je prétends avoir la table, le logement et les honneurs sans être astreint au service. C'est en ma qualité de poète que j'ai droit à la fortune. Princes, montrez-vous reconnaissants; car c'est notre grandeur, à nous autres poètes, que nous faisons de vous nos tributaires. » Folie orgueilleuse et manie de la persécution, voilà quelles auraient été les seules causes des malheurs du Tasse. Un homme insupportable, atteint d'inguérissable *incontentabilita*.

Lui laissait-on au moins le don de sincérité dans l'amour ? Pas même ! Galant et sensuel, mais incapable d'une passion profonde, il aurait, ce pseudoamant des princesses, sacrifié à la Vénus ancillaire. Un document l'accable. Alors qu'il adressait des sonnets enflammés à la comtesse de Scandiano, il envoyait une ode à la suivante de cette dame. Il la pressait de se montrer moins rigoureuse que sa maîtresse et de ne pas imiter *suo superbo sdegno*. Il courtisait la cameriste, sous prétexte qu'elle était une émanation de la grande dame. Et dans tout cela, pas la moindre Eléonore.

Tout au plus intervient-elle en qualité de garde-malade ; lors des premiers troubles cérébraux du poète, elle l'aurait reçu, pendant quelques jours, dans sa villa de Consandolo. Rien de plus.

Nous en étions là, résignés, sinon satisfaits. Mais voici qu'un des plus nobles esprits de l'Italie contemporaine, M. Angelo de Gubernatis, un poète, un érudit aussi à ses heures, vient de reviser toute cette enquête. Nous trouvons dans la *Revue* un chaleureux article de M. Edouard Schuré sur le livre récemment publié par M. de Gubernatis. Que dit le savant professeur romain ? « A force d'atténuations, d'exclusions, de négations, avec la lime subtile des *si* et des *mais*, Solerti a fini par réduire le pauvre Tasse à une sorte d'automate et de marionnette inconsciente et à la condition d'un simple fabricant de vers, qui assemblait des rimes pour les femmes des autres, sans éprouver le moindre trouble, ni la moindre émotion. L'érudition de Solerti fut vraiment chose admirable et méritoire, mais l'âme et le génie du Tasse disparaissent dans cette mer de minuties. » Et non moins documenté que quiconque, Gubernatis restitue au poète son âme de chanteur et d'amant. Eléonore ne l'aima point ; accordons-lui son non-lieu. Mais le fils de la mer de Sorrente, né au pays des Sirènes, songeait à une déesse de la terre lorsqu'il s'écriait : « Qui donc a vu jamais fulgurer ces yeux ardents et leur céleste sourire lancer des flammes sans être conquis ? » Torquato redevient le *pazzo per amore*, cher aux Byron et aux Chateaubriand. Que l'esprit de poésie rentre dans l'âme du custode de l'hôpital Sainte-Anne !

C'est pour le Tasse comme une seconde délivrance. Perdu dans une des vastes rues muettes de Ferrare déchue, il est délicieux de relire un des plus suaves épisodes de la *Jérusalem*. L'ombre dolente du Tasse,

aux griffes de la critique, ressemble à Clorinde blessée
par Tancrède. « Tu as vaincu, je te pardonne. Toi,
pardonne aussi, non à ce corps qui n'a plus rien à
craindre, mais à mon âme. Donne-moi le baptême
qui lavera mes fautes. » Le généreux chevalier Gubernatis a exaucé le dernier vœu de la victime. Et la
gloire du poète murmure, à l'exemple de la guerrière
rachetée : « Je m'envole en paix vers le ciel qui s'ouvre. »

DEUX MARIAGES MANQUÉS

La gloire est jolie femme. Les historiens, redresseurs de torts, commettent volontiers l'erreur de lui faire un bout de morale. « Ah ! que vous avez donc tort de ne point aimer cet artiste, cet écrivain, ce soldat ! (Chacun cite un nom, au gré de ses préférences.) Cet homme-là était éperdument amoureux de vous. Nul n'a mieux mérité votre faveur. Il valait cent fois tel ou tel que vous comblez de sourires. » La grande capricieuse écoute poliment. Quand le sermonneur a fini de prêcher, elle répond ceci : « Tout ce que vous me dites de votre ami est la vérité même. Mais que voulez-vous ? il ne me plaît pas. »

Elle aura toujours, cette Célimène, pour justifier ses caprices, des raisons auxquelles la raison ne comprend rien. A vrai dire, elle n'en a qu'une seule : « Je suis incapable d'aimer par devoir. » Tous les raisonnements du monde viennent se briser contre un cœur fermé. C'est infiniment triste, et d'une révoltante injustice. Hélas ! il en sera ainsi tant que les philosophes n'auront pas trouvé le moyen de discipliner la femme et la gloire et de créer le droit à l'amour.

Parmi les âmes en peine que cette coquette

s'obstine à dédaigner, il en est une, forte entre toutes et haute à l'égal des plus hautes. Les plus riches exemplaires d'humanité se sont vus au seizième siècle, sur ces deux terroirs de fécondité, l'Italie et la France. Le génie, la vertu et le crime s'épanouirent alors en fleurs prodigieuses. Notre Rabelais, docile comme un écrivain public à la voix du siècle, sait bien ce qu'il fait en donnant à ses héros des statures gigantesques ; la mesquine anatomie de l'animal humain ne suffit pas à la volonté de Pantagruel, non plus que l'ordinaire intelligence à sa soif de curiosité. Les champs de bataille, les ateliers, les académies, tous les domaines de la force et de l'esprit se peuplèrent de géants. Il y eut, en ce temps-là, sur la planète, un passage de surhommes. A cette époque de miracle, quelqu'un de chez nous, un Français de vieille souche, a résumé en lui les diverses manières par lesquelles l'être humain peut se dépaser. Il a tout connu, celui-là, tout goûté, tout aimé, tout servi. Dieu, d'abord. C'était pour les âmes d'alors le besoin et le devoir premiers. Comment servir Dieu et le prier ? deux foules s'égorgèrent pour l'inquiétude de ce problème. Des scélérats se firent miliciens du ciel. Cependant, au milieu des tueries, quelque chose d'exquis s'ébauchait, la souveraineté de l'humanisme. L'art était partout ; des saints maniaient le pinceau et les capitaines faisaient des vers. Théologien, latiniste, artiste, musicien, orateur, poète, soldat surtout, fou de la guerre, héros constamment, héros quand même, héros toujours, tel fut Agrippa d'Aubigné.

Il a été tout cela et magnifiquement. Quel poème que cette existence enragée ! Tout l'humain s'y trouve exprimé au suprême. Des mille aspects de la vertu, il en est un dont le rayonnement obscurcit les autres : le monde respecte entre tous, les mortels qui ont méprisé la mort. D'Aubigné dansait à dix ans devant le

bûcher ; le péril lui était volupté. Il fut soldat avec ivresse
et gaspilla son sang. L'histoire s'amuse des heureux
qui ont su violer la fortune. Si son ironie leur pardonne,
sa conscience appartient aux cœurs fidèles ; elle garde
le plus pur de son hommage pour ceux qui n'ont pas
changé. A quatre-vingts ans, d'Aubigné, en son exil
genevois, survivant à des haines éteintes, cuirassé de
ses vieilles colères, restait raidi dans sa foi ; son siècle
avait couru sans qu'il bougeât. Nous aimons encore
qu'un esprit guerrier se soit plu aux choses de la paix ;
ce rude porteur d'épée a joué du théorbe et de la plume,
il a chanté toute la fête de la vie. Ce reître méditait.
Ce huguenot grondeur fit des poèmes d'amour ; ce
ronsardisant, des épopées bibliques. Des facultés de
génie autour d'une conscience imprenable, un rocher
où poussaient des fleurs, voilà cette âme. En faut-il
plus pour mériter d'épouser la gloire ?

Elle n'a pas voulu de cet amant.

Que les contemporains de d'Aubigné aient mé-
connu en lui le poëte et le penseur, tous les manuels
d'histoire littéraire expliquent cela le mieux du monde.
Son génie d'écrivain s'avisa d'apparaître, costumé
aux vieilles modes, avec des mots et des sentiments
désappris, devant une France que Malherbe avait habituée aux politesses du style et Henri IV aux joies de
la paix. Ce revenant choisissait mal son heure pour
remuer des haines anciennes, pour parler des martyrs
à des politiques, et de la Bible à des ciseleurs de madrigaux, et de fidélité à des ralliés et de rancunes à
des oublieux. Ce lyrisme épique éclata comme une
bombarde importune au sein d'une société pacifiée.
Et puis pour dire l'héroïsme et donner son verbe au
sublime, une voix s'éleva aussitôt, plus jeune et plus
forte, qui couvrit ce bruit d'autrefois ; et ce fut la voix
de Corneille. Tout le dix-septième siècle ignora tranquillement le poète des *Tragiques* et le conteur de

l'*Histoire universelle*. Imagine-t-on cet écho de barbarie sous les quinconces de Versailles ? Une épaisse dalle funéraire s'abattit sur la mémoire de d'Aubigné et son nom même n'évoqua plus rien. Lorsque sa petite-fille, Mme de Maintenon, devint quasi-reine, elle fit peu pour ce grand-père incommode. C'était un spectre maussade au chevet d'une chanoinesse galante que ce huguenot aux gestes de prophète. La renommée de d'Aubigné sombra pour longtemps.

Il a fallu, après deux siècles, la belle ferveur d'un Sainte-Beuve pour qu'on allât regarder au fond de la tombe de ce grand mort. Les romantiques s'aperçurent que la France de Charles IX et d'Henri III avait failli avoir son Dante. Etait-ce enfin l'heure de la justice ?

Certes, d'Aubigné est aujourd'hui profondément respecté. Mais voyons ! nous sommes entre nous et il est vilain de mentir. Le lisez-vous ? Je veux dire, le pratiquez-vous assidûment, comme vous faites de Montaigne ou de Ronsard. N'avez-vous pas cru lui payer votre dette d'admiration, très suffisamment, en pénétrant une fois pour toutes, dans la brousse épaisse de son génie ? Aussi bien les anthologies sont là pour servir votre paresse ; c'est besogne d'érudits d'extraire les lumières de ce chaos. Y aller voir vous-même, avouez que vous ne le faites pas souvent. Après tout, je me demande de quel droit je me permets de dire ainsi le *confiteor* des autres. Parlez pour vous, me dira-t-on ! Mon Dieu, si j'ose me citer, j'ai achevé mes humanités dans les cafés que hantaient les derniers romantiques. Les maîtres de ma jeunesse savaient de d'Aubigné des vers sublimes, de grands vers larges où passait un vent d'éternité. Ils les disaient volontiers, mais c'étaient toujours les mêmes qui revenaient à leur souvenir. Et j'avais ainsi la sensation d'épaves superbes arrachées à un illustre naufrage. J'ai eu le zèle d'en connaître plus. L'édition critique de d'Aubigné se publiait précisément alors chez notre ami Lemerre. Des guides excellents, MM. Réaume et de Caussade, conduisaient les pèlerins de bonne volonté. Il devenait presque facile de lire d'Aubigné. Par exemple, *la Création*, je n'ai pas pu, je le confesse à ma honte. Des *Tragiques*, je suis sorti écrasé, ahuri, prostré, en toute admiration cela va sans dire. Cette furieuse mêlée d'images m'a semblé grandiose, et confuse aussi comme ces prises d'armes où le vieux soldat de la Bible tapait sur les crânes des papistes. Misérables créatures de volupté que nous sommes, nous demandons au génie le plaisir!

Il était malhabile, ce capitaine au cœur indomptable, ce politique hérissé de rancunes, et maladroit ce poète sublime par instants. Alors on comprend, sans l'excuser, la cruelle réponse frivole : « Il ne me plaît point. » Une heure de la vie de d'Aubigné résume et symbolise l'infortune de sa destinée. M. Samuel Rocheblave, le mieux informé de ses admirateurs et le plus persuasif, vient de nous raconter à nouveau le roman d'amour de son héros. Cette idylle douloureuse avait été déjà pieusement commentée par M. Henri Monod. A vingt ans, Agrippa a follement aimé une blanche jeune fille, la Diane de son poème du *Printemps*. Ce fut, au lendemain de la Saint-Barthélemy dans l'horrible France de la haine, un coin de fraîcheur adorable. C'est l'heure de la vie de d'Aubigné, la seule, où sa sauvage énergie se soit reposée. Échappé aux « Noces Vermeilles », le partisan traqué faisait halte au manoir de Talcy. La fille de son hôte, Diane Salviati, une de ces fées italiennes qui vinrent s'adoucir au pays de Loire, était belle comme on l'est dans Ronsard. C'est elle qui a fait un poète du rude batteur d'estrade. D'Aubigné vieilli l'a proclamé : « Cet amour me mit en tête la poésie. » Il a chanté Diane en par-

fait ronsardisant qu'il était alors, mais c'est bien
autre chose qu'une musique de concert. Amour exalté,
frénétique, farouche, qui jeta un reître, dont le cœur
était vierge, aux pieds d'une merveille de séduction.
C'était sa vie entière et tout son être que d'Aubigné
vouait à Diane Salviati. Leur histoire est la plus simple
du monde : il l'a aimée, elle ne l'aima point. Elle
aurait dû l'aimer. Il semble bien qu'elle a essayé. C'est
trop facile d'expliquer par la coquetterie le stage cruel
que cette enchanteresse d'Italie fit subir à ce terrible
amant. Ils allèrent tous deux graver leurs noms
sur les chênes des bois de Marchenoir ; leurs mains
s'enlacèrent. Diane poussa la bonne volonté jusqu'au baiser ; la tête orageuse de d'Aubigné eut parfois pour oreiller la blanche poitrine où rien ne
battait. Blessé dangereusement dans une rixe, il fit
vingt lieues, la mort aux lèvres

> Pour, entre ses deux bras, si doucement mourir.

Diane exécuta loyalement les gestes de la correcte
fiancée ; elle s'assit au chevet du malade et pansa ses
plaies physiques. Elle ne put guérir l'invisible bles-
sure. Il comprit alors. « Tu es émue, mais point attendrie ! » s'écria-t-il. Il s'évada de cette passion tortu-
rante et pensa mourir de s'être délivré.

Elle avait eu peur, la jolie Diane, de cet amant
« qui sentait la poudre, la mèche et le soufre ». Cette
âme profonde, mise à nu devant elle, l'épouvanta.
D'Aubigné avait fait pour la froide idole quelques
milliers de vers. En prose, il a très peu parlé d'elle. Il l'a
punie, pourtant, en montrant qu'une toute petite
âme habitait sa forme divine. Dans les années qui
suivirent sa rupture avec Diane Salviati, il faillit
devenir un autre que lui-même. C'est l'énigmatique
période de sa vie où on le voit, oublieux du serment

d'Amboise, hôte domestiqué des Valois, homme de cour, lui, le soldat de Dieu, faisant des ballets, les dansant peut-être, en grâce auprès de la reine mère, en coquetterie avec les Guisards, combattant à Dormans auprès du Balafré. Diane, fiancée à M. de Laimeux, vint alors à la Cour. Elle vit, dans un tournoi son adorateur de naguère, le plaintif compagnon des promenades au parc de Talcy, déguisé en figurant de carrousel. Et, sous ce costume de mensonge, elle faillit l'aimer.

Diane Salviati, vous étiez charmante et injuste, et criminelle, et innocente, comme la gloire elle-même. Vous avez pensé épouser d'Aubigné, au moment même où il démérita de l'amour. La postérité, belle Diane, vous ressemble étrangement. Elle et vous, vous vous plaisez aux tournois, aux escrimes subtiles du talent, aux subtiles élégances du bien dire. D'Aubigné ne s'était déguisé que pour un instant en joli homme. Il remit pour toujours son armure guerrière. Et toutes deux, devant ce triste amant magnanime, vous gardez votre moue dédaigneuse et vous murmurez : « Il est sublime, mais que voulez-vous ? il ne me plaît pas. » — Avec plus de génie que bien d'autres, et des trésors d'héroïsme, d'Aubigné ne savait point se mettre en parure pour aller dans le monde. Ardemment amoureux d'une femme et éperdu de gloire, il a rêvé de deux purs mariages et les a manqués tous les deux.

LA REINE MARGOT

Est-il vrai que l'Hôtel de Sens soit menacé par les démolisseurs ? La commission du Vieux Paris s'est émue ; elle demande à la Ville de préserver ce charmant vestige de l'architecture civile du quinzième siècle, un des rares témoins qui subsistent du Paris d'autrefois. On trouvera bien dans un coin du budget municipal les crédits nécessaires à cette œuvre de sauvetage. Pauvre Hôtel de Sens ! Il est vraiment temps de lui faire un sort. Depuis que l'ont abandonné les archevêques métropolitains de Sens, dont Paris était suffragant, il n'a été affecté qu'à de vils usages : d'abord dépôt des coches de Bourgogne, puis verrerie, puis magasin de confitures. Les Parisiens lui doivent réparation. Plusieurs cardinaux le sanctifièrent de leur présence, depuis le cardinal Duprat jusqu'au vieux ligueur de Pellevé, lequel, nous rappelle M. le marquis de Rochegude, « y mourut de saisissement en apprenant que les portes de Paris s'ouvraient devant le Béarnais ». Ce seul souvenir suffirait à la gloire d'une maison parisienne. Mais parmi tous les hôtes de la noble demeure, ce n'est pas à des prélats politiciens que va notre préférence. L'Hôtel de Sens est cher aux gens de lettres pour avoir abrité, derrière ses tourelles, une des fées de la littérature,

Une dame de France, en plaisant souvenir.

Il a vu le dernier amour de la reine Margot.

Dire d'un amour de Marguerite de Valois qu'il fut son dernier, c'est peut-être s'avancer beaucoup. Bornons-nous à dire, par prudence, que Marguerite vécut là sa dernière tragédie amoureuse. Elle n'avait alors que cinquante-trois ans. Après des fortunes diverses, elle était parvenue à occuper une situation des plus honorables, celle de reine répudiée. A partir du jour où son mariage avec Henri IV fut annulé, à Rome, pour vices canoniques, les deux époux vécurent dans les meilleurs termes. Ils n'attendaient que cette formalité pour apprendre à s'apprécier réciproquement. Marguerite avait témoigné de la répugnance à céder ses droits à Gabrielle d'Estrées. Après la mort, si opportune, « de cette tant décriée bagasse », elle s'effaça spirituellement devant la nièce du grand duc de Toscane. La dernière des Valois, restée quand même une vraie Médicis, se prêta de bonne grâce à ce qu'une Médicis devint reine de France. Elle envoya au roi son désistement. Henri IV se montra touché. Un panégyriste trop zélé prétend même qu'il se mit à pleurer d'attendrissement ; le trait serait trop beau. Henri se contenta d'envoyer un de ses gentilshommes porter à son ex-femme ses remerciements. « Je suis très satisfait, lui disait-il, de l'ingénuité et candeur de votre procédure. » Et il ajoutait : « Je ne veux pas moins vous chérir et vous aimer pour ce qui est advenu que je faisais avant. » Ce n'était point s'engager témérairement. La vérité, c'est qu'Henri IV conçut dès lors pour Marguerite des sentiments sincèrement conjugaux. Il mit une tendre délicatesse à régler la situation, tout de même un peu difficile, de cette reine démissionnaire. Il l'autorisa à quitter son exil d'Auvergne et à paraître à la cour. Marguerite mit de la discrétion à profiter de ces faveurs. Elle ne vint à Paris que cinq ou six années plus tard. Le château de Madrid lui était donné pour résidence. Henri IV envoya à sa rencontre un seigneur nommé Harlay de Champvalon, « lequel avait été autrefois aimé par Marguerite plus qu'elle ne devait. » Etait-ce une gaffe ? Peut-être un simple oubli. Le roi vint rendre visite à son ancienne épouse et demeura trois heures en sa compagnie. — Et dire que rien n'a été conservé de ce dialogue ! — Le *Journal* de L'Estoile nous apprend qu'Henri IV « à son arrivée l'a requise de deux choses l'une, que pour mieux pourvoir à sa santé elle ne fît plus, comme elle avait coutume, la nuit du jour et le jour de la nuit ; l'autre, qu'elle restreignît ses libéralités et devint un peu ménagère de son bien. » Marguerite consentit à promettre quant au premier point ; sur l'article des dépenses, elle refusa de s'engager. Elle demanda à voir le Dauphin. Le futur Louis XIII vint la visiter et la salua du nom de « maman fille ». Il paraît que cette appellation protocolaire était une trouvaille de Marie de Médicis. Quant à Henri IV, lorsqu'il parlait de sa première épouse, il disait « ma sœur ». — Telles étaient les surprises du divorce, en l'an de grâce 1605.

Cette oubliée, cette revenante du Louvre de volupté, fit sensation à la cour et à la ville. « Son nom, s'écriait un contemporain, est dans la bouche et au cœur de tous. » Les poètes saluèrent le retour de la grande amie des lettrés qu'avait chantée Ronsard. Marguerite se lassa vite de sa maison lointaine de Madrid ; elle vint s'installer en l'Hôtel de Sens, joignant l'Ave-Maria ». Elle y mena un train quasi royal, au milieu de moines savants, de musiciens et de gais diseurs.

Un jeune Provençal, nommé Date de Saint-Julien, accompagnait partout Marguerite. Il ne faut pas croire tout ce que raconte à ce sujet le *Divorce satyrique*, qui est un perfide pamphlet huguenot. Mais l'honnête L'Estoile, encore que crédule, est un mémorialiste bienveillant. Que dit-il ? « Le mercredi 5 avril, fut tué, à Paris, un gentilhomme, favori de la reine Marguerite, par un autre jeune gentilhomme, âgé de dix-huit ans seulement, qui le tua d'un coup de pistolet tout joignant la reine. Le meurtri se nommait St-Julien, lequel ladite reine aimait passionnément et pour ce jura de ne boire ne manger qu'elle n'en eust vu faire la justice. » Un drame dans le style des Valois souilla le Paris de Sully, Marguerite, redevenue Margot, la sœur de Charles IX et d'Henri III, exigea le supplice de Vermont, le meurtrier. « Le criminel marcha gaiement à la mort. » D'une fenêtre de l'Hôtel de Sens la vieille dame galante de Brantôme assistait à l'exécution. Elle était bonne personne, malgré tout. Sa vengeance lui fit horreur ; elle s'évanouit. La nuit même, elle quittait l'Hôtel de Sens pour n'y plus revenir.

Sa vie dévote date du supplice de Vermont. Henri IV, qui eut dans toute cette affaire la conduite la plus correcte, essaya de lui indiquer les consolations profanes. Il lui fit dire qu'il y avait à la cour « d'aussi braves et galants écuyers que Saint-Julien et que quand elle en aurait affaire, on lui en trouverait encore plus d'une douzaine. » Marguerite préféra s'occuper de son salut. Ses calomniateurs parlent bien encore d'un Bajaumont, pour qui elle demanda une abbaye, et d'un musicien, Le Villars, que la canaille parisienne appelait le roi Margot, mais l'histoire ne s'écrit point d'après les pamphlétaires. Marguerite accorda le meilleur de sa confiance aux Petits Augustins ; elle se plut aux fondations pieuses, et donna même un pain bénit d'une rare magnificence dans l'église Saint-Etienne-du-Mont. Elle trépassa saintement. Le religieux chargé de son oraison funèbre nous a laissé un document péremptoire : « Qu'il me soit permis, s'écriait-il, d'es-

pandre sur son tombeau des fleurs que les Muses par
mes mains lui présentent ; d'offrir des lys à sa pureté,
des roses à sa vertu, l'ombrager tout de palmes, le
couvrir de lauriers que le seul parterre de ses vertus
me fournira avec plus d'abondance que ne feront toutes les princesses des siècles passés. »

MARIE DE MÉDICIS

Tout arrive. On nous promet le rétablissement du
Cours-la-Reine. Cette promenade, naguère admirable, est affligeante à voir dans l'état où l'Exposition de 1900 nous l'a laissée. On ne dira jamais des
expositions universelles ni assez de bien ni assez de
mal. De la dernière en date, le paysage parisien est
sorti magnifiquement embelli. Quelques enlaidisse-
ments en sont résultés par compensation. Ils étaient,
devons-nous penser, nécessaires, et d'ailleurs éminemment provisoires. Ce fut ainsi que le Cours-la-Reine
se trouva transformé en une sorte de succursale des
fortifs. On va ainsi le délivrer de toutes constructions
parasites et lui rendre son souriant aspect de jadis. Il
y a huit ans que les vieux Parisiens attendent patiemment ce petit bonheur. Hâtons-nous de dire que dans
le Paris moderne un provisoire de huit ans n'est pas
une affaire.

Le Cours-la-Reine, c'est le berceau de notre Paris des arbres. Nous sommes si ingrats que nous
oublierions volontiers de quelle reine de France il
était le « cours ». Les occasions de s'attendrir sur le
souvenir de Marie de Médicis sont extrêmement
rares. Saisissons celle-ci au passage. Cette personnalité
si peu parisienne doit être vénérée, en tant que mar-
raine des Haussmann et des Alphand. Dans les premières années du dix-septième siècle, la pleine campagne, la campagne utilitaire et laborieuse commen

çait aussitôt après les Tuileries. Au delà du jardin royal, des prés et des labours s'étendaient jusqu'aux vignes de Chaillot. La veuve de Henri IV acheta tout un lot de terrains en bordure de la Seine ; elle en fit démolir les masures paysannes. Trois allées, formées par quatre rangs d'ormes, remplacèrent les cabanes et les cultures. Cela fit une majestueuse promenade, fermée à ses deux extrémités par des grilles, où la reine et ses dames se rendaient en carrosse pour prendre le frais. Le cours, long de plus de sept cents toises, allait de l'Abreuvoir-l'Évêque, hors la fausse porte des Tuileries, jusqu'à la Savonnerie de Chaillot. Cette allée était la première promenade plantée d'arbres que l'on voyait à Paris. Les ormes de la reine durèrent plus d'un siècle. Ils ne furent arrachés qu'en 1723, sous la surintendance du duc d'Antin. Le surintendant vint lui-même présider solennellement aux plantations nouvelles. Le *Dictionnaire historique de la ville de Paris et de ses environs* rend hommage à son activité : « Le duc d'Antin, pour lors surintendant des bâtiments du roi, fit la cérémonie de planter lui-même le premier de ses arbres et attendit que tous les autres le fussent. Ce qui fut exécuté en trois heures. » Cette solennité mit la surintendance en goût de planter. Auprès du Cours-la-Reine, on traça des allées nouvelles parmi les terres labourables et les garennes. Et les Champs-Elysées se créèrent. Nous les devons, sachons le reconnaître, à un caprice de Marie de Médicis.

Cette petite réparation était due à la mémoire d'une personne qui n'est pas habituée à avoir une bonne presse. Une des découvertes de l'érudition moderne a été la réhabilitation morale et intellectuelle de Louis XIII. Nos anciens manuels scolaires s'accordaient à le présenter comme un malade et un pauvre d'esprit. Le moindre bachelier sait aujourd'hui qu'il fut un grand roi, épris de justice, sévère, appliqué, scru-

puleux, et le plus magnifique soldat qui ait regné sur
la France des lys. En revanche, sa mère est sortie en
assez piètre état des mains des historiens. Toutes leurs
enquêtes aboutissent à confirmer ce jugement de Saint-
Simon : « Impérieuse, jalouse, bornée à l'excès, toujours gouvernée par la lie de la cour et de ce qu'elle
avait amené d'Italie, elle a fait le malheur continuel
d'Henri IV et de son fils et le sien même, pouvant être
la plus heureuse femme de l'Europe, sans qu'il lui en
coutât quoi que ce soit que de ne s'abandonner pas à
son humeur et à ses valets. » Marie de Médicis fut une
dame d'une épaisse stupidité. M. Hanotaux a prononcé ce verdict équitable : « Henri IV était un bien
mauvais mari, mais Marie de Médicis avait un bien
mauvais caractère. » Les témoignages contemporains
nous la présentent comme le type parfait de la femme
qui fait des scènes. Mme d'Arconville a publié un manuscrit de Béthune sur les *Principaux sujets de la
mauvaise intelligence d'entre le feu roy Henri IV et de la
reyne mère du roy*. Ce document est un plaidoyer sans
réplique en faveur de Henri IV, considéré au point de
vue conjugal. Sully assistait à de lamentables scènes de
ménage ; il vit la reine s'emporter contre son mari
jusqu'à lever la main. Le veuvage ne la calma point.
En 1615, Arnauld d'Andilly notait dans son journal :
« La reyne s'étoit trouvée fort mal la nuit du 27, d'un
grand flux de ventre qui la mène vingt-cinq ou trente
fois avec du sang. On en attribue la cause à une colère
qu'elle avoit eue le jour précédent. » Une personne de
ce tempérament avait évidemment besoin de faire de
fréquentes promenades au grand air. D'où le Cours-
la-Reine.

« Vous êtes entière, disait Henri IV à sa femme,
pour ne pas dire têtue. » Les ambassadeurs vénitiens,
ces merveilleux espions psychologues, si habiles à
déshabiller les âmes, furent stupéfaits de la nullité de

la régente : « Le roi, dit l'un d'eux, a voulu souvent la
faire entrer au conseil pour qu'elle se mette au courant
des affaires et des intérêts du royaume. Mais, indifférence ou incapacité, la reine n'a nullement répondu à
ses intentions. Elle est d'ailleurs d'un caractère peu
sympathique. » Rubens fit les plus louables efforts
pour présenter en beauté cette lourde masse de chair.
Il ne détestait point l'obésité. D'ailleurs, ayant accepté
la commande d'une apothéose, il consentit sans efforts
à induire la postérité en erreur. C'était une des clauses
de son contrat. Il observa toutefois, lorsque la reine
venait lui rendre visite à son atelier parisien, « qu'elle
n'entendait rien à la peinture. » Le portraitiste véridique de Marie de Médicis a été Guillaume Dupré. L'art
de la médaille est une école incomparable de pro-
bité. Le maître français, fidèle aux traditions de
sincérité des vieux imagiers, nous a livré toute la
morgue et toute la sottise de son royal modèle.
Devant ce profil d'orgueil maussade, une exclamation vous échappe : « Ah ! que cette femme devait
être bête. »

Pauvre dame ! Nous lui devons tout de même
quelques-uns des plus resplendissants chefs-d'œuvre
de Rubens et la conception première des Champs-
Elysées. Paix à sa grosse âme !

MARIE-FÉLICE ORSINI

LE monument qu'on élève au bon gentilhomme de lettres Honoré d'Urfé a l'heureux privilège de ne point exciter de mauvaises passions. L'*Astrée* est assurément, de tous les livres de la littérature française, celui qui nous divise le moins. Manifester en l'honneur du père de l'héroïsme pastoral constitue un acte de la plus parfaite innocence. On imagine mal des sociétés de gymnastique ou des syndicats défilant devant l'image d'Honoré d'Urfé ; moins encore un ministre exposant son programme de réformes au pied du monument. C'est ce caractère d'inutilité idéale qui a donné tant de charme à cette exemplaire solennité. Seuls, les romanciers à gros tirages seraient en droit de s'abandonner à des pensées amères. Trouveront-ils jamais une raison meilleure de méditer sur la vanité du succès ?

Le succès ! Peut-on citer, à travers l'histoire de notre génie, un écrivain qui en ait, plus que d'Urfé, épuisé les joies ? Cet homme, dont nul ne lit plus les livres en dehors des professionnels de l'érudition, a conquis et enchanté des milliers d'âmes. Cette œuvre qu'enveloppe à nos yeux un nuage d'ennui a amusé merveilleusement. Est-il certain que nous ayons le droit de n'y prendre aucun plaisir ? Le dernier esprit amoureux de l'*Astrée* a été celui de Mme Sand. Cette intrépide chimérique alla faire retraite aux rives du Lignon. Etait-ce chez elle caprice de lettrée, ou plutôt quelque mystérieux atavisme ne la rattachait-il point à cette humanité de féerie ? Céladon, Hylas et Silvandre n'ont ici-bas d'autre chose à faire que regarder au fond de leur cœur ; ils exercent, à l'exclusion de toute autre fonction vaine, la profession d'amants. Ils sont de haute et pure noblesse sentimentale, à l'exemple des frères et sœurs de Lélia. Le suave druide Adamas, verbeux et sagace, confident des cœurs blessés, ressemble à ces bergers chenus du Berry qui prodiguent aux amoureux d'habiles conseils. Et tout ce léger monde, grisé de tendres phrases, s'aime en habitant à la campagne ; la fontaine d'Amour semblait couler sous les arbres de Nohant. Mme Sand eut en elle tant de désirs et de génies divers qu'elle sut rédiger au besoin des circulaires pour Ledru-Rollin. Elle se crut, avec la plus belle sincérité du monde, républicaine et même socialiste. Au fond, elle était aristocrate et bergère. Un paysage paisible, habité par des nymphes précieuses et des pasteurs élégamment désolés, fut le paradis cher à son cœur. Elle était nièce de d'Urfé et s'en faisait gloire. Ses héros ne sont point pressés : Mauprat subit, pour mériter Edmée, les longues épreuves qu'Astrée inflige à Céladon ; il traverse, lui aussi, tous les cycles de la galanterie pastorale avant de parvenir au bonheur.

Mais quoi ! en littérature comme en politique, comme en toute chose, nous voulons à tout prix faire de la vitesse. Astrée et Céladon ont besoin de cinq volumes pour mettre fin au malentendu qui les divise. Cela seul suffirait à nous les rendre étrangers et fabuleux. Et c'était au contraire par cela même qu'ils plaisaient aux lecteurs du roman de d'Urfé. L'abondant conteur apparut à ses contemporains comme un hardi diseur de nouveautés. Les rudes soldats du roi gascon et les routiers ligueurs avaient grossièrement pratiqué l'amour. Avec la paix devaient fleurir des mœurs plus douces. Un rayon de soleil d'Italie vint éclairer la politesse française et tout un beau s'épanouit dans la lumière. De gentilles âmes, parfumées de tendresse,

naquirent alors, qui sans l'*Astrée* n'auraient pas su
prendre la pleine conscience d'elles-mêmes. D'adorables femmes d'Italie vinrent au pays de France
compléter leur grâce. Il en est une, entre toutes,
échappée d'un chant de l'*Aminta* du Tasse, qui réalisa
jusqu'au sublime l'*idéal* d'héroïsme et d'amour dont
Honoré d'Urfé fut l'interprète.

Marie-Félice Orsini était venue à la cour des lys
pour permettre à la reine Médicis d'unir l'élégance italienne à la plus fière des seigneuries françaises. Cette
petite fille de douze ans était promise au premier des
barons. Henri de Montmorency réalisait le type accompli du prince de France : brave, fastueux, chevaleresque,
un guerrier aux boucles blondes, avec des dentelles sur
son armure. L'enfant d'Italie fut éperdue de cet époux
semblable au *Pastor fido*. Marie-Félice était pieuse à
ravir les anges. A peine mariée, elle connut l'effroi du
péché. Elle remarqua qu'il lui devenait impossible
de suivre dévotement la messe lorsque le duc de Montmorency l'y accompagnait : la beauté de son mari
lui donnait trop de distractions profanes. « Ne venez
plus à l'église avec moi, mon seigneur ! » La petite
duchesse dansait comme savaient danser les dames
d'Italie, mais elle ne prenait plaisir à la pavane que si
le duc était son cavalier. Elle était, sous son air de
poupée fragile, de haute sagesse et de bon conseil. « Mon
cher cœur, lui disait Montmorency, qui avez-vous
prêché aujourd'hui ? » Elle faisait des conversions et
apaisait les haines par le seul pouvoir de sa douceur.

Le plus beau chapitre de l'*Astrée*, celui que d'Urfé
n'a pas écrit de sa prose fluide, Marie-Félice Orsini l'a
vécu sous les arbres de Chantilly. Tandis que la mignonne duchesse pêchait les truites de l'étang de Silvie,
accoudée sur une biche familière, les poètes murmu-
raient ses louanges. Le sacripant Théophile, recherché
pour le bûcher, recevait asile chez la sainte ; la dame

de Montmorency, d'un regard, arrêtait le blasphème
sur cette bouche de mécréant effronté. Autour d'elle,
les belles manières d'Italie s'embellissaient de dignité
française. Il y a eu là une heure d'élégance, et de
bonté, et de volupté chaste, unique dans notre gloire.

Cet idéal de l'*Astrée* était une école de grandeur
pour les âmes. Toute nourrie de Tasse, de Guarini
et de d'Urfé, la duchesse de Montmorency devint,
avec le malheur, une incomparable héroïne. Veuve
d'un rebelle décapité pour haute trahison, elle courba
le front devant Dieu seul. La nymphe des bois de
Chantilly s'échappa du siècle et s'ensevelit dans la
douleur. La Sylvie, chantée par Théophile, se changea
en une austère religieuse selon le vœu de sainte
Chantal. Et toujours, sous la bure, palpitait un cœur
d'épouse amoureuse ; Dieu et le duc défunt se parta-
gèrent les pensées de l'ursuline. Elle vieillit longuement au cloître. C'était un pèlerinage profitable de
l'aller voir et qui amusait les curiosités. Gaston, l'affreux Gaston, le plus vil des princes, l'éternel traître,
osa venir visiter la veuve du partisan trahi. Elle offrit
au ciel, comme le plus cruel des sacrifices, l'horreur de
revoir devant ses yeux le mauvais maître. Elle trépassa sans avoir cédé, ni daigné se plaindre.

Cette jolie fée d'Italie, qui vint chez nous apprendre à souffrir, résume en elle tout notre héroïsme pastoral. En son pays d'insouciance, elle n'aurait été
qu'une bergère heureuse. Qui sait si ce ne fut pas en
lisant l'*Astrée* que Marie-Félice Orsini apprit le secret
du veuvage magnanime ? Entre les pages du vieux
livre insipide, quelque chose de confus s'annonce qui
deviendra la voix de Corneille.

ARTHÉNICE

Naguère encore, les visiteurs des demeures illustres
devaient subir les hâbleries des portiers ou
consulter ces stupides brochures mensongères dont
la domesticité officielle monopolisait le commerce.
Il y a tout un sottisier de ce *cicéronisme*; un aimable
ironiste, Alfred Arago, en a fixé le type dans une
célèbre scie d'atelier : « Admirez l'impassibilité du
visage de Notre-Seigneur et le poli des colonnes. »
La littérature des *guides* a été féconde en semblables trouvailles. Ce genre littéraire s'est anobli. Aujourd'hui, les érudits les plus qualifiés ne dédaignent
point de mettre leur savoir à la portée des humbles
touristes. Il s'écrit de petits chefs-d'œuvre portatifs
sur l'histoire de nos églises ou de nos palais. Un
savant, passionné pour l'archéologie monumentale,
M. Eugène Lefèvre-Pontalis, vient de prendre la
direction des *Petites monographies des grands édifi-
ces de la France*. Après les notices sur le Château de
Coucy, la Cathédrale de Chartres, l'Abbaye de Véze-
lay, voici un nouveau volume : le *Château de Rambouillet*. Il a pour auteur M. Henri Longnon, un
jeune archiviste, qui a appris à bonne école le secret
de l'érudition sans pédantisme. Souriant petit livre
qui dégage un parfum délicieux de gloire ancienne.
Ce pauvre château de Rambouillet, si mutilé, avec

son caractère bâtard de forteresse et de villa bourgeoise, reste quand même un asile de jolis souvenirs où reviennent errer des ombres charmantes.

Historien et poète, M. Henri Longnon, s'il doit
l'impartialité à tous les hôtes défunts de cette
demeure, se réserve le droit d'avoir ses préférences.
Nous le soupçonnons de garder le meilleur de sa
sympathie pour Catherine de Vivonne qui fut, à
Rambouillet, la Marquise par excellence. Il vénère
dans cette dame, de lignée romaine et d'intelligence
francisée, une des créatrices de notre politesse. « On
ne saurait dire, écrit-il, ce que la société et les lettres
françaises doivent à cette femme exquise et culti-
vée. La pédanterie et la grossièreté bannies les
écrits et des salons, la femme enfin maîtresse de la
place et du rôle qu'elle seule peut tenir, et de l'influence qu'elle doit exercer sur les mœurs et la
société, voilà les bienfaits dont lui sont redevables
les deux plus beaux siècles de notre civilisation. »

L'incomparable Arthénice, souveraine du goût,
venait à Rambouillet se reposer des grandeurs. Elle
y imaginait des surprises pour ses invités. Ce fut
ainsi qu'elle conduisit traîtreusement le pudique
évêque de Lisieux vers un bouquet d'arbres où Julie
d'Angennes et ses compagnes, « vêtues effective-
ment en nymphes, et assises sur des roches, faisaient le spectacle le plus agréable du monde. »
Tallemant des Réaux prétend « que le bonhomme
en fut si charmé que, depuis, il ne voyait la Marquise sans lui parler des roches de Rambouillet ».
Arthénice, entre autres nouveautés, fut la première
à créer un effet d'eau qui faisait sortir une cascade
d'entre les branches d'un chêne. Elle aurait rêvé de
construire secrètement au bout de son parc une
vaste maison, que ses hôtes auraient découverte par
hasard en se promenant ; elle les eût priés alors

« de demeurer quelques jours dans ce beau lieu. »
Elle dut renoncer à cette galanterie de style pastoral et se contenter de quelques chambres où vinrent songer tour à tour les plus fringantes des Précieuses.

A l'automne de 1636, la Marquise était installée à
Rambouillet. L'heure était grave. Le cardinal-infant
don Fernando et Jean de Werth avaient envahi la
Picardie. Les habitants de Paris prenaient peur
d'abord et songeaient à fuir au delà de la Loire. On
parlait aux enfants du monstre Jean de Werth pour
les épouvanter. Le Parlement blâmait Richelieu ou
accusait le ministre d'avoir humilié la France. Mais
bientôt à la panique succédait le sursaut des âmes.
Les corporations allaient trouver le roi au Louvre et
se vouer devant lui à la guerre nationale. Louis XIII
embrassa publiquement le président des savetiers.
Dans tout le royaume, ce fut une furie guerrière. En
quelques semaines, une armée de quarante mille
hommes s'improvisa. Les troupes françaises allèrent assiéger le cardinal-infant dans la place de Corbie.

Trois cousins, les Arnauld, officiers de carabiniers,
combattaient devant Corbie. Comme le siège traînait
en longueur, ils eurent le caprice d'aller rendre visite
à la Marquise. Cinquante lieues à cheval et ils se présentèrent tout à coup devant Arthénice. Elle adorait
les surprises. Les carabiniers furent reçus en paladins.
On improvisa une fête en leur honneur. Trois jours
après leur arrivée, on jouait la comédie au Château.

Entre toutes les pièces à la mode, il en était une
qui s'imposait à ce parterre d'amazones et de capi-
tans : la *Sophonisbe*, de Mairet. Une belle histoire de
guerre et d'amour à raconter aux carabiniers et aux
dames, tandis que les mousqueteries tonnaient aux
frontières. Et puis, c'était encore un ouvrage de

l'esprit où la fougue espagnole et italienne se réglementait à la française : une tragédie concentrée, régulière, le miracle de l'unité de temps. En moins de vingt-quatre heures, la belle reine Sophonisbe s'éprend d'un héros, se donne à lui et meurt pour éviter la honte d'être traînée à Rome en captive. Mairet avait soumis l'histoire vulgaire à la loi souveraine des bienséances. En suivant docilement le récit de Tite-Live, il eût exposé Sophonisbe à avoir deux maris vivants ; cette incorrection aurait paru nauséabonde aux amoureuses de la *Chambre bleue*. Tous les personnages de Mairet, Numides ou Romains, ont l'idéal de l'*Astrée* au cœur. Le vrai Massinissa, celui de l'histoire, après avoir conseillé à Sophonisbe de mourir, osa vieillir en un ignominieux et très long veuvage ; Mairet lui imposa congrument un trépas sublime. Sa Sophonisbe est une causeuse de l'hôtel de Rambouillet, une doctoresse de l'amour courtois, avec des coquetteries audacieuses, une héroïne de la guerre de Trente ans. Deux suivantes adorables l'accompagnent à travers ses élégantes douleurs. Les confidentes de cette reine numide, Corisbe et Phénice, réalisent le type parfait des demoiselles d'honneur, lettrées et galantes. Elles aiment les combats : sur un ordre de leur maîtresse, elles montent allègrement sur une tour pour mieux voir la bataille. Elles connaissent les replis du cœur masculin. Elles conseillent à Sophonisbe d'apparaître en beauté au vainqueur, et de « tirer un secours de ses propres appâts. » Elles sont latinistes, elles ont lu Tite-Live ; elle n'ignorent point que les princes numides possèdent un tempérament passionné : *genus Numidarum in venerem præceps*. Quelles furent les jeunes dames qui jouèrent sur la scène improvisée de Rambouillet les rôles de Corisbe et de Phénice ? Sans doute, deux de ces invitées de Catherine de

Vivonne qui accueillaient Mlle Paulet « couronnées de fleurs et fort proprement vêtues. »

Il ne faut point se demander si la *Sophonisbe* de Mairet était un chef-d'œuvre. Ne suffit-il pas qu'un pareil public l'ait jugé incomparable ? Son auteur disait superbement : « Elle tira des soupirs des plus grands cœurs et des larmes des plus beaux yeux de France. »

HENRIETTE DE COLIGNY

Hercule de Lacger, seigneur de Massuguiès, quel beau nom de cadet de Gascogne pour un drame de cape et d'épée ! Quelqu'un a réellement existé qui s'appelait ainsi. Et comme il n'est rien d'impossible à l'érudition, ce quelqu'un a trouvé son historien. M. Frédéric Lachèvre, subtil et savant explorateur du monde des précieuses, vient de ressusciter Hercule de Lacger. Nous possédions, sans nous en douter, une soixantaine de poésies de ce gentilhomme oublié. Importaient-elles à la gloire de la littérature ? Peut-être pas absolument. Là n'est point la question. Bien qu'il n'ait pas eu de génie, ce rimeur au nom formidable mérite sinon un chapitre, du moins une note marginale dans l'histoire de la politesse française. Cette figure de capitan héroï-comique prend place dans une galerie des modes d'autrefois.

M. Frédéric Lachèvre a identifié le personnage en analysant un manuscrit injustement négligé. Sous une reliure de maroquin rouge, en trente-deux feuillets d'une belle écriture de calligraphe, des sonnets et des madrigaux portent ce titre : « Vers pour Iris. » Qui était Iris ? Et quel son adorateur ?

C'est ici qu'apparaît douloureusement la vanité des psychologies livresques. Il ressort de la lecture de ce manuscrit qu'une dame, toute pénétrée encore de l'idéal de l'*Astrée*, mit par ses rigueurs un parfait amant aux portes du tombeau. Iris s'enveloppe de chasteté féroce ainsi qu'une bergère de M. d'Urfé. Son chevalier observe rigoureusement tous les rites de l'amour courtois. Il va sans dire qu'il menace constamment de sa mort prochaine l'immatérielle créature qui le désespère et le ravit. Il parle sans cesse de « terminer ses jours » ; l'infortuné « souffre les enfers ». Iris s'absente-t-elle pour quelques semaines ? Un amoureux vulgaire se bornerait à verser des pleurs : ainsi s'expriment les douleurs bourgeoises !

Mais si dans ce moment, pour les mieux exprimer,
Je ne tombe à vos pieds immobile et sans vie,
Je ne mérite pas l'honneur de vous aimer !

Il faudrait avoir un cœur de rocher pour ne point compatir au supplice enduré par ce modèle de continence. Trente-cinq sonnets témoignent qu'Iris demeura impitoyablement pure. Quant à son malheureux esclave, on l'imagine s'allant noyer au fond du Lignon grossi de ses larmes. La vérité est moins désolante. Iris et son poète, dans les loisirs que leur laissa la littérature, furent deux faibles créatures mortelles, enclines à la concupiscence. Ils firent l'un et l'autre dans leurs vers une telle débauche d'innocence qu'il ne leur en resta guère pour l'usage quotidien. Ce couple d'élégiaques était farceur.

Qui dit cela ? Cette canaille de Tallemant des Réaux, toujours embusqué derrière les élégances pour cligner de l'œil et ricaner. Tallemant sert de guide à M. Frédéric Lachèvre et à M. Émile Magne, à travers les aventures sentimentales d'Hercule de Lacger et de son Iris, Henriette de Coligny. Lorsqu'ils ne mettaient point du noir sur du blanc, ce Gascon et cette précieuse se reposaient gaillardement du sublime, Henriette a rencontré chez M. Magne un biographe gaiement véridique ; M. Frédéric Lachèvre, en nous racontant la vie d'Hercule, seigneur de Massuguiès, ne prétend aucunement nous attendrir.

A défaut de Tallemant des Réaux et de ses modernes auxiliaires, un dessin de Daniel du Monstier suffirait à révéler Henriette de Coligny, comtesse de La Suze, dans toute son ingénuité de bonne personne. Le sincère portraitiste a souligné de traits malicieux le nez curieux et la bouche gourmande de cette belle commère au triple menton. Dire que cette dame si bien portante a composé énormément d'élégies ! « Les plus tendres et les plus amoureuses du monde, qui courent partout », est-il affirmé par l'auteur des *Historiettes*. Henriette de Coligny a fait verser des larmes à maintes lectrices, à Mme de Sévigné peut-être, à coup sûr à Cathos et à Madelon. Au dix-huitième siècle elle était admirée encore pour son génie de poétesse. Son éditeur de 1725 explique ce génie par de cruelles déceptions conjugales. « Livrée successivement à deux époux, elle n'eut pour eux que de l'aversion et de l'horreur. » Le premier mari de Mlle de Coligny fut un Anglais qui ne survécut qu'un an à son bonheur. Le second, le comte de La Suze, était borgne et très ivrogne. Tallemant raconte qu'il lui arriva, au retour d'une ripaille, de tomber sur le chemin ; un troupeau de cochons lui passa sur le corps. Il fit alors un rêve guerrier et s'écria : « Quartier, cavalerie, quartier ! » Cet intempérant gentilhomme était jaloux ; il enfermait sa femme et la faisait espionner par deux prudes belles-sœurs. Faut-il s'étonner que l'esprit élégiaque se soit emparé d'une dame ainsi persécutée, dont la jeunesse avait brillé à la Chambre Bleue d'Arthénice ? L'éditeur de 1725 ne s'en étonne point. « Malheureuse

en amour, dit-il, elle a dû tourner du côté de
l'élégie, ainsi qu'elle a fait, le talent qu'elle avait reçu
pour la poésie. » Le don poétique semble avoir été,
chez Mme de La Suze plus spontané que complet.
« Elle ne put jamais *enchaîner* la rime. Elle digérait
ses pensées, elle les exprimait poétiquement, mais,
pour les rimer, il fallait qu'elle employât un secours
étranger. »

Plusieurs secours étrangers se présentèrent. L'un
d'eux fut notre Hercule de Lacger, lequel, au dire de
Tallemant des Réaux, « avait de l'esprit, mais n'était
nullement honneste homme ». M. Frédéric Lachèvre
reconnaît de la meilleure grâce du monde que les
recherches auxquelles il s'est livré ne démentent en
rien ce jugement sommaire. Nous n'avons aucun portrait du sire de Massuguiès. Il est facile de l'imaginer ;
tous les mauvais garçons croqués au passage par
Abraham Bosse nous rendent ce capitan d'alcôve
avantageux, beau parleur, insolent, parfois bâtonné,
ni plus ni moins poète, à tout prendre, que les autres
habitués des ruelles, un Malleville ou un Sarazin. Ce
joyeux drille fournit à Mme de La Suze des rimes pour
ses vers et des consolations pour ses mélancolies.
Dans ses sonnets, il la traitait abondamment d'inhu-
maine. La comtesse, couchée sur son lit de parade,
entourée de beaux esprits et de précieuses, écoutait le
malin Gascon bramer sa douleur. Au pied du lit, deux
petites mules de velours n'étaient visibles que pour le
seul Hercule. Il glissait la main dans la mignonne chaus-
sure ; il en tirait une lettre et y introduisait une
réponse d'une toute autre littérature que celle de l'*Astrée*. Le geste est charmant. Il résume la chevaleresque
hypocrisie de cette société de la Fronde qui s'essayait
au style noble et à l'amour poli. Les vers d'Hercule
de Lacger sont généralement insipides et l'homme fut
« un grand coquin ». L'Iris de ses sonnets à la glace

était une poupine personne d'humeur égrillarde. Sans
doute, mais le miracle opéré par les fées de l'hôtel de
Rambouillet a été d'imposer à un siècle brutal la
simulation de la vertu. Pour obéir au code idéal de la
bienséance, Hercule de Lacger et Henriette de Coligny se présentaient dans le monde en toilette spirituelle. Cette dame galante et ce sacripant s'habillaient
l'âme pour sortir. Chez eux, il est infiniment probable
qu'ils se mettaient à l'aise. Et cela ne regarde personne, n'en déplaise à Tallemant des Réaux et à son
indiscrète postérité.

CHRISTINE DE SUÈDE

LES rapports de fraternelle courtoisie sont traditionnels entre nos Compagnies savantes et celles de la Suède. Nous avons tout récemment recueilli un témoignage nouveau de la galanterie de nos amis scandinaves. M. Gustave Retzius, membre de l'Académie royale de Stockholm, vient de faire part à l'Académie des Sciences d'une trouvaille artistique qui intéresse à la fois les Suédois et les Français. Un jeune savant américain, qui travaillait à l'observatoire de Stockholm, y a découvert une vieille peinture toute chargée de poussière et d'oubli. Cette toile a été identifiée : c'est la copie d'un portrait de Descartes par David Beck, de Delft. M. Retzius s'est empressé d'en communiquer la photographie à ses confrères de France. Il est regrettable que la peinture originale se soit perdue ; elle nous donnerait une image fidèle de Descartes pendant les derniers mois de sa vie. Nous possédons deux belles effigies du père de la philosophie moderne, un Franz Hals inoubliable, et un excellent Sébastien Bourdon, tous deux au Louvre. Autant qu'on en peut juger par la photographie d'une copie, le portrait de David Beck diffère singulièrement de ces deux œuvres. « La figure de Descartes, remarque M. Retzius, est moins triste et moins affligée que dans la peinture de Franz Hals. Son expression y a de la grandeur, de la profondeur et de la sérénité. » Ce David Beck n'est, croyons-nous bien, représenté dans aucun de nos musées ; ses ouvrages sont infiniment rares. Elève de Van Dyck, il peignit pourtant beaucoup, aux gages de la reine Christine ; elle aimait à l'envoyer dans les cours civilisées ; il était chargé de lui rapporter des images ressemblantes de ses cousins royaux. Elle lui a demandé de peindre Descartes pendant les quelques mois du séjour que le grand sage français fit à sa cour. Qu'a bien pu devenir le portrait original ? Il a disparu dans les mille aventures des collections de Christine, qui fut une acheteuse gloutonne et une terrible gâcheuse ; la reine l'emporta à Rome avec ses autres tableaux. Dans quelle boutique de brocanteur italien l'image de Descartes a-t-elle moisi ? Faute de mieux, contentons-nous de cette copie, dont la découverte met en joie les cartésiens de Paris et de Stockholm.

Il est très vrai que Descartes paraît moins rébarbatif dans cette peinture que dans celle de Franz Hals. Le commerce de la reine de Suède avait-il réussi à dérider cette austère et majestueuse figure ? Devons-nous croire que Descartes s'est amusé à Stockholm ? Christine était capable de tout, même de donner le change à un psychologue de génie. Elle devait toutefois produire à celui-là un singulier effet. Tant que leurs relations étaient restées épistolaires, il pouvait être permis à Descartes d'honorer de loin en sa royale correspondante une vivante incarnation de la sagesse et de la vertu. Son ami Chanut, notre résident en Suède, lui avait dépeint Christine comme un Salomon féminin. Cette reine modèle désirait savoir le sentiment de Descartes sur « ce que c'est que l'amour ; si la seule lumière naturelle nous enseigne à aimer Dieu ; lequel des deux dérèglements est le pire, celui de l'amour ou celui de la haine. » Le philosophe avait magnifiquement et complètement renseigné la jeune souveraine sur ces problèmes délicats. « En lisant ces pages, dit M. Alfred Fouillée, où l'enthousiasme métaphysique prend l'accent même de la passion, on croit entendre raisonner d'avance la voix grave de Spinosa, qui mêlant à ses déductions géométriques une poésie austère, démontre et chante tout ensemble l'amour intellectuel de Dieu. »

Pourquoi Christine et Descartes n'en sont-ils pas restés là ? La reine de Suède ne collectionnait pas seulement les médailles, les tableaux, les livres rares et les jeunes gentilshommes robustes ; elle recherchait aussi les mages français. Elle voulut s'offrir le luxe d'un Descartes dans sa domesticité intellectuelle. Et le pauvre grand homme s'en fut tout naïvement chez cette ogresse du Nord, dévoratrice des génies. Chanut lui avait vanté chez Christine « le sentiment merveilleusement détaché de la servitude des opinions populaires ». Il put constater par lui-même à quel point notre ambassadeur était exactement renseigné. Il vit de près cette bizarre créature, dont l'existence ressemblait à une bambochade de cauchemar. Il passa quatre mois effarés à cette cour démente. L'affreux monstre femelle le faisait venir à cinq heures du matin, par un froid glacial, pour parler de métaphysique. Il en mourut. Les caprices de cette vilaine bossue, en faisant mourir Descartes à cinquante-quatre ans, ont privé l'humanité d'on ne sait quels trésors de sagesse. Le diable emporte la métaphysicienne de carnaval pour laquelle Descartes s'est enrhumé !

La légende de Christine, chef-d'œuvre des cardinaux romains, veut que la reine et le philosophe aient échangé de sublimes pensées. Ce n'est pas l'avis du biographe de Descartes, Adrien Baillet : « Il était déjà fatigué de l'oisiveté dans laquelle il était retenu par la reine, qui semblait ne l'avoir fait venir que pour la divertir. La cour n'était occupée que des réjouissances qui s'y faisaient pour la paix de Munster ; et la reine, qui voulut qu'il y jouât un rôle, voyant qu'elle ne pouvait obtenir de lui qu'il dansât des ballets, dut l'engager au moins à composer des vers français pour le bal. » Il ressort de ce texte que l'auteur du *Discours de la méthode*, sollicité de baller, osa répondre par un refus. Pour avoir la paix, il rima des à-propos et écrivit même une comédie. S'il n'avait pas pris le parti de mourir, il aurait, Dieu nous pardonne! fini par danser le ballet. Descartes chez Christine de Suède, c'est Ariel en servage chez un Caliban en jupons.

Il était temps qu'il trépassât. Ce fut dans l'année qui suivit sa mort que la cabotine couronnée eut sa plus violente crise d'aliénation mentale. Un de nos compatriotes, le joyeux apothicaire bourguignon Bourdelot, la traitait d'après une méthode audacieuse. Ce joli bouffon, qui était un drôle, avait prescrit à sa malade une cure de gaieté. Les savants en *us* de la cour de Stockholm durent se conduire comme des carêmes-prenants. On vit Saumaise danser un pas grec, en imitant les gestes des amphores. Voyez-vous d'ici Descartes sommé de figurer dans cette mascarade ? Imaginez cela, tout en regardant le portrait de Franz Hals, et vous aurez vraiment la sensation du néronisme ! C'est à faire frémir.

Cependant notre ami Bourdelot se divertissait énormément. Au point même qu'il en devint impopulaire. Il dut regagner la France, non sans quelques économies rondelettes. Mazarin, qui aimait les gens d'esprit, le pourvut d'une abbaye.

Le seul homme qui ait vraiment compris Christine, c'est ce Bourdelot, de fêtarde mémoire. Cet apothicaire était devenu assez médecin pour diagnostiquer chez sa cliente la folie incurable. Plaignons Bourdelot ; il dut connaître des quarts d'heure pénibles. La Sémiramis du Nord savait le latin, le grec, l'hébreu, l'équitation et la philosophie, mais elle était d'une laideur sordide et d'une héroïque malpropreté. Ses mains, aux ongles endeuillés, dissimulaient leur royale blancheur sous une couche épaisse de crasse ; elle ne se peignait qu'une fois par semaine. Avec cela contrefaite, malsaine, rongée d'abcès, sottisière, injurieuse, cruelle, et un peu voleuse, car, en abdiquant elle filouta les pierreries de la couronne. Elle avait des gentillesses inquiétantes. « Elle jurait Dieu, constate la Grande Mademoiselle épouvantée ; elle se couchait dans sa chaise, jetait ses jambes d'un côté et de l'autre, les passait sur les bras de sa chaise. Elle faisait des postures que je n'ai jamais vu faire qu'à Trivelin et à Jodelet, qui sont deux bouffons. » Joignons à ce croquis cet autre témoignage contemporain : « La reine de Suède pue assez honnêtement pour obliger ceux qui s'approchent à se parer de la main. »

Telle était cette dame, pour l'amour de qui Descartes a pris un chaud et froid. Il lui sera beaucoup pardonné, parce que dans un intervalle lucide, elle a écrit cette maxime : « Il y a une canaille de rois comme il y en a une de faquins. »

LA BETHSABÉE DE REMBRANDT

En créant une salle Rembrandt, les conservateurs du Louvre viennent d'exaucer un vœu très ancien. Voici enfin le demi-dieu dignement présenté. Sa souveraineté exigeait un domaine qui lui fût propre, à l'abri de toutes les familiarités, même les plus nobles. Rembrandt ne s'accommode d'aucun voisinage ; disons mieux, aucun voisinage ne s'accommode de lui. Relégué dans ces petits cabinets, faits pour les prosateurs de l'anecdote, son génie ressemblait à un fauve en cage. Désormais sa diversité magnifique rayonne et s'épanouit librement. Il devient facile à chacun de s'apercevoir que nul musée n'est plus riche que le nôtre en chefs-d'œuvre du maître des maîtres.

Replacer la *Bethsabée* au milieu d'un vaste panneau, lui rendre son véritable éclairage, c'est presque l'acquérir une seconde fois. Nous l'avions vue, avec douleur, émigrer dans l'étroite chambre lointaine. Notre désir fut aussitôt qu'on la rétablît à sa place première, au centre de la galerie La Caze. Ce qu'on vient de faire pour elle vaut mieux encore. Jamais son éblouissante nudité n'a paru plus belle qu'avant-hier, par cette matinée grise où elle remplaçait le soleil. Le bon Louis La Caze, en la voyant triompher ainsi, se serait consolé d'être quitté par sa fille d'adoption. N'était-ce pas lui qui disait : « Il y a trois sortes de collectionneurs : ceux-ci achètent des tableaux pour les avoir, ceux-là pour que les

autres ne **les** aient pas, les troisièmes pour en jouir et
en faire jouir » ? Il appartenait à la troisième caté-
gorie l'héroïque médecin des pauvres, fou de couleurs,
qui partagea son existence entre la souffrance et la
beauté.

Louis La Caze, c'est l'innocent patron de la confrérie des amateurs de peinture. Son souvenir pla-
nait discrètement sur cette fête de Rembrandt. Nous
lui devons de posséder l'œuvre prodigieuse entre
toutes, la merveille des merveilles. Il l'a léguée à son
pays, par ce testament de 1869, modèle de générosité
pudique. Depuis longtemps, La Caze songeait à faire
don de son cabinet à l'État. Il se serait séparé, vivant
encore, de ses tableaux, sans le règlement qui exigeait alors une barrière isolante entre la peinture et le
public. « Ma vue a baissé, expliquait-il, et je ne pourrais plus *les* voir. » Il aimait à les regarder de tout près,
à promener la loupe sur les empâtements. Lorsqu'un
Reiset ou un Chennevières venaient lui rendre
visite dans son modeste logis encombré de la rue du
Cherche-Midi, il allait à la recherche d'une de ses trouvailles « derrière dix rangs d'épaisseur », vite il la
portait près de la fenêtre, et alors commençaient les
gloses prophétiques. « Ce qui entend dire le plus de
sottises, a écrit Goncourt, c'est un tableau ! » Ceux de
La Caze n'entendirent jamais délirer les snobs. Il a
été accordé à ce dévot de l'art de trépasser en célébrant la cérémonie de l'admiration. Comme il faisait à
deux amis de choix les honneurs de son trésor, il s'af-
faissa subitement, laissant inachevé le pieux commentaire. Quel joli exemplaire d'humanité française,
stoïque et courtois, hardi sans révolte, précurseur sans
théories, novateur sans pose ! En vérité, ne pas
remettre en belle lumière le chef-d'œuvre légué par La
Caze, c'eût été persévérer diaboliquement.

Le catalogue, dressé par Reiset en 1870, donne

simplement à la *Bethsabée* le titre de *Femme au bain*. Nous connaissons des gens à qui cette indication suffirait. Est-il bien utile de faire intervenir la Bible dans ce poème de chair ? Rembrandt songeait-il à l'héroïne du *Livre des rois*, lorsqu'il transfigure cette beauté du Nord ? D'ailleurs l'inspiration des Ecritures lui fut-elle jamais autre chose qu'une raison de recréer la vie ? Est-ce donc la lettre du roi David que la baigneuse tient à la main ? Elle est triste, a-t-on dit : c'est qu'elle hésite encore ; elle se demande quelle réponse elle doit faire aux offres du séducteur tout-puissant... J'entends bien, mais David se servit-il d'un message écrit pour communiquer à Bethsabée son coupable désir ? Le texte sacré nous le révèle plus immédiat. « Vers le soir, David se promena sur le toit de la maison royale. De là, il vit une femme qui se baignait, fort belle de visage. Le roi s'enquit de cette femme, en disant : « N'est-ce pas Bath- « Schéba, fille d'Eliam, femme d'Ouriya le Hitthite ? » Des messagers l'allèrent prendre de la part du roi. La Bible ne dit point que Bethsabée ait eu le temps de délibérer avant de faillir. Nous savons seulement qu'elle versa des pleurs après que David eut fait tuer son époux par les archers de Rabbath-Ammon. Le temps du deuil écoulé, David l'emmena dans sa maison pour en faire son épouse. Ce que fit le roi déplut à Jahvé, conclut le saint livre.

Bethsabée, peut-être ? Mais bien plutôt la servante au grand cœur, Hendrijke, celle à qui le maître dut un renouveau de bonheur. Nous n'avons point, au Louvre, l'image de la première femme de Rembrandt, Saskia, l'épouse avouée, qui triomphe sur le tableau de Dresde, auprès d'un jeune mari ivre de joie. Notre amie à nous, c'est l'humble fille aux cheveux de soleil, qui montre, avec sa fraîche bouche et ses yeux fidèles, une âme de tendresse et de volupté. Hendrijke fut le bon génie du grand enfant perdu qu'était son maître, et pour Titus une seconde mère, intendante, esclave et fée à la fois. Le ménage terminé, elle devenait, sur un signe du magicien, n'importe quelle princesse de son rêve. Il disposa, plus royalement qu'un David, de cette âme candide et de ce jeune corps. Les pasteurs se scandalisèrent, ils citèrent la pauvrette devant la paroisse et lui demandèrent s'il était vrai qu'elle posât sans vêtements devant son maître. Ayant redouté de mentir, elle se vit refuser la communion... Oui, c'est bien Hendrijke, et non point une dame de la Bible, qui rêve ainsi, si désespérément mélancolique, tandis que l'enveloppe une féerie de lumière. Ce papier qu'elle vient de lire, ne serait-ce point un de ces protêts que chaque matin les huissiers déposent, à l'adresse de Harmensz, dans la maison de l'Ecluse Saint-Antoine ? A qui songe-t-elle douloureusement ? A lui, au maître, déjà ruiné, aux créanciers qui l'assiègent, au sombre avenir de misère qui les attend tous deux, à la riche maison vendue, aux joyaux précieux, aux armures rares, aux bronzes antiques jetés à l'encan, à l'auberge outrageante... Rembrandt, visionnaire imprévoyant, a peint là le portrait de sa dernière heure de paix et de joie. Il n'est rien, dans la Bible elle-même, de plus tragique que sa destinée.

MADAME DE LA FAYETTE

LES revues sont le charme des vacances. Elles nous entretiennent de personnes défuntes et de choses oubliées. Cela détache de l'actualité et repose un peu de l'histoire vivante. L'heure reviendra toujours assez tôt de vivre dans le présent. Loin de Paris, dans la paix d'une petite ville endormeuse, il est délicieux de lire quelques pages où ressuscitent des âmes très anciennes. Et si, par bonheur, il s'agit d'une femme de jadis, qui fut tout à fait femme, avec le génie par surcroît, on s'égare, en si belle compagnie, tout au fond du passé. Songer à Mme de La Fayette, sous une allée de tilleuls, pendant un après-midi de dimanche provincial, ce n'est pas un passe-temps, c'est une cure. On se sent ensuite plus calme et plus fort pour lire le journal qui vous attend à la maison, et qui vous renseignera sur le dernier état de la mentalité des maîtres d'écoles ou sur les évolutions de la mévente.

Voici que M. Jean Lemoine ajoute à son tour, dans un intéressant article de la *Revue de Paris*, quelques traits précis, sinon nouveaux, au portrait de cette rare personne, Marie de La Vergne, comtesse de La Fayette. Tant qu'on parlera la langue française, la vraie, l'ancienne, l'auteur de *la Princesse de Clèves* conservera ses adorateurs. Plus que jamais, aujourd'hui que le féminisme littéraire règne souverainement, doit triompher la femme qui enrichit le roman français de son premier chef-d'œuvre. Admirer Mme de La Fayette est le moindre des devoirs et le plus

facile des plaisirs. La bien connaître est moins aisé.
Il n'y a pas trente ans que son histoire a été dégagée de
la légende Sa renommée traversa alors une sorte de
crise, dont elle sortit, victorieuse assurément, mais
différente, au grand déplaisir des bonnes âmes qui
tiennent à l'existence terrestre des anges. Les anges
sont infiniment rares, dans tous les milieux. En littérature, on les compte sur les doigts. Ce sont d'ailleurs,
pour la plupart, des anges du sexe masculin. Ceux-là
mêmes ne jouissent du caractère séraphique qu'à
titre précaire. Il suffit d'un dossier d'archives livré
à la curiosité d'un chercheur pour que ces natures im-
matérielles soient restituées à l'humanité de tout le
monde.

Ce qu'il y avait d'angélique dans le souvenir de
Mme de La Fayette a été naguère soumis à une enquête, comme on en mène dans les questions de canonisation. La mémoire de cette illustre dame en a
souffert quelque dommage. La postérité faillit se
brouiller avec elle et la convaincre de supercherie. La
postérité n'aime jamais à reconnaître qu'elle s'est
trompée. « On m'a trompée ! » crie-t-elle tout d'abord.
Elle s'était habituée, on ne sait trop pourquoi, à
imaginer une La Fayette dolente, sentimentale,
sacrifiée, bêlante, toute d'abnégation et de mélancolie.
D'excellents esprits acceptaient docilement cette
figure de vitrail. Un dossier s'est ouvert. Au lieu d'une
sainte, il révélait une femme. On s'indigna.

Ce fut presque un scandale, dont on se souvient
encore, entre gens que passionne le dix-septième
siècle. Il y eut une « Affaire La Fayette », aux environs de 1879. Les ardeurs se sont éteintes. Il est permis aujourd'hui de résumer ce petit procès psychologique, en toute impartialité. L'incomparable romancière, désormais replacée dans la vie, en est quitte
pour avoir perdu son auréole de carton doré. Nous

devons nous résigner à ne plus voir en elle qu'une créature humaine qui était de son monde et de son temps. Ce n'est, après tout, qu'un ange de moins. Le ciel y perd, sans qu'il en coûte rien à la littérature. *La Princesse de Clèves* garde tout son éclat de pur diamant.

N'empêche qu'on en a voulu à l'auteur du plus exquis et du plus chaste des romans d'amour d'avoir vécu selon son siècle. On se plaisait à imaginer que Mme de La Fayette avait souffert poétiquement d'un long veuvage ; La Rochefoucauld intervenait ainsi, en toute bienséance, auprès d'une femme languissante et abandonnée. La légende enterrait M. de La Fayette à la fleur de l'âge. Tout à coup, sans souci de la morale mondaine, ce mari est sorti, tout ressuscité, tout gaillard, d'un carton de documents. Ce diable d'homme a prouvé, son acte de décès en main, qu'il exerça pendant près de trente ans quelques-uns de ses droits conjugaux. Il affirmait même avoir survécu à La Rochefoucauld. Cette réapparition fut jugée de mauvais goût. On trouva la conduite de M. de la Fayette indélicate ; on essaya de lui démontrer qu'il était mort vingt-cinq ans plus tôt. Entêté comme un mari, il s'obstina à donner les preuves de sa longévité. Hâtons-nous de dire qu'il se rendait importun pour la première fois. Il ne faut point juger le comte de La Fayette sur cette espièglerie d'outre-tombe. Pendant sa vie mortelle, il ne cessa de se montrer le moins encombrant des époux. Etait-ce un cynique ou seulement un philosophe résigné ? Est-ce de lui que La Bruyère a dit cruellement : « Il y a telle femme qui anéantit ou qui enterre son mari, au point qu'il n'en est fait dans le monde aucune mention. Vit-il encore, ne vit-il plus ? On en doute. Il ne sert dans sa famille qu'à montrer l'exemple d'un silence timide et d'une parfaite soumission. Il ne lui est dû ni douaire.

ni convention ; mais à cela près, et qu'il n'accouche pas, il est la femme, elle le mari. » M. de La Fayette est une énigme. Les maris des Muses sont féconds en surprises. Tout récemment on publiait une lettre où M. Dudevant demandait la croix, au titre d'époux répudié de George Sand. M. de La Fayette doit-il être considéré comme une ébauche seigneuriale de M. Dudevant ? On a cru longtemps qu'il résidait toujours dans ses terres d'Auvergne. Voici que nous apprenons qu'il venait de temps en temps à Paris, et qu'il descendait bravement à l'hôtel de la rue de Vaugirard, chez sa femme, sous le toit où La Rochefoucauld soignait sa goutte ! M. de La Fayette est insondable.

Aussi bien ne s'agit-il aucunement de lui. Mais La Rochefoucauld, l'époux de l'idéal, celui du libre choix, devons-nous admettre que Marie de La Vergne se consolât de l'avoir perdu ? Tout indique qu'elle s'habitua à la douleur et nous n'avons pas le pharisaïsme de l'en blâmer. Qu'avait-il donc apporté de lui-même à cette femme raisonnable et perspicace ? Des restes ! les débris d'une ambition déçue, toutes les vieilles blessures à panser de son corps d'ancien beau et de son âme de révolté vaincu. Ce n'était pas un ménage de tourtereaux que l'union de ces deux êtres. Aperçoit-on même dans leur liaison l'ombre d'un amour ? Le paladin fourbu avait tant aimé d'amazones, au temps de ses fureurs et de ses folies, et de si perverses, et de si belles ! Mme de La Fayette n'était rien moins que jolie. Ses portraits sont contradictoires. Tous s'accordent pourtant à la gratifier d'un long nez sagace et peu voluptueux. Ce nez-là dut flairer l'égoïsme et l'inaptitude à la tendresse dans ce qui restait au fond de l'âme dévastée de La Rochefoucauld. Essentiellement inamoureuse, la froide amie du pessimiste des *Maximes* avait en lui un bon vieux

camarade de psychologie. Ils parlaient ensemble à
merveille, de l'Amour, un paradis dont il était banni
et qu'elle ne vit jamais, elle, que par-dessus le mur.
Mlle de Scudéry, qui ne craignait point, dans sa correspondance d'appeler les choses par leur nom, écrivait
à cette mauvaise langue de Bussy : « M. de La Rochefoucauld et Mme de La Fayette ont fait un roman des
galanteries de la Cour d'Henri second qu'on dit être
admirablement bien écrit. Ils ne sont pas en âge de
faire autre chose ensemble. »

Est-il donc possible d'écrire *la Princesse de Clèves*
sans avoir aimé ? Pourquoi pas ? Si profond, si touchant que soit ce livre, il semble avoir été pensé contre
l'amour. Sous sa grâce racinienne se cachent des sentiments suprahumains, à la Port-Royal et à la Corneille. Le prince de Clèves a le beau rôle : il est sage
et sublime. Ce ne sera pas ainsi que Lélia peindra le
type du mari bourreau. Mme de La Fayette limitait les
droits de la passion. C'en est assez pour la rejeter bien
loin de nous, en tant que romancière d'amour.

Mais qu'elle est des nôtres, et vivante, et d'aujourd'hui, et de demain, et de toujours, quand d'é-
crivain elle redevient femme ! Une maîtresse femme,
énergique, quémandeuse, voire intrigante, avec toutes
les curiosités et toutes les ruses. C'est la solliciteuse
que nous montrait hier M. Jean Lemoine dans son
étude très documentée. Pour se déshabituer de feu
La Rochefoucauld, cette veuve consolée se jeta dans
la politique et dans les affaires. Elle a dompté Louvois ! Ce ne devait pourtant pas être un homme
facile à intimider. Nous n'avons pas les lettres dont
elle accablait le terrible ministre, mais les réponses de
Louvois, brèves et déférantes, suffisent à prouver qu'il
se laissait faire. Si discret qu'ait été le comte de La
Fayette, il se prolongeait sous les apparences corpo-
relles de deux fils, un abbé et un militaire, qu'il fallait

pourvoir, le premier de bénéfices et le second d'un régiment. Bénéfices et régiment furent enlevés de haute lutte par le modèle des mères solliciteuses. Le cadet, René-Armand, est colonel à vingt et un ans. Dans son zèle maternel, Mme de La Fayette s'occupe de lui trouver des recrues. Il est jeune, il s'amuse aux sottises de garnison et fait scandale à Strasbourg, en rossant les bourgeois. Une enquête est ordonnée. Il semble bien que Louvois étouffa l'affaire. Le petit colonel resta à Strasbourg, parce qu'il avait une mère influente au ministère. Telle était l'immoralité de l'ancien régime.

Cette La Fayette de la vérité, non plus nimbée en sainte nitouche, mais si drue, si gaillarde et si leste, c'est la femme d'affaires dans toute sa robuste complexité. Décidément, ce n'était pas du tout une contemplative. Avait-elle jamais promis d'en être une ? Lorsqu'on aura achevé son portrait d'après nature, il faudra le compléter par cette définition d'Anatole France : « Elle avait dans l'esprit autant d'adresse que de sincérité. » Elle a avoué, avec sa belle tranquillité de raisonneuse : « A-t-on gagé d'être parfaite ? » La perfection, qui n'était pas de son monde, elle se contenta de la mettre dans le plus noble et le plus fin des livres.

SOPHIE CHÉRON

Nous croyons, de la meilleure foi du monde, avoir inventé le féminisme. Bien des gens, en voyant tant d'élèves femmes à l'Ecole des beaux-arts, s'en étonnent comme d'une audacieuse nouveauté. Voici une aimable brochure où M. André Saglio ressuscite les académiciennes d'autrefois; il y prouve, avec la plus gracieuse érudition, que l'égalité artistique entre les deux sexes date du siècle de Louis XIV. Nous n'avons même pas le mérite d'avoir découvert le nom, peu plaisant d'ailleurs, de « peintresse » ; ce néologisme est plusieurs fois centenaire.

Il a été écrit des pages très spécieuses contre l'ancienne Académie royale de Peinture et de Sculpture. Toute une école critique l'accuse volontiers d'avoir tué l'esprit corporatif et créé un funeste divorce entre l'industrie et l'art français. Il y a là un bien gros procès, des plus complexes et des plus obscurs, qui se plaidera tant que Colbert et Le Brun seront morts. Aujourd'hui que nous assistons à la renaissance des corporations, certains doutes nous viennent sur leur excellence. Pour parler art, et art seulement, il paraît bien que les anciennes maîtrises, si bienfaisantes au moyen âge, n'étaient plus, au début du dix-septième siècle, que coteries mercenaires et foyers d'égalitarisme inintelligent. Une de nos raisons d'admirer chez Le Brun, sinon un peintre de génie, du moins tout à fait un grand homme, c'est qu'il a fondé une noblesse

spirituelle. De la querelle entre les peintres du Roy et
la Jurande, un type a surgi, qui dure encore : celui de
l'Artiste, un être d'orgueil et d'inégalité, le dernier
seigneur que respectera l'esprit de nivellement.
Quant au reproche d'avoir séparé l'art de l'industrie,
il est admirable que les plus parfaits chefs-d'œuvre
de l'art appliqué aient été précisément fabriqués à la
Manufacture des meubles de la Couronne, alors que
Le Brun y régnait en despote. C'est à se demander si
la fondation de l'Académie royale, naguère considérée comme un recul, ne marqua pas, bien plutôt, une
des dates fécondes de notre civilisation. En tout cas,
si jamais milieu aristocratique resta grand ouvert,
ce fut celui-là. L'illustre compagnie dura près de cent
cinquante ans. Entre sa première réunion chez M. de
Charmois et le vote révolutionnaire qui la déclara
dissoute, de Le Brun à David, on citerait difficilement
un peintre ou un sculpteur de quelque mérite qui n'ait
pas obtenu d'y siéger. A vrai dire — encore une
fois, nous ne parlons que d'art, — l'esprit d'exclusivis-
me pénétra dans le monde des ateliers au moment où
les Français crurent devoir s'entre-tuer pour s'enseigner mutuellement la justice et l'amour. David était
un affreux réactionnaire.

Honorons et chérissons au contraire en Le Brun le
plus intelligent des syndicalistes. Aucune autre condition que la preuve du talent n'était exigée pour être
agréé par l'ancienne Académie. L'esprit confession-
nel restait étranger à son recrutement. Si doctrinaire
qu'il fût par ailleurs, et si tyrannique, le Premier
Peintre n'opposa jamais de *credo* à la candidature d'un
confrère. S'il flairait chez un nouveau venu de l'hérésie, il se réservait seulement de lui adresser des
paroles amères aux conférences contradictoires. Ces
premiers « académistes » se plaisaient aux joutes intel-
lectuelles. Ils croyaient à la Vérité. Il se trouvait par-

mi eux plus d'un illettré, mais tous étaient ardemment cartésiens, quelques-uns en le sachant, le plus grand nombre sans le savoir. Et ce n'est pas Chaumette, mais Le Brun qui a donné ses plus nobles fêtes à la déesse Raison.

Entre toutes les mesures réactionnaires dont la responsabilité pèse sur la mémoire de David, notons celle-ci : le retrait de ce droit de bourgeoisie artistique, de gentilhommerie devrions-nous dire, que l'Académie de l'ancien régime accordait aux dames. Il y eut, sous les règnes de Louis XIV, de Louis XV et de Louis XVI, quinze académiciennes, dont la dernière fut Mme Vigée-Lebrun. David ferma brutalement la porte à l'exquise et dolente Constance Mayer. On songe au mot que disait Talleyrand d'un autre dominateur : « Quel dommage qu'un si grand homme ait été si mal élevé ! »

« Il n'y a pas, dit excellemment M. André Saglio, de joie plus rare que la découverte des talents passés. » Joie assurément délicieuse et mélancolique plus encore. En pieux historien, M. Saglio ranime une par une ces renommées pâlies des académiciennes d'antan. Il en est plus d'une, hélas ! que nous allions outrageusement oublier. Qui songe à Catherine Duchemin qui fut la première femme reçue par l'Académie royale, dans sa séance du 14 avril 1663 ? Défendons-nous de croire qu'elle dut cet honneur à sa qualité d'épouse du sculpteur Girardon. « Mademoiselle » Girardon présenta à la Compagnie « un panier de fleurs posé sur une table », qui fut favorablement jugé. Nous ne saurons jamais si la femme de Girardon avait du talent ; elle n'envoya aucun ouvrage aux expositions de l'Académie. Il nous faut encore ignorer si elle était jolie ; un grand statuaire la trouvait aimable et ce certificat peut suffire. Ce qu'il nous est permis de deviner, c'est qu'elle donna à son mari quarante ans de tranquille et discret bonheur. Elle eut dix enfants, dont aucun ne professa la peinture. Elle mourut la première et Girardon la fit ensevelir à l'église Saint-Landry, dans le mausolée fastueux qu'il avait fait préparer pour lui-même. Catherine Duchemin fut-elle reçue académicienne pour son génie ou pour sa vertu ?

Entre toutes ces ombres, d'une austérité gracieuse, avouerai-je mon faible pour Elisabeth-Sophie Chéron ? Elle fut académicienne à vingt-quatre ans. « *Le unzième jour de Juin 1672, M^r Le Brun a présenté deux portraictz faits par la demoiselle Elisabeth Chéron, lesquelz ont tèlement satisfaict la compagnie estimant cest ouvrage fort rare, excédant mesme la force ordinaire du sexe, qu'elle a résolu de luy donner la calité d'académissienne.* » Ainsi s'exprime, avec un hyperbolisme inusité, le registre des Procès-Verbaux. Dans un de ces deux morceaux de réception, Mlle Chéron s'était peinte elle-même. Nous possédons ce portrait au Louvre. Les membres de l'Académie royale eurent pour l'admirer des raisons que notre raison ne connaît plus.

« Elisabeth Chéron, dit Dargenville, étoit parvenue à l'âge mûr sans passer par les faiblesses de l'enfance. » Cette fois, les académistes entendaient honorer en leur féminin confrère et le génie et la vertu. Chéron était belle, d'une beauté sérieuse et bien portante, et sage à miracle. Ce fut sans aucune arrière-pensée douteuse que ses contemporains s'accordèrent unanimement à l'appeler Sapho. A quatorze ans elle était célèbre comme portraitiste. Elle jouait en outre du luth à ravir. Née dans la religion prétendue réformée, elle se convertit non seulement au catholicisme, mais au jansénisme, et mérita que Nicole posât devant elle. Elle traduisait les psaumes en vers français. Elle savait le latin aussi bien que la musique. L'Académie de Padoue, dont elle fut l'orgueil, lui conféra le surnom d'Erato. Mme Dacier l'honora de son amitié. Musicienne, poétesse, savante, elle édifia la France et l'Italie. Elle excella dans la peinture profane et dans la peinture sacrée. Cette honnête dame française était née académicienne; elle vécut et mourut telle. Il eût été très beau qu'elle trépassât en état de virginité. Nous devons avouer qu'elle se maria. Mais si peu ! Et avec tant de dignité virile ! Elle épousa, à cinquante ans, M. Le Hay, ingénieur du Roi. Dargenville tient à préciser que les faiblesses de la chair n'étaient pour rien dans cette chaste union. « Ce mariage philosophique n'avait d'autre but que d'avantager son mari qu'elle estimait depuis longtemps; le soin de ses biens qui étaient considérables, y entrait pour quelque chose. On lui entendit dire, en sortant de l'église : Nous voilà mariés, monsieur, à la bonne heure ; l'estime séparée de l'amour ne nous en demande pas davantage. *Et elle lui tint parole.* » Dargenville remarque encore que sa modestie paraissait jusque dans ses habits, et il ajoute, un peu sournoisement : « Je pourrais dire, l'ayant vue souvent, que la nature s'était méprise dans Mlle Chéron ainsi que dans Mme Dacier ; on voyait pour ainsi dire, dans ces deux illustres femmes les traits de deux grands hommes. « La seule concession qu'ait faite l'héroïque Elisabeth à l'esprit de volupté fut d'écrire, entre une traduction des psaumes et un portrait de chanoinesse, un petit poème en quatre chants qui s'appelait gentiment : *les Cerises renversées.* N'en concluons point que cette Muse ait jamais péché. C'était en tout bien tout honneur que, dans le salon de Mme Dacier, Anacréon faisait les lendemains d'Homère.

Il est un autre poème d'Elisabeth Chéron, qui semble irréparablement perdu, et dont la disparition doit être pleurée. L'illustre peintresse était du clan de

Le Brun. Les gens de lettres tenaient plutôt pour
Mignard ; Scarron d'abord, puis Boileau, Chapelle,
Racine, La Fontaine, La Bruyère, furent des mignar-
distes passionnés. Les seuls mauvais vers qu'ait écrits
Molière, d'une plume encore humide de l'encre divine
d'*Amphitryon*, célèbrent la Gloire du Val-de-Grâce. Ce
lourd pensum était, sans nommer l'ennemi, un pamphlet contre le principat du Premier Peintre. Une tradition veut qu'Elisabeth Chéron, poussée par Le
Brun, ait opposé doctrine à doctrine et poème à poème.
M. André Fontaine, un des hommes qui connaissent
le mieux les disputes artistiques du Grand Siècle, a
cherché vainement ces vers d'Elisabeth. Ils sont
perdus ! Ne nous frappons pas. Mais il eût été amusant de connaître ce qu'a bien pu répondre à l'esthète
Molière la plus accomplie et la plus glorieuse des Phi-
lamintes.

LISELOTTE

Nous avons perdu récemment en Mme Arvède Barine le plus loyal des écrivains féminins. Cette femme aimable et sérieuse était le type achevé de « l'honneste dame de lettres ». Ses livres resteront des modèles de saine philosophie et de gai savoir. On vient de publier celui auquel elle travaillait quand la mort l'a surprise ; il était inachevé et une main amie a dû en écrire les dernières pages. Dans cette monographie de *Madame, Mère du Régent*, nous retrouvons toutes les fortes qualités de Mme Arvède Barine : la franchise, l'érudition sans pédantisme, la bonne humeur, l'indulgence d'une âme équilibrée, la belle santé de l'esprit et du cœur.

Portraitiste avant tout véridique, Mme Arvède Barine ne flatte point son personnage. Mais il n'y a pas d'œuvre d'art sans un peu d'amour. En étudiant cette bizarre personne que fut la seconde Madame, on ne peut s'empêcher de découvrir en elle, sous une couche épaisse de ridicule, quelque chose qui ressemble à de la vertu. On se surprend à aimer cette figure bouffonne et sévère. Mme Arvède Barine s'est prise pour son modèle d'estime d'abord et finalement d'amitié. Il lui plaît d'appeler familièrement son héroïne « Liselotte ». Ce gentil surnom, frais comme un myosotis du Palatinat, est une caresse consolatrice pour la pauvre Elisabeth-Charlotte, lamentable patronne des Déracinées.

La nature avait formé cette Allemande rougeaude pour une destinée de fermière, haute en couleur, forte en gueule, le cœur sur la main, qui aurait battu ses gens en se faisant craindre et aimer d'eux. Un caprice du sort fit naître Elisabeth-Charlotte au pied d'un trône. Que diable venait faire dans les grandeurs cette créature de plein air ? Passe encore pour la cour palatine, laquelle, en dépit de la morgue germanique, avait souvent un caractère de basse-cour. Les parents de Liselotte, l'Electeur Charles-Louis et Mme l'Electrice, Charlotte de Hesse-Cassel, étaient à tout prendre, d'assez bonnes gens, absurdes et primitifs : ils s'embrassaient en public, pour se gourmer un instant après comme un ménage de portefaix. Entre ces deux « enragés » la gamine garçonnière poussa au petit bonheur, drue comme un sauvageon. A la cour de l'Electeur, la sœur de Charles-Louis, « Tante Sophie », représentait le bon sens ; elle prit Liselotte en gré, la protégea, lui donna, sinon une éducation, du moins quelques connaissances et deux ou trois principes régulateurs. Cette pédagogie improvisée produisit une petite princesse turbulente et brutale, capable d'admirer Leibniz, et qui méritait un bon mari.

Liselotte n'eut jamais de chance. Il lui arriva tout d'abord le malheur dont une femme ne se console pas : elle était laide, d'une laideur comique. C'était de quoi pleurer toute une vie. Liselotte prit le parti d'en rire. Son miroir lui montrait une naine, sèche comme un copeau, avec de petits yeux et un gros nez de travers. « Sa Grâce monsieur mon père m'a dit souvent que j'étais laide : j'en riais et je n'en ai jamais eu de chagrin. » A la fin de sa vie, lorsque sa laideur tourna au monstrueux, la bonne créature s'en amusa bravement. « Ma graisse s'est mal placée, de sorte qu'elle me va mal. J'ai, sauf votre respect, un derrière effroyable, un ventre, des hanches et des épaules énormes, le cou et la poitrine très plats. Pour dire la vérité, je suis épouvantable, mais j'ai le bonheur de ne pas m'en soucier. »

A dix-huit ans, Elisabeth-Charlotte n'en était pas encore là. Elle n'était alors qu'inépousable. La politique la fiança au frère de Louis XIV, un être de sexe incertain qui mettait des rubans et se peignait les yeux. La princesse palatine n'avait pour ce mariage, ni pour tout autre, aucune vocation. Elle pensait « que le meilleur mari ne vaut pas le diable... Quand une femme se fourre dans la tête qu'il lui faut un mari, c'est un coup de folie. Etre estropiée d'une main est un malheur, avoir un mari en est un autre ». Un mari tel que Philippe d'Orléans était le pire des malheurs. La fiancée en eut le pressentiment ; à peine eut-elle quitté son cher Palatinat qu'elle écrivait à la tante Sophie : « J'ai tant crié que j'en avais le côté enflé ; depuis Strasbourg jusqu'à Châlons je n'ai fait que crier toute la nuit. » Elle arriva ainsi, hurlante et ruisselante, à la cour de France.

Le garçon manqué et l'homme-femme, au moyen de concessions réciproques, parvinrent à devenir quasiment un ménage. Madame, glorieuse quand même d'être la belle-sœur du grand Roi, traita sans sévérité l'idiot pervers qui lui servait de mari de temps en temps. Après la naissance d'un second enfant, Monsieur fit à sa femme la proposition de deux appartements séparés. Elle lui répondit : « Oui, de bon cœur. » Elle ajouta : « Et nous demeurâmes fort satisfaits l'un de l'autre. » Elle expose ses raisons, qui sont valables : « Il était extrêmement désagréable de dormir avec Monsieur ; il ne pouvait pas souffrir qu'on le touchât pendant son sommeil, de sorte que j'étais obligée de me mettre tout au bord, et qu'il m'est arrivé bien des fois de tomber comme un sac. » Désormais, l'existence de Madame sera d'une parfaite austérité. Cette vie d'exilée, hargneuse, nous la connaissons dans les moindres détails. La grande distraction de Madame était d'écrire à sa famille, à ses amis du Palatinat, surtout à tante Sophie. Elle avait pris à tic les gens et les choses de France. Rien n'a pu franciser cette tête germaine. Il y a un peu de l'espionne dans cette correspondance rageuse dont aujourd'hui encore l'Allemagne fait ses plus chères délices. Madame s'y moque abondamment des Français.

Ce serait en vérité trop facile de lui rendre moquerie pour moquerie. Ce que cette noble princesse dégage pour l'irrespectueuse postérité, c'est un comique débordant. Elle chassait à courre : on imagine la silhouette d'amazone dont elle affligea nos paysages forestiers. En se plaignant sans cesse, elle jouissait, bon an mal an, d'un revenu équivalent à deux millions de notre monnaie. Elle jouait gros jeu. Cependant, des nostalgies lui venaient de la campagne du Palatinat et de la vie frugale : « Mon Dieu ! que de fois j'ai mangé des cerises dans la montagne, à cinq heures du matin, avec un gros chiffon de pain ! J'étais alors plus gaie qu'aujourd'hui. » A Versailles, ses menus étaient plus compliqués. Pour un seul dîner, « trois potages, un quartier de veau, une entrée de trois poulets, une pièce de mouton haché, un cochon, deux chapons, deux bécasses, trois poules et trois pigeons ». Rien d'ailleurs ne la réconcilia avec notre cuisine. Elle fit venir les saucisses et les boudins de la patrie perdue ; elle en mangeait à crever et certaines de ses indigestions épouvantèrent la cour. « J'ai tellement affriandé ma gueule allemande à la nourriture allemande, qu'il n'y a pas un seul ragoût français que je puisse souffrir. »

Tout a été dit sur la sauvagerie empestée que cachaient les splendeurs de Versailles. Est-ce de la grossièreté des mœurs françaises que se plaignait Madame ? A peine eût-elle pénétré dans ces écuries d'Augias qu'elle « en remit », et à pleines mains. Cette honnête personne aimait les ordures, la plaisanterie scatologique, les propos obscènes. Les incongruités sonores lui procuraient d'innocentes joies. « Mgr le Dauphin et moi nous avons souvent parié à qui en ferait le plus et nous nous en sommes très bien trouvés. Pour ces sortes de choses, tout dépend de la manière de s'y prendre. »

Sur cette épaisseur, une petite fleur bleue poussa secrètement ; Madame a aimé Louis XIV, d'une tendresse lointaine, apeurée, tremblante, qui ressemble tout à fait à de la passion. La morgue palatine ne suffit point à expliquer la féroce haine qu'elle portait à Mme de Maintenon. Elle l'appelait tour à tour « la créature, la gueuse, la vieille ordure, la vieille guenipe, la vieille ripopée. » Ce sont là propos d'amour déçu, les petites revanches de la jalousie. Un jour, Madame s'épancha dans le tendre cœur de tante Sophie : « Monsieur m'a donné hier une nouvelle qui serait excellente si elle était vraie, mais j'ai peur que non. La vieille ordure aurait un cancer de la matrice, sauf votre respect. Ce serait un bien grand bonheur. » Le ciel refusa à Liselotte cette compensation. « La nouvelle, écrivait-elle le lendemain, n'est malheureusement pas vraie. J'ai vu hier la vieille ordure manger avec nous ; elle était fraîche et bien portante. » L'amour seul peut inspirer à une âme féminine de semblables mélancolies.

Et tout de même, avec ses gloutonneries, ses haines ses allures d'espionne, ses ingratitudes, en dépit de sa lourde injustice et de sa barbarie mal odorante, on ne la déteste point, cette énorme Liselotte. C'était un honnête homme que cette femme disgracieuse et disgraciée. Elle fut véridique dans un monde de mensonge. Elle boudait, elle sacrait, elle enrageait, mais ne rions pas de ses fureurs. Il y eut, en somme, dans un coin du cruel Versailles une âme meurtrie qui garda le secret de souffrir. « On m'a pris mon cœur gai ! » s'écriait-elle. Entre deux indigestions de saucisses, la Palatine a pleuré de vraies larmes, sur son pays ravagé par les guerres, sur sa vie manquée, sur ce Roi adoré et redouté, sur les vices de son fils, sur tout le monde et sur elle-même. Il y avait en ce corps d'ogresse risible un pouvoir d'amour et de douleur.

MADAME GUYON

En lisant, l'autre jour, les débuts d'un procès douloureux, on se croyait ramené aux temps fabuleux
du quiétisme. De vénérables prêtres sont venus à
la barre du tribunal se prononcer avec véhémence
contre les excès du mysticisme. Nous ne sommes
plus assez théologiens pour ressusciter une querelle qui déchira jadis les âmes chrétiennes. Nous
avons perdu en Brunetière le dernier docteur capable de se passionner savamment dans un aussi grave
débat ; nous ne parlons bien entendu que des laï-
ques. Les clercs conservent en pareille matière
toute leur autorité. Ils en ont usé, hier encore, avec
une éloquente rigueur. Les Mme Guyon trouveront
toujours chez nous des censeurs redoutables parmi
les membres du clergé. C'est une tradition nationale.
Nos prêtres n'ont jamais aimé qu'il y eût des Mères
de l'Église française.

Cette énigmatique et malheureuse Mme Guyon,
qui faillit créer un schisme, fit pourtant des rava-
ges dans les consciences. Elle garde encore aujour-
d'hui, surtout de l'autre côté de l'Atlantique,
de sincères zélateurs. Schopenhauer faisait mine
de la vénérer : « Je recommanderai principalement,
dit-il, l'autobiographie de Mme Guyon. C'est une
belle et grande âme dont la pensée me remplit
toujours de respect. Apprendre à la connaître et
rendre justice à ce qu'il y eut d'excellent dans sa

façon de sentir, tout en se défiant des aberrations de son intelligence, voilà, pour une nature d'élite, une jouissance d'autant plus grande que son livre ne sera jamais en crédit auprès des intelligences vulgaires. » Jeanne-Marie Guyon, malgré ses aberrations, était-elle vraiment une belle et grande âme ? Schopenhauer l'affirme, mais n'oublions pas que le philosophe de Francfort avait parfois le nirvanisme un peu farceur.

Il est moins surprenant que la théoricienne du Pur Amour ait séduit Michelet. Elle lui a inspiré des pages étourdies et charmantes, dont pas une ligne ne résiste aux assauts du scepticisme moderne. Il a parlé « du doux génie de Mme Guyon et de son adorable innocence ». Il s'est porté garant « de sa pureté angélique » ; le mot de « sainte » revient à chaque instant sous sa plume. Elle était bien un type de prophétesse pour le grand poète des névroses. L'admirable en Mme Guyon, ce fut qu'elle recruta, de son vivant, des prosélytes parmi les personnes du monde les moins suspectes de névropathie. La société des Beauvilliers et des Chevreuse se composait de chrétiens rigides, en parfait état de santé morale. Les prédications de Mme Guyon mirent du désordre dans la cervelle de Mme de Maintenon elle-même : il y eut une heure de tempête sous cette coiffe. La plus froide raison qu'il y ait eu jamais connut une crise de religiosité délirante. La grande pédagogue, si prudente, s'oublia jusqu'à ouvrir les portes de Saint-Cyr à ces dangereuses fantaisies. Les saint-cyriennes avaient alors quelque vague à l'âme. A la suite des représentations d'*Esther*, des pensées profanes les envahissaient ; un joli séminaire d'actrices remplaçait la maison du recueillement. Mme de Maintenon, en sage abbesse, avait couru au plus pressé. Elle avait supprimé les représentations

solennelles et interdit l'entrée de Saint-Cyr à tout
être du sexe masculin, sans excepter même les tail-
leurs. « N'y souffrez aucun homme, prescrivait-elle,
ni pauvre, ni riche, ni jeune, ni vieux, ni prêtre, ni
laïque, je dis même un saint, s'il en est un sur la
terre. » C'était à merveille. Mais *le Moyen court et
très facile de faire oraison* offrait autant de dangers
que la vue d'une compagnie de mousquetaires. Il
n'était question dans ce sournois petit livre que « de
sainte indifférence, de pur amour et d'abandon ».
Son vocabulaire enflammé permettait d'aimables
équivoques. Chaque saint-cyrienne cachait le *Moyen
Court* sous sa guimpe. Tout un gazouillis mystico-
polisson remplit la volière. Les converses et les ser-
vantes, devenues quiétistes, allaient tirer le cordon en
état d'oraison parfaite. Cette dévotion, si facile à
suivre, enchantait toute cette enfance. Mme de Maintenon prit à la fin sérieusement peur. « Rien n'est
plus propre, a-t-elle écrit, à séduire de jeunes filles
que de leur proposer une piété qui nourrit l'amour-
propre, en leur assurant qu'elles ont des âmes de premier ordre. » Il fallut pour remettre de l'ordre à Saint-
Cyr et ailleurs, mobiliser toute une gendarmerie
spirituelle.

Dès lors le guyonisme eut à compter avec des adversaires dont le chef s'appelait Bossuet. M. de Meaux,
en principe, n'aimait pas les nouveautés. Il s'enferma,
pendant plusieurs mois, avec tout le fatras de la littérature guyonienne : « Tout cela me parut d'abord
superbe, nouveau, inouï, *et dès là du moins fort suspect.* » Le rude docteur, cuirassé de bon sens, instrui-
sit ce procès en lieutenant de la police divine. Il était
moins facile à abuser que les belles raisonneuses de
la famille Colbert, que Michelet, et même que Schopenhauer. Il eût fallu au moins Me Henri-Robert entre
la prévenue et ce terrifiant juge d'instruction. « Je

ne répondais rien, a déclaré Mme Guyon. Il est impossible de répondre à un homme qui vous terrasse, qui ne vous entend pas et qui vous écrase. » Bossuet piétina toutes ces fleurs empoisonnées d'hérésie avec une pieuse fureur. D'aucuns lui reprochent d'avoir manqué de charité. D'autres lui en veulent d'avoir effleuré d'un soupçon la haute vertu de Fénelon. Il y a encore des « meldistes » et des « cambrésiens ». Il nous semble bien que la sagesse, la robuste et saine sagesse de France parlait par la bouche irritée du grand évêque. Toutes ces friandises frelatées donnaient la nausée à ce Bourguignon d'une raison sublime, qui se nourrissait du pain des forts.

Bossuet fut sévère. L'a-t-il été jusqu'à l'injustice ? De graves doutes lui vinrent assurément sur les mœurs de l'inculpée. Il y avait eu dans la vie de Mme Guyon un barnabite fâcheux. Bossuet dédaigna de s'égarer en dehors du domaine théologique. Mme Guyon était peut-être d'une irréprochable chasteté. Aussi bien, la petite vérole lui facilitait le renoncement. « Vous me direz, écrivait-elle à Fénelon : Je ne vois en vous nulle trace de la divi-» nité. Vous qui me parlez, vous êtes si fort défigurée » que je tremble d'être comme vous. — Ma laideur, » vous répondrai-je, fait mon plaisir. » Il sied donc d'accepter l'absolue pureté de Mme Guyon. Son défaut fut de se plaire aux audaces du langage. Elle commentait le *Cantique des cantiques* avec une phraséologie qui eût exigé le huis-clos. Elle avait l'exégèse égrillarde et usait volontiers de métaphores coquines. Elle se savait du charme, encore que grêlée, et ne craignait point de le mettre au service de la doctrine. Le bon duc de Chevreuse avouait à Bossuet : « N'avez-vous pas senti qu'on ne peut être assis près d'elle sans éprouver d'étranges mouvements ? » En quel singulier style d'alcôve prêchait cette innocente ?

M. Maurice Masson a publié sa correspondance avec
Fénelon, où se trahit ce que Bossuet appelait « un
commerce d'illusions ». La démente dévote et le noble
esprit qu'elle subjuguait, en tout bien tout honneur,
échangeaient de petits vers sautillants. La plume
de cygne griffonnait des rimes d'almanach sur l'*Etat
d'une âme dans les rigueurs de la purification ;* sur
l'air *le Beau berger Tircis.* Mme Guyon répondait de
même encre ; air : *Si tu voulais, Liselette !* Quant à
l'*Etat d'une âme amante au fort des épreuves inté-
rieures,* cela se devait chanter sur la mélodie : *Les
Folies d'Espagne.*

« Heureux les fous ! » s'écriait Fénelon. Ce qu'il
est plus difficile de pardonner à Mme Guyon, c'est
d'avoir affublé un des plus fiers génies de la
France gréco-latine de petits surnoms familiers.
Elle désignait son saint ami par les initiales *S. B. L. B* ;
ce n'était rien encore. Elle alla jusqu'à l'appeler : *Bi.*
Enfin, elle osa : *Bibi.* — Une femme qui a infligé à
Fénelon cette syllabe redoublée désarme les sévérités
de l'histoire.

SUZANNE DE LIVRY

LA Société de l'*Histoire du Théâtre* s'étonne avec raison de ne pouvoir obtenir un hommage à la mémoire d'Adrienne Lecouvreur. Sa demande est pourtant modeste : à défaut d'une rue, elle se contenterait d'une simple inscription sur cet hôtel de Sommery où reposent les restes de la tragédienne. Les jours, les semaines, les mois se passent sans qu'on daigne exaucer cette humble requête.

> O mes dieux et les siens, secourez votre ouvrage !

s'écriait Voltaire, au lendemain de la mort de son amie. Voltaire, n'aurait-il plus d'influence sur le Conseil municipal et serait-il vrai qu'il se démode ? Ce serait infiniment triste et tout à fait désastreux. En une heure de dandysme maussade, Baudelaire a dit : « J'en veux aux Français de ce qu'ils ressemblent tous à Voltaire ! » Sauf respect, ce rare poète a proféré ce jour-là une sottise impie.

Ce doit être l'avis de l'aimable et savant historien de lettres qui vient, après tant d'autres, d'écrire une *Vie de Voltaire*. On saura parler savamment, ailleurs qu'à cette place, de ce livre de M. Gustave Lanson. Pour aujourd'hui, nous nous bornons à en conseiller la lecture, comme une cure reposante dans l'air du passé. M. Lanson est un portraitiste qui aime ses modèles. L'image qu'il nous donne de Voltaire est mieux que ressemblante. Elle fait songer une de ces effigies d'un aïeul qu'on n'a point connu, mais dont on sait qu'il fonda la maison. Chacun des descendants essaye de retrouver quelque chose de lui-même dans la chère vieille figure. Nous ne nous habillons plus à la même mode, mais les affaires de la famille iront bien mal, le jour où nous cesserions de vouloir ressembler à ce grand-père-là.

Que la municipalité parisienne soit douce au souvenir d'Adrienne, par respect pour celui qui l'aima. Quoi qu'en dise la commune de Châtenay, Voltaire était de Paris. Il avait, comme ceux de sa ville, une mauvaise tête et un excellent cœur. Sa bonté, pour manquer de bonasserie, n'en fut pas moins exquise et profonde. La statue de Houdon, incomparable chef-d'œuvre de statuaire, a imposé une légende fâcheuse. Ce vieillard irrité et grimaçant n'est pas tout Voltaire. Il a été jeune, joli garçon, tendre ami, aimant, indulgent et poète ému. Sa vingtième année est quelque chose d'admirable ; il ne faudrait pas nous défier de dire : d'attendrissant...

> Malheureux dont le cœur ne sait pas comme on aime,
> Et qui n'ont pas connu la douceur de pleurer !

Ces deux vers lamartiniens sont de Voltaire. Elégiaque à ses heures, il ne pleurait pas seulement les belles comédiennes. Dix ans après avoir perdu son ami de jeunesse Lafuère de Genonville, il trouvait pour le regretter des alexandrins touchants et de vraies larmes.

Qu'avait-donc fait pour lui ce Genonville ? Il était entré en tiers dans le ménage d'Arouet avec Suzanne de Livry. Cette Suzanne était une petite cabotine

pour qui nous ne sollicitons point de rue, et qui
mériterait pourtant un peu d'immortalité. D'une
respectable famille de robe financière, elle s'appelait
majestueusement Mlle Gravet de Corsembleu de
Livry. Elle contrista son austère famille en entrant
au théâtre. Il semble bien qu'elle n'avait aucun talent
et que sa famille prouvait de la clairvoyance en se
montrant contristée. Voltaire offrit de donner à la
jeune personne des leçons de déclamation. Suzanne
était belle. Il y a sur ce point deux textes de Voltaire,
un qui demeure vague et abstrait, un autre plus ana-
tomique, que l'excellent éditeur Beuchot relègue pudi-
quement dans une note. Les renseignements fournis
par ce texte sont des plus précis ; ils suffisent à expliquer que Voltaire, malgré ses occupations multiples,
ait consenti à se faire pédagogue. Le maître fut éperdu
de son élève. Leur idylle effrontée et peureuse ressemble assez à la période de bonheur de Manon et du
chevalier. Ils mettaient à la loterie et prenaient de
méchants fiacres pour aller souper dans les cabarets
populaires. Genonville assista d'abord aux leçons de
diction, puis aux rendez-vous, puis aux soupirs. Bientôt Suzanne eut deux professeurs. Ce Genonville
devait être un délicieux garnement.

On ne s'égorgea point. L'amour d'alors ne voulait
pas de rouge sur ses dentelles. Voltaire exhala sa
colère en petits vers gouailleurs :

> Et j'aurais pu m'en courroucer,
> Mais je sais qu'il faut se passer
> Des bagatelles dans la vie.

Quand Genonville mourut, peu après, Voltaire en
ressentit une douleur où il y avait peut-être de la
gratitude. Quant à Mlle de Livry, elle tourna tout à

fait mal ; elle devint marquise. Un M. de La Tour-du-
Pin de Gouvernet l'épousa le plus légalement du
monde ; elle entra dans la noblesse et dans la piété.
Voltaire venant la saluer, bien après leur liaison, se
vit consigner vilainement par un suisse à la porte de
son hôtel. Il se vengea de l'oublieuse en lui adressant
l'impertinente et miséricordieuse épître des *Vous* et
des *Tu*, qui annonce Béranger. Le tout sans violence.

Il est facile de dire que tout cela n'est guère de
l'amour et que ces gens-là ne savaient point aimer.
Sommes-nous certains qu'il ne se cachait pas un
myosotis dans cette âme de railleur ? La dernière
démarche du triomphateur de 1778 fut pour sa première traîtresse d'amour. Lors du retour du patriarche de Ferney dans le Paris du roi Louis XVI, après
la soirée d'*Irène*, la bénédiction au petit-fils de Fran-
klin, après toutes les harangues des francs-maçons,
l'octogénaire, déjà mourant, se fit porter à l'hôtel de
Gouvernet. Aucun suisse, cette fois, ne lui en défen-
dit l'entrée. Suzanne, la Philis des Épîtres, méta-
morphosée en douairière, et François Arouet, devenu
le dieu Voltaire, confrontèrent leurs deux décrépi-
tudes.

Ce fut une entrevue de fantômes. « Ah ! mes
amis, s'écriait le vieillard en rentrant quai des Théa-
tins, je viens de passer d'un des bords du Cocyte à
l'autre ! » C'est, avec la métaphore antique de rigueur,
le mot que nous avons entendu dire à Alexandre Dumas : « Elle m'a rappelé ma jeunesse, mais pas la
sienne ! » Dans le salon de la marquise, Voltaire eut la
joie amère de retrouver son propre portrait, le spectre
fringant de ses vingt ans, ce Largillière à l'habit bleu,
dont il avait fait don à Philis, au temps des leçons
de déclamation, des soupers maigres et de la faute.
La grande dame dévote avait gardé, malgré tout, ce
témoignage de l'ancien péché. Suzanne ne survécut

que quelques mois à l'apothéose de son ami. Née la même année que Voltaire, elle trépassa la même année que lui : c'était sa manière d'être fidèle.

Dans cette historiette d'autrefois, on ne trouve ni cris, ni injures, ni menaces, ni chantages, ni sang, ni larmes. En est-elle moins humaine ? — Réflexion faite, on pourrait offrir aussi une petite plaque commémorative à Philis, marquise de Gouvernet. Elle a eu la première surprise de Voltaire et sa dernière mélancolie.Il faudra songer à elle, dès que les mânes de la pauvre Lecouvreur seront apaisés.

MARIE SALLE

Une danseuse de l'Opéra mérite-t-elle d'être considérée historiquement à l'égal d'un capitaine,
d'un poète ou d'un homme d'Etat ? S'il s'agit d'histoire contemporaine et d'une danseuse vivante,
l'affirmative n'est pas douteuse. Mais alors, pourquoi le même traitement serait-il refusé à une
danseuse défunte ? Un délicat écrivain, M. Emile
Dacier, a pensé avec raison, qu'il y aurait là un
déni de justice. Il vient de consacrer tout un savant
livre à Mlle Sallé, laquelle florissait au siècle de
Louis XV. « Il faut avouer, écrit M. Dacier à un
ami, que cette histoire se présente encombrée d'un
appareil scientifique qui ne semble guère de mise
avec un aussi aimable sujet, mais tel est le charme
de certaines figures qu'il leur permet de braver la
plus lourde méthode. » On ne saurait mieux plaider à
la fois les droits de la danse et ceux de l'érudition. Il
est légitime de se documenter, selon les méthodes
modernes, au sujet d'une ballerine d'autrefois. Le
danger serait d'écraser la fragile figure sous l'épaisse
poussière des cartons d'archives. M. Dacier a su éviter habilement cet écueil. Le léger fantôme qu'il
évoque plane au-dessus des documents, sans rien
perdre de sa grâce innocente. Mlle Sallé nous est
rendue telle qu'elle apparut à nos aïeux, alors qu'elle
enchantait la vieillesse de Fontenelle et la jeunesse de
Voltaire.

A cette époque frivole, les gens de lettres prenaient intérêt à la destinée des dames de théâtre. Le bonhomme Fontenelle demeurait, en dépit de ses soixante-treize ans, un charmant étourdi. Ce bouquetier de petits vers s'était pris de passion pour les sciences naturelles et la philosophie ; il étonnait deux académies par la variété de ses aptitudes. Plus que jamais il justifiait la note que lui avaient donnée, un demi-siècle auparavant, les jésuites, ses maîtres : *Adolescens omnibus partibus absolutus*. Mais le doux vieillard, qui pratiquait tous les savoirs, gardait une préférence pour l'étude de l'anatomie féminine comparée. Mlle Sallé, ayant résolu de rompre avec l'Opéra, venait d'accepter un engagement à Londres. Fontenelle se mit à ses ordres ; il lui donna des lettres de recommandation. Nous lisons, dans une de ces lettres : « Monsieur, il serait naturel que vous m'eussiez à peu près oublié. Mais il se présente une jolie occasion de vous en souvenir. Je dis jolie au pied de la lettre, jolie aux yeux, et qui plaira certainement aux vôtres. C'est pour vous recommander Mlle Sallé, bannie de notre Opéra par notre ostracisme... La danse charmante et surtout les mœurs très nettes de la petite Aristide ont déplu à ses compagnes, ce qui est dans l'ordre, et même aux maîtres, ce qui serait insensé, s'ils n'avaient pas eu de maîtresses parmi ses compagnes. » — A quel amateur éclairé du beau sexe Fontenelle présentait-il ainsi sa protégée ? A M. le président Montesquieu. La petite Aristide choisissait bien ses relations.

Mais pourquoi Marie Sallé quittait-elle Paris ? Les problèmes d'histoire finissent toujours par trouver leur solution tôt ou tard. Le mot de cette énigme nous est révélé par le manuscrit numéro 26.700 de la Bibliothèque de la ville de Paris : « Le 20 de ce mois, la demoiselle Sallé, de l'Opéra, et le sieur

Le Bœuf, l'un des chefs, eurent dispute sur le théâtre. On prétend mesme qu'il y eut des coups donnés. Ils ont présenté à ce sujet des mémoires à la cour qui doit décider de cette affaire. » En l'année 1730, il y avait une crise de l'Opéra. Les nouveaux concessionnaires ne manquaient ni de zèle, ni d'appuis puissants ; leur tort était d'être trop nombreux. On en comptait quatre, dont ce Le Bœuf, qui, dans ses rapports avec le personnel de la danse, ne justifiait point son nom, synonyme de mansuétude. Les entrepreneurs de l'Opéra passaient pour prodigues ; on s'inquiétait en haut lieu de voir le budget du théâtre dépasser cent mille livres. Mlle Sallé, se jugeant incomprise, gifla un de ses quatre directeurs en toute simplicité. Elle demanda ensuite à l'étranger de la consoler d'une injuste disgrâce. « Fuyez en Angleterre, terre de liberté et de justice ! » lui conseilla Voltaire, en prose et en vers. Là seulement, les philosophes et « les filles de Terpsichore » pouvaient être vengés de l'ingratitude des Français.

Les causes de l'exode de Marie Sallé étaient peutêtre plus profondes encore. Ce serait une erreur grossière que de voir en elle une danseuse comme les autres. Les esprits avancés tenaient pour Sallé contre Camargo. Mlle Camargo dansait pour danser ; ce n'était, à tout prendre qu'une « gigoteuse ». Mlle Sallé pensait l'entrechat. Toute une réforme de l'art chorégraphique absorbait ses méditations ; elle prétendait exprimer en jetés battus les différents mouvements de l'âme humaine. Apôtre de la danse d'action, elle renonçait audacieusement aux oripeaux de mascarade, elle supprimait les tonnelets et les paniers. Un chroniqueur, qui l'admira à Londres, s'étonne de sa hardiesse : « Elle a osé paraître dans une entrée de Pygmalion, sans paniers, sans jupes, sans corps, et échevelée et sans aucun ornement sur sa tête.

Elle n'était vêtue, avec son corset et un jupon, que d'une simple robe de mousseline tournée en draperie et ajustée sur le modèle d'une statue grecque. » Ne nous y trompons pas, Marie Sallé avait de l'avenir dans le cerveau et dans les jambes. Elle subit le sort fatal des précurseurs : le vulgaire ne la comprit point.

Sied-il de penser en outre qu'elle eut à souffrir d'avoir sautillé sur les cœurs en conservant la totalité de sa vertu ? Fontenelle, alors qu'il la recommandait à Montesquieu, n'hésitait pas à lui décerner un certificat de « mœurs très nettes ». M. de Voltaire, qui l'appelait « l'austère Sallé », la comparait volontiers à Diane. Les poètes rendaient un hommage mélancolique à sa « miraculeuse vestalité ». Se lassa-t-on, dans l'éternel masculin, de la savoir invinciblement sage ? Gentil-Bernard osa donner de cette chasteté sauvage une explication vilaine, dont nous lui laissons la responsabilité. Avec un traitement annuel de 2.000 livres, une danseuse, sous le règne de Louis XV, pouvait accomplir le miracle de vestalité. Pourquoi faut-il que la curiosité des historiens nous livre, une fois de plus, aux angoisses du doute ? Voici que l'on a découvert, en relisant l'inventaire après décès de Mlle Sallé, la grosse d'un contrat passé devant notaires, par lequel le duc de Noailles constituait à la jeune ballerine une rente viagère de 800 livres. Ce n'est pas une somme fabuleuse, mais la bénéficiaire la toucha pendant vingt-cinq ans. Devons-nous en conclure qu'un grand seigneur, neveu par alliance de Mme de Maintenon, fit sombrer dans un viager perfide la plus farouche vertu du ballet français ?

Il convient de ne pas croire un mot de ce que dit Saint-Simon du maréchal-duc. Saint-Simon haïssait les Noailles et particulièrement celui-là. Il a vidé sur la réputation de ce galant homme toute sa poche de fiel. Il l'accuse d'avoir caché sous des dehors sédui-

sants « tous les monstres que les poètes ont peints dans
le Tartare. » Il disait au régent : « Je ne cache pas que
le plus beau et le plus délicieux jour de ma vie ne fût
celui où il me serait donné par la justice divine de
l'écraser en marmelade et de lui marcher à deux pieds
sur le ventre. » Ces lignes indiquent un désaccord.
Saint-Simon ne mérite donc pas d'être cru lorsqu'il
affirme que dès le lendemain de la mort de Louis XIV,
le duc de Noailles entretint publiquement une fille
d'Opéra. Il ne peut d'ailleurs être question de
Mlle Sallé ; en 1715, elle n'avait que huit ans, — à moins
que M. de Noailles, une fois l'habitude prise, n'ait
continué à corrompre le ballet... Ce serait monstrueux. Aussi M. Emile Dacier préfère-t-il croire que
ce digne seigneur, épris de tous les progrès, subven-
tionna en tout bien, tout honneur, la créatrice de la
danse expressive. Nous aussi, nous devons accepter
cette chaste hypothèse, par respect pour les gentilshommes et pour les danseuses d'autrefois.

LA REINE CAROLINE

Eⁿ 1782, l'académie de Bordeaux mit au concours
l'éloge de Montesquieu. Vingt discours lui furent
envoyés, mais la docte compagnie estima, après
mûre délibération, qu'aucun d'eux ne méritait le
prix. Ainsi se trouva dédaigné le travail d'un médecin d'origine suisse, qui par esprit d'humilité avait
choisi cette devise : « Pour peindre un Alexandre, il
faudrait un Apelles. » Ce concurrent anonyme était
Jean-Paul Marat. Les académiciens bordelais décla-
rèrent « son ouvrage froid et languissant, manquant
également de grâces dans le style et d'énergie dans les
pensées. » Aujourd'hui ce discours de Marat nous
attendrit presque à force de suave médiocrité ; c'est
le sermon d'un chanoine politique célébrant les vertus
d'un évêque de la philosophie. L'éloge de Montesquieu y prend des airs d'hagiographie. Marat loue
surtout son héros d'avoir cherché à travers les gouvernements de l'Europe la Constitution idéale. « Il
ne restreignit pas à sa nation le bien qu'il voulait
aux hommes, il l'étendit à tous les peuples... Il se
rendit en Angleterre, asile chéri de la liberté, où il se
fixa deux années consécutives. Il s'y lia étroitement
avec des hommes accoutumés à méditer, et c'est
surtout dans leur commerce qu'il puisa la profonde
connaissance qu'il avait du gouvernement de cette
île fameuse. »

Marat n'en disait pas davantage sur la vie anglaise

du philosophe de la Brède. Il ajoutait simplement : « Il résultait de ses observations que l'Allemagne est faite pour y voyager, l'Italie pour y séjourner, l'Angleterre pour y penser, et la France pour y vivre. »

Notre jeune école d'historiens littéraires use de méthodes plus subtiles que celles de Marat. Elle recherche les origines des pensées illustres avec une curiosité rigoureuse et passionnée. Nous avons eu ainsi, en ces derniers temps, l'émouvant travail de M. Pierre Villey sur les sources de Montaigne et cette admirable enquête à travers l'âme de Pascal qui valait hier à M. F. Strowsky le grand prix Gobert. Aujourd'hui, M. Joseph Dedieu, professeur à la faculté libre de Toulouse, nous montre Montesquieu allant apprendre à penser dans « l'Ile fameuse ». Ce n'est point entre les lignes d'une chronique qu'on juge un livre d'une pareille portée. Tout au plus oserons-nous rendre hommage à la science aimable de M. Dedieu, en admirant avec quel rare bonheur il a su remettre la pensée de Montesquieu dans l'atmosphère vivante de son siècle. Avant de saluer dans l'Angleterre « la Salente du Nord », Montesquieu était allé à la découverte de la vérité politique un peu partout, à Vienne, chez les princes allemands, en Italie. Les républiques de Gênes et de Venise lui parurent contraires à l'esprit d'Aristote. Le spectacle de l'Angleterre, dont il avait naguère médit quelque peu, fixa pour jamais ses convictions. « Il livra alors complètement sa pensée à l'influence anglaise », dit M. Dedieu. Les heureux insulaires dont il était l'hôte apparaissaient « à ce philosophe qui avait le sens du réel » comme les seuls habitants de la planète capables de pratiquer la justice et de jouir de la liberté.

Il n'est pas admissible que Montesquieu se soit trompé. Et pourtant, était-ce à ce point la terre pro-

mise au sage, cette Angleterre des années 1729 et
1730 ? Des journalistes anglais voyaient les choses et
les hommes de leur pays avec d'autres yeux que Montesquieu. *Le* ministre dirigeant était alors un jouis-
seur madré, d'humeur sceptique et d'estomac solide,
sans vertu ni méchanceté, qui pratiquait la corruption
parlementaire avec une indulgente dextérité. Les
gens austères accusaient Robert Walpole de systéma-
tiser le trafic des consciences. « Nous sommes en
pleine décadence ! » tel était le cri du philosophisme
britannique. Lorsque Montesquieu aborda dans les
états de George II, sur le yacht de son ami Chester-
field, il est probable qu'il ne commença point son
enquête par la lecture des journaux d'opposition. Il
aurait eu l'illusion de pénétrer dans une caverne
de malandrins. Le noble lord qui lui servait de guide
l'introduisit dans les compagnies satisfaites et éclai-
rées. Tous les intellectuels de Londres défilèrent en
toilette spirituelle devant l'inspecteur français. Il dut
arriver à Montesquieu, toutes choses égales d'ailleurs,
ce qu'il arrive parfois peut-être à l'honorable M. Chéron lorsqu'il va goûter la soupe du soldat, laquelle
devient par cela même succulente. Le Walpolisme fit
déguster sa cuisine des dimanches au grand gourmet
en tournée.

Loin de nous l'intention d'insinuer que le futur
auteur de l'*Esprit des lois* a été « roulé ». Mais, comme
le démontre si bien M. Joseph Dedieu, Montesquieu
était « d'humeur enjouée ». Il comprenait qu'il
faut beaucoup pardonner aux politiques et qu'il
convient d'aimer les institutions par-dessus les
hommes passagers qui les exploitent. Ce grand seigneur de l'intelligence possédait l'optimisme des
âmes bien portantes. Il admira dans l'Angleterre le
pays du moindre mal. Et puis, ce qui lui facilita singulièrement la bienveillance, il n'eut pas l'occasion de

voir Swift. Le plus maussade des mécontents anglais était alors retourné au fond de sa misérable Irlande, cuire et recuire ses rancunes de pessimiste. Si Montesquieu s'était rencontré avec Swift, il en eût entendu de belles sur la Salente du Nord ! « Chaque année, ou plutôt chaque mois, je me sens plus entraîné à la haine et à la vengeance, et ma rage est si ignoble qu'elle descend jusqu'à s'en prendre à la folie et à la lâcheté du peuple esclave parmi lequel je vis. » Tels étaient les propos de Swift, en ses heures de modération. Montesquieu n'en aurait probablement tenu aucun compte ; il se défendait de juger un peuple d'après ses philosophes encore plus que d'après ses ministres.

Si la haute société anglaise le combla de caresses, il lui a bien rendu sa politesse. L'Angleterre reste son obligée, tout compte fait ; il a su voir, sous les misères de ses mœurs d'un jour, la sagesse profonde et durable de ses lois. On le conduisit aux Communes ; il y assista à un duel d'éloquence entre Bolingbroke et Walpole. Au sortir de cette orageuse séance, qui dura quatorze heures, il consigna dans ses notes « que les ministres ne songeaient qu'à triompher de leurs adversaires, et pourvu qu'ils y réussissent, vendraient leur pays. » Cette observation ne l'empêcha point d'aimer la liberté parlementaire par-dessus tout.

Il eut de nombreuses entrevues avec la reine Caroline, une de ces princesses cultivées et de sens pratique comme l'Allemagne en dressait pour les mariages royaux. Cette fine Brandebourgeoise, entre un époux nigaud et un premier ministre un peu canaille, gouvernait en femme qui avait connu Leibniz et reçu des leçons de psychologie de Frédéric II. Elle devait savoir donner la réplique à un penseur gascon. La reine Caroline traitait son mari comme Montesquieu traitait l'humanité, par la manière douce. George II ne se serait jamais permis de prendre une bonne amie sans la permission de sa femme. Au retour d'un voyage, il trouva un de ses officiers sous les fenêtres de la comtesse de Walmoden ; il prit au sujet de cet incident les avis de la reine et de Walpole, qui lui conseillèrent tous deux de n'y point donner de suites fâcheuses. Comment s'étonner que cette sage princesse ait été sincèrement regrettée par son époux ? Alors qu'elle se mourait, après une longue maladie, George II pleurait à chaudes larmes à son chevet. Elle le consolait de son mieux et lui recommandait gentiment de se remarier. « Cela jamais ! s'écria le pauvre roi, entre deux sanglots ; j'aurai des maîtresses. — Oh ! mon Dieu ! observa en expirant Caroline de Brandebourg, l'un n'empêche pas l'autre ! »

Cette dame allemande avait certainement beaucoup lu les *Lettres persanes*.

MADEMOISELLE DE ROMANS

PARMI les dames de France et d'Angleterre que nous montre cette très rare exposition du Jeu de Paume, plusieurs demeurent un peu mystérieuses. Il en est une que Drouais a peinte, en 1761, selon la formule pompeusement officielle. On s'est demandé longtemps quelle pouvait bien être cette princesse de lignée royale, drapée dans le manteau d'hermine. Il a fallu recourir à M. de Nolhac pour identifier cette inconnue. L'historien des déesses de Versailles n'a pas hésité à reconnaître dans le modèle de Drouais Mlle de Romans, cette dernière passion de Louis XV, qui inquiéta Mme de Pompadour et fut la mère de l'abbé de Bourbon.

L'autorité de M. de Nolhac est plus que suffisante pour que cet aimable petit problème soit considéré comme résolu. Mlle de Romans aura eu toutes les chances. La voici qui fait sa rentrée dans l'histoire au bras du plus fidèle ami de Mme de Pompadour. De son vivant, elle n'obtint jamais d'être présentée. L'érudition moderne lui procure cette satisfaction d'outre-tombe.

Cette fringante personne connut les délices et les revers de l'ambition. C'était bien un trait de cette glorieuse de se faire peindre par Drouais, portraitiste attitré de la cour. Le docile artiste reçut l'ordre de donner à l'effigie qui lui était commandée un carac-

tère de quasi-souveraineté. Il représenta cette bourgeoise de Grenoble en style versaillais, agenouillée
en toute élégance et succombant sous le poids d'un
manteau de reine : auprès d'elle sommeille un Eros
dont elle coupe les ailes. Ainsi se symbolisait le programme d'existence de Mlle de Romans. Plus que
reine, voilà ce qu'elle pensa un moment devenir. Le
portrait de Drouais avoue insolemment cette pré-
tention. Le peintre n'osa point envoyer au Salon cette
déclaration de guerre à la marquise de Pompadour.
L'œuvre dut rester dans cette petite maison de Passy
où Louis XV venait s'embourgeoiser aux pieds de
« la Grande ».

Devons-nous penser que Drouais a fidèlement
reproduit cette beauté fameuse ? La vérité était le
moindre des soucis du portraitiste mondain. Il
dépassa Nattier lui-même dans l'art des métamor-
phoses complaisantes. Diderot parle quelque part
avec sévérité de sa peinture « crayeuse et vermillon-
nante ». Il est malaisé de découvrir le vrai visage des
femmes de Drouais sous l'éclat du masque fardé. « Ce
n'est pas de la chair », disait encore Diderot. Mlle de
Romans nous apparaît, en sa fraîcheur artificielle,
telle qu'une poupée magnifique. Et sans le vouloir,
l'imagier des figures mensongères a eu une heure de
psychologie. Le visage est bien celui d'une belle sotte
heureuse. Si cette déité sanguine se dressait de
toute sa taille, elle offrirait un spectacle intimidant.
Sophie Arnould, qui parlait sans bienveillance de
la beauté féminine, a laissé cette note : « Chez cette
personne extraordinaire, la nature, abandonnant ses
règles de bon goût, avait pris plaisir à faire une grande
exagération. Mlle de Romans, considérée à part,
était moulée de sa personne, et chez elle, tout était en
rapport et en perfection, mais cette perfection était
colossale, et dans un cercle, elle dépassait toutes les

autres femmes comme on le raconte de Calypso. C'était
au point qu'auprès d'elle ou à ses côtés le roi lui-
même, quoique fort bel homme, n'avait l'air que d'un
écolier ou d'un demi-roi. »

> J'eusse aimé vivre auprès d'une jeune géante.

Ce rêve audacieux de Baudelaire aurait donc été
réalisé par Louis XV ? Heureux monarque, qui eut
toutes les curiosités et fit toutes les trouvailles du
collectionneur !

Il y avait en effet de l'ogresse dans la Sulamite
de la secrète maison de Passy. Elle était gloutonne
et succomba à une indigestion de faveur. Elle voulait
dévorer de toutes ses dents le festin de la chance. M. le
comte Fleury a établi savamment le dossier de ses
maladresses. Elle allait se promener aux Tuileries et
donnait avec ostentation le sein au poupon royal. La
foule se pressait pour voir cette singulière nourrice
qui allaitait avec un peigne de diamant dans les
cheveux. « A la vue de cet enfant, le plus beau que
jamais on eût vu sur la terre, le concours des gens
comme il faut devint si prodigieux qu'il y eut danger
pour l'innocente créature. « Ah ! mesdames et messieurs,
» s'écria la mère épouvantée, n'écrasez pas et laissez
» respirer l'enfant du roi ! » Ce manque de tact cho-
quait Sophie Arnould. Il est jugé nauséabond par
Mme du Hausset, laquelle, en sa qualité de chambrière
de Mme de Pompadour, était une dame pleine de
décence. Louis XV finit par trouver que « sa Grande »
voyait trop grand. Il envoya des archers enlever le
pseudo-dauphin, et fit tenir à la mère un ordre d'exil.
Mlle de Romans demanda des consolations au sacre-
ment du mariage. Elle épousa un M. de Cavanac, qui
paraît avoir été un décevant époux.

Alors qu'elle habitait Grenoble, avant son élévation, Mlle de Romans, qui ne s'appelait encore que Anne Couppier, avait passé à côté du bonheur. Elle faillit épouser Casanova. M. le chevalier de Seingalt fréquentait la maison de l'avocat Morin ; cet avocat lui avait été signalé comme possesseur d'une jolie nièce. Casanova n'était pas d'humeur à négliger un oncle pareillement pourvu. « Enfin, la belle nièce arriva. Sa peau de satin était d'une blancheur éblouissante que relevait encore une magnifique chevelure noire. Les traits de son visage étaient d'une régularité parfaite ; son teint était légèrement coloré ; ses yeux noirs bien fendus avaient à la fois le plus vif éclat et la plus grande douceur ; elle avait les sourcils bien arqués, la bouche petite, les dents régulières et bien placées avec un émail de perle et les lèvres d'un rose tendre, sur lesquelles reposait le sourire de la grâce et de la pudeur.» Casanova était muni d'un sens infaillible pour découvrir la vertu. Il étudia, en moraliste, la brune nièce de ses amis Morin. « Sa conduite était si naturelle et si réservée qu'elle mettait en défaut ma perspicacité. » Il ne s'en permit pas moins, pour le principe, quelques affectueux badinages, et se montra familier, à son ordinaire. Il gagna ainsi toute la confiance de la jeune personne. Elle lui confessa que ses ambitions se bornaient « à trouver un mari doux et assez riche pour ne pas manquer du nécessaire ». Pourquoi, étant à ce point faits l'un pour l'autre, ne se sont-ils pas mariés ? Hélas ! pour son malheur, Casanova se piquait d'astrologie. Il lut dans les astres qu'Anne Couppier était promise à des destinées plus hautes. Il lui prédit qu'elle irait à Paris pour y devenir « la maîtresse de son maître ». Il s'inclina devant la fatalité et fit le sacrifice de sa fidélité domestique aux volontés suprême du destin. « Madame, déclara-t-il à la tante Morin, sans le sort qui est réservé à votre nièce, je me croirais heureux de vous demander sa main. Pour n'être pas forcé de vous faire des propositions qui détruiraient la grande fortune qui l'attend, je suis résolu à partir demain. » Cet héroïsme raffiné fut goûté par Mme Morin. « C'était, dit Casanova, une femme du plus aimable caractère. »

Mlle de Romans et son astrologue se revirent quelques années après, à Paris. Casanova, qui était l'homme de toutes les délicatesses, se flattait au moins de faire le bonheur de sa protégée. Après l'avoir « cordialement embrassé », la favorite, toute attendrie, lui confia qu'elle n'était point heureuse. Elle avait des diamants, des dentelles, un hôtel superbe, des équipages et cent louis par mois pour ses épingles. Elle aimait le roi, « poli à l'excès, bon, doux, beau, tendre et *bagatelier* ». Mais quoi ! « Peut-on être heureux quand on a perdu sa propre estime ? » Et Casanova conclut tristement : « Nous ne nous séparâmes point sans verser des larmes. » Quel tableau pour Greuze : Mlle de Romans pleurant son innocence perdue sur le sein philosophique de Casanova !

MADAME GEOFFRIN

ENTRE autres événements parisiens, signalons qu'il
vient de s'ouvrir à Cracovie une exposition de
portraits de dames du dix-huitième siècle. Un ami,
qui connaît mon faible pour Mme Geoffrin, m'écrit
qu'un portrait de la protectrice des philosophes figure
en bonne place dans cette galerie. Ce serait une œuvre
de Jean-François-Gilles Colson, un peintre qui eut
son heure de vogue chez les clients riches. Il est
fâcheux que Cracovie soit un peu loin. Il nous faut perdre cette occasion, peut-être unique, de savoir comment
était faite cette honnête personne en qui s'incarna le
type de la maîtresse de maison.

L'iconographie de Mme Geoffrin est des plus pauvres. Nous avons cru longtemps que le musée de
Montpellier possédait son portrait par Chardin.
Cette peinture d'ailleurs admirable était, en 1878, à
l'exposition du Trocadéro. Il nous souvient des ana-
lyses subtiles qu'elle provoqua. Jamais image ne
parut plus sincèrement évocatrice d'un modèle
illustre. C'était bien la digne commère parisienne, telle
qu'on l'imagine d'après tous les témoignages ; une
belle douairière de santé solide et d'aspect rassu-
rant, en dépit de deux petits yeux finassiers et d'une
bouche mince où se cachait la morsure. Ce visage
respectable était complété par un long nez raisonnable et pointu, régulateur d'une heureuse destinée.
Tout y était, jusqu'à la toilette décente et résignée

d'une matrone qui a le bon esprit de savoir vieillir. « Je remarque, disait Diderot, le goût noble et simple dont cette femme s'habille ; c'était, ce jour-là, une étoffe de couleur austère, des manches larges, le linge le plus uni et le plus fin, et puis la netteté la plus recherchée de tout côté. » On disait encore : « Toutes les femmes se mettent comme la veille ; il n'y a que Mme Geoffrin qui se soit toujours mise comme le lendemain. » Les visiteurs de l'exposition du Trocadéro goûtèrent pleinement le plaisir de l'identification psychologique.

Il n'y a qu'heur et malheur pour les psychologues qui s'égarent dans la critique d'art. Nous avons appris, depuis 1878, d'abord que le beau portrait de Montpellier n'était point de Chardin. Il nous a été démontré ensuite qu'il ne représentait point Mme Geoffrin. Notre infaillible ami Maurice Tourneux a établi que l'ouvrage était de Jacques Aved et que le modèle était Marguerite Crozat. Il n'y avait plus d'exact que le commentaire.

Que nous reste-t-il alors pour nous figurer la célèbre présidente des dîners artistiques et littéraires ? Un chef-d'œuvre courtoisement menteur, ce portrait de Nattier que possède toujours la famille d'Estampes. Mme Geoffrin, épanouie dans une quarantaine triomphante, semble là une sorte d'Hébé légèrement épaissie, mais avenante encore. Fut-elle jamais belle ? Elle n'a rien dit de sa jeunesse. Il faut croire qu'elle ne manquait point d'éclat lorsqu'on la maria, à quinze ans, avec un opulent manufacturier, qui se consola d'être l'époux d'une femme renommée en jouant obstinément de la trompette marine. Mais cet adorable Nattier était le plus effronté des imposteurs. Il n'a jamais peint que la même nymphe sanguine, en qui toutes les dames de sa clientèle, princesses ou croquantes, aimaient à se reconnaître. Il a vu Mme Geoffrin

dans l'Olympe de Versailles et il l'a placée à l'ombre
d'un arbre mythologique comme il n'en a jamais
poussé rue Saint-Honoré. Que conclure, sinon que
nous ignorons la forme mortelle de la plus exemplaire
des ambitieuses qui aient jamais conquis l'immortalité ?

Il est surprenant que Mme Geoffrin n'ait pas été
énormément peinte. Elle marque une date de l'histoire
de l'art pour avoir créé les dîners d'artistes. Réunir
à sa table du lundi les peintres et les sculpteurs fut
une des manifestations de son génie nourricier. Elle
servait de la bonne cuisine et des remontrances à
Vernet, à Vanloo, à Vien, à Lagrenée, à Falconet, à
Bouchardon, à Boucher, à La Tour. Elle leur ache-
tait leurs ouvrages et payait comptant. On lui reprochait bien un peu de donner des conseils et de proposer des sujets de tableaux. Greuze, un jour qu'elle
l'avait exaspéré s'écriait : « Qu'elle prenne garde ! J'ai
envie de l'immortaliser. Je la peindrai en maîtresse
d'école, un fouet à la main, et elle fera peur à tous
les petits enfants présents et à venir. » Mais ces légères
colères une fois apaisées, la charitable hôtesse restait
populaire dans les ateliers. Comment se fait-il qu'aucun de ses convives ne lui ait fait, gratuitement ou non,
la galanterie de son portrait ? Peut-être cette sage
personne, qui eut plusieurs genres d'esprit, et celui
surtout de se juger elle-même, se souciait-elle médiocrement de passer à la postérité en effigie.

Et tout cela dit, nous avons plus que jamais le
regret de ne point voir ce portrait de Colson, qu'on
expose à Cracovie. Il était profondément ignoré. Nul
ne l'a mentionné, — pas même M. de Ségur, le biographe le plus équitable et le mieux informé de
Mme Geoffrin. La peinture de Colson est, nous dit-on,
datée de 1767. Elle doit révéler chez le modèle quelque mélancolie. Cette date correspond, dans la destinée

de Mme Geoffrin, à une période que l'on pourrait
appeler « sa crise polonaise ».

Cette femme qui conduisit son existence comme
on gère un fonds de commerce, cette équilibrée,
cette raisonneuse eut, à son heure, son coup de folie.
Oh ! pas du tout par une surprise de l'amour ! Nous
croyons bien qu'elle n'aima jamais profondément ni
quoi, ni qui que ce fût. La passion était bannie de sa
vie ainsi qu'un bagage encombrant. Mais dans ce
salon où toutes les gloires s'assemblaient, elle avait eu
la joie, dont s'était gonflé son cœur de « particulière »,
de recevoir un beau Sarmate venu à Paris pour connaître la philosophie et les danseuses. Stanislas-Auguste
Poniatowski, pendant son séjour en France, mena
de front ces deux études. Il fit quelques dettes.
Mme Geoffrin, qui était d'humeur donnante, se laissa
taper par respect pour la Pologne. Est-ce alors que
Poniatowski prit l'habitude gentille de l'appeler
« maman », pour la rembourser ?

Et voilà qu'un beau jour ce fils adoptif de la plus
bourgeoise des Parisiennes devint roi, et roi pour de
bon, autant du moins qu'on pouvait l'être sur la
terre promise de l'anarchie. Mme Geoffrin, encore que
philosophe, distinguait de préférence, au-dessus de la
canaille écrivassière de ses dîners, les gens titrés et les
princes. Elle avait eu chez elle toutes les variétés de
l'espèce humaine, excepté un roi. A l'idée que sa collection d'invités se complétait ainsi, sa froide raison
lucide connut un instant de délire. « Quand je songe
que mon cher fils, que j'ai vu bien jeune, que j'ai bien
grondé, est roi, et m'aime autant qu'il faisait quand
il n'était que mon fils, la tête me pèse et mon cœur
brûle. » Le cher fils lui avait envoyé le récit de son
élection : « Que n'étiez-vous là, ma chère maman ?
Vous auriez nommé votre fils ! » Il ajouta, par le courrier suivant : « Le titre de votre fils bien-aimé flatte

mon amour-propre à l'égal de tous ceux que je porte. »
Lorsqu'un souverain polonais payait ses dettes de
jeunesse, il le faisait dans la grande manière.

Être la maman d'un monarque ! Sous les coiffes de
dentelles, le cerveau de Mme Geoffrin flamba comme
un volcan. Cette casanière, qui aimait ses aises, résolut de parcourir, à soixante-sept ans, onze cents
lieues pour aller voir de près son royal filleul. Elle fit
part de cette idée à l'enfant chéri. Il semble que Stanislas-Auguste, bien qu'attendri, n'ait pas poussé violemment à l'exécution du projet. Maman ne voulut
pas en avoir le démenti. Elle annonça à ses amis de
Paris son prochain départ. Les dineurs n'y crurent
pas tout d'abord ; lorsqu'ils la virent monter en ber-
line, ils trouvèrent le procédé blessant pour eux. Toutefois, les philosophes se dirent : « C'est une reine de
Saba de l'Encyclopédie qui s'en va enseigner Salomon. » Après une halte à Vienne, Mme Geoffrin arriva
à Varsovie. Le roi lui ouvrit les bras et s'écria : « Voilà
maman ! »

Que se passa-t-il ? Cette veuve d'un fabricant de
glaces rêva-t-elle de jouer chez les chevaliers sarmates le rôle d'une Maintenon ou d'une des Ursins ?
Si sagace qu'elle fût, et si adroite à gouverner les circonstances, traita-t-elle un roi jeune, fêtard et polonais comme un simple Marmontel ? Le péché mignon
de Mme Geoffrin fut toujours la gronderie tatillonne.
Elle prenait au pied de la lettre cette pensée de Montaigne, qu'elle n'avait pas lu : « L'amitié n'est ni assez
vigoureuse ni assez généreuse, si elle n'est querel-
leuse. » Il y avait quand même en elle ce côté « mère
fouettard » dont se plaignait Greuze. Croisa-t-elle
contre le cimeterre de la Pologne un vague rasoir ?
Toujours est-il qu'après trois mois d'effusions, la
maman et le cher fils se quittèrent sans déchirement.

A Paris, dans l'atmosphère de la rue Saint-Honoré,

le bon sens revint à la Parisienne. Avec le recul, Stanislas-Auguste reprit beaucoup de son caractère filial.
Ce fut sans doute alors que Mme Geoffrin se fit peindre et envoya son image à Varsovie. Il paraît que le
monarque polonais aurait voulu avoir le portrait de
Nattier. Ce Poniatowski était exigeant. Il n'obtint
qu'un Colson. En bonne justice, méritait-il mieux?

JULIE DE LESPINASSE

Messieurs Georges et Jean Monval viennent de découvrir, dans un volume provenant de la bibliothèque du marquis de La Rochefaucauld-Liancourt, un manuscrit de huit feuillets dont l'écriture est, sans nul doute, celle de Julie de Lespinasse. Le manuscrit porte ce titre : *Portrait de Madame...* Une femme qu'on ne nomme point s'y trouve analysée avec la plus élégante et la plus perspicace férocité. Il a été facile d'identifier le modèle du portrait : à chaque ligne, à chaque mot, l'on reconnaît la comtesse de Boufflers, l'Idole de la société du Temple. Mais fallait-il attribuer à la dolente Lespinasse ce chef-d'œuvre de littérature féminine ? Le style n'est pas dans sa manière douceâtre ; il est fait de menues phrases sifflantes qui crachent leur venin par petites gouttes. MM. Monval n'hésitent point à attribuer à la marquise du Deffand ce portrait de Mme de Boufflers. Julie de Lespinasse aurait simplement tenu la plume sous la dictée de la vieille aveugle. On voit la scène d'ici. Il y a eu bureau d'esprit dans le salon de Saint-Joseph ; tous les papillons ont tournoyé autour de la rayonnante Boufflers. La petite mère du Deffand, « murée dans le cachot de sa cécité », a entendu toute la soirée la musique des madrigaux monter vers « l'Idole ». Et par surcroît, la comtesse de Boufflers ne s'est pas contentée d'être belle ; elle a eu de l'esprit, elle s'est prononcée sur la politique et la morale, elle a philosophé. Les sentences ont coulé à flots de cette bouche éclatante. Il a fallu que Mme du Deffand fît rouler son fauteuil vers le cercle où la Boufflers pontifiait parmi les désirs. Enfin elle est partie, l'accapareuse ! Derrière elle, le salon s'est vidé. L'aveugle et sa demoiselle de compagnie restent seules. « Mettez-vous là, mon cœur, et écrivez ! » Alors la voix cassée a dicté rageusement les rancunes de vieux cœur flétri. Et Lespinasse sans trop de déplaisir, a obéi.

« Mme de..., sans être ni belle, ni fraîche, ni même jolie, ni bien faite, a beaucoup de grâces dans tout l'ensemble de son visage et de sa personne... »

Ici Mme du Deffand s'est interrompue : « Ditesmoi, mignonne, est-ce que vous lui trouvez tant de grâces, à cette Boufflers ? Vous qui par bonheur avez vos yeux, comprenez-vous ce qu'ils ont tous à s'échauffer pour cette pédante ? » Julie de Lespinasse répond avec une petite toux équivoque : « On ne saurait nier qu'elle est faite passablement. »

Et un long silence rend plus désert et plus maussade le salon où ces deux femmes, la galante retraitée et la jeune fille laide, communient sans se l'avouer, dans la haine de la beauté triomphante. « Moi aussi, se dit la vieille marquise, j'ai été charmante. Boufflers trône au Temple, dans la salle des Quatre-Glaces, et le prince de Conti est à ses pieds. Il y a quarante ans, j'ai soupé avec le régent. Pourquoi ne m'a-t-il gardé que quinze jours ? Je mourrai sans comprendre les raisons qui ont détaché de moi ce polisson délicieux. J'aurais fait une favorite accomplie. Ma vie fut manquée. Ma part d'amour, c'est avec ce pauvre président Hénault que je l'ai mangée, en maigres tartines. Je méritais mieux. »

Cependant Mlle de Lespinasse rêve de son côté : « C'est un froid chevalier que d'Alembert. J'ai de l'esprit, de la sensibilité, du charme. A quoi cela m'avance-t-il ? Voici bientôt dix ans que je végète dans la domesticité de cette vieille despotique, qui me couvre de caresses, qui me déteste et que j'exècre. Si elle savait que tous les jours, avant d'aller chez elle, ses amis montent dans ma chambrette et y tiennent séance, elle me chasserait comme une servante ! J'espère bien ne pas mourir sans avoir aussi un salon à moi. Un jour où l'autre, j'aurai de l'influence sur les scrutins de l'Académie. Mais que ce sera donc peu de chose encore ! Je donnerais tout pour être comme cette effrontée de comtesse de Boufflers, avec des lèvres rouges, de gros bras et des épaules blanches. Ils me disent tous que je suis aimable. C'est aimée, que je voudrais être. Jusqu'ici aucun d'eux ne m'a troublée. Je sens en moi pourtant des trésors de passion inutilisés. Tandis que je parle littérature, à qui pensé-je ? A un militaire dont je serais amoureuse éperdument. Il viendra tôt ou tard ce militaire, et ce sera mon bourreau. Ah ! si j'étais belle ! »

Du coin obscur où grogne l'aveugle, la tremblotante voix recommence :

« Julie, ma chérie, écrivez :

« Le cœur de Mme de ..., ou plutôt son âme, car de cœur, je ne lui en connais point, est factice comme son esprit. On ne peut pas dire qu'elle n'ait ni vices, ni vertus, ni même des défauts et des travers ; mais pour peu qu'on l'étudie, on ne lui trouve ni sentiments, ni passions, ni affections, ni goûts, ni haine. »

Ainsi de suite, pendant huit feuillets. Cette exécution de Mme de Boufflers fut, d'après la date probable, le dernier bon moment que la marquise du Deffand et Mlle de Lespinasse aient passé ensemble. Elles se brouillèrent aussitôt après. Julie fonda son salon. Et le militaire de ses rêves s'incarna dans le comte de Guibert. Il lui apparut à la fête du Moulin-

Joli ; elle connut alors la cruauté de l'amour et devint une virtuose incomparable de la douleur. Guibert était volage. Il faisait figure de grand homme et les dames se disputaient ses sourires. La pauvre Lespinasse eut à lutter, entre cent rivales, contre cette maudite comtesse de Boufflers, toujours insolemment séduisante à quarante-huit ans. Elle écrivait à l'infidèle : « L'abbé Morellet disait, ces jours passés, et dans l'innocence de son âme, que vous étiez fort amoureux de la comtesse de Boufflers. Si cela n'est pas tout à fait vrai, cela est si vraisemblable qu'il me semble que je n'aurais qu'à me plaindre de ce que vous ne m'ayez pas mise dans la confidence. Je ne vous demande, pour vous acquitter envers moi, qu'une chose, c'est de me dire la vérité. »

Après avoir expédié cette lâche supplique douloureuse, Julie de Lespinasse songea sans doute à cette soirée de jadis où Mme du Deffand lui avait dicté le portrait de l'Idole. Elle a dû penser : « C'était une méchante femme, mais qui ne manquait point de clairvoyance. Et qu'elle avait donc raison de détester Mme de Boufflers. »

Deux croquis de Carmontelle, au musée Condé, nous montrent l'Idole et Julie. Devant une table à thé toute servie, la comtesse de Boufflers en déshabillé de mousseline, semble sortir des nuées ; une heureuse tête rose émerge des blancheurs. Puis voici Lespinasse, en robe noire, tenue d'institutrice, profil maigrelet, charme chétif ; elle fait de la frivolité et regarde dans le vague. Carmontelle, en dépit de sa gaucherie, était psychologue. Il a deviné ce que se disait la triste Julie : « Pourquoi ne suis-je point belle ? Quelle iniquité ! »

MADAME DE LARNAGE

LA *Société Jean-Jacques Rousseau*, qui s'est récemment constituée à Genève, vient de publier le troisième volume de ses *Annales*. C'est un joli recueil plein de savantes recherches et d'ingénieuses remarques sur la vie et l'œuvre de Jean-Jacques. Les érudits suisses ne se lassent point d'interroger le mystère des documents. On ne peut comparer leur zèle qu'à celui de nos doctes amis de la *Revue rabelaisienne* ou encore à l'inlassable piété des shakespeariens d'Angleterre. Il n'est pas nécessaire d'être citoyen suisse pour collaborer aux *Annales Jean-Jacques Rousseau*. Les communications des Français y sont libéralement admises. Un chercheur dauphinois, M. Louis Aurenche, obtient une place d'honneur dans ce troisième volume, avec l'étude qu'il consacre à Mme de Larnage.

Les passionnés des *Confessions*, le plus trompeur et le plus délicieux des livres, éprouvent toujours une heureuse surprise à apprendre que sur tel ou tel point de ses confidences, Rousseau n'a point menti. « Ces personnages épisodiques, nous dit M. Louis Aurenche, que Rousseau a côtoyés pendant quelques jours de sa jeunesse, et qu'ensuite il a perdus de vue pendant les trente ans qui se sont écoulés jusqu'au moment où il a rédigé ses *Confessions*, les érudits retrouvent aujourd'hui leurs traces dans les registres et les papiers d'archives ; le rapprochement du résultat de leurs

recherches avec le texte de son livre est fait pour nous
rassurer sur la justesse et la fraîcheur des souvenirs
de Rousseau, et pour nous encourager à le croire,
là même où nous manquent ces vérifications. » C'est
ainsi que nous avons pu recueillir les preuves
de l'existence objective du prodigieux archimandrite
dont Jean-Jacques fut le compagnon de voyage.
Aujourd'hui, c'est la pimpante Mme de Larnage
qui surgit d'un carton d'archives. Qu'allons-nous
apprendre sur son compte ?

Avouons, bien que ce soit à peine avouable,
notre faible pour Mme de Larnage. Dans la galerie
amoureuse de Jean-Jacques, — galerie fort mêlée,
— il sied de donner la préférence à la gentille marchande de Turin, Mme Basile, la seule femme dont
il ait parlé décemment. Mais à un tout autre point
de vue, Mme de Larnage mérite aussi les sympathies
de la postérité. « Je lui dois, a déclaré Jean-Jacques,
de ne pas mourir sans avoir connu le plaisir. »

Si nous en croyons le sixième livre des *Confessions*, cette aimable dame a consciencieusement
conquis le certificat. Rousseau, lui, s'est peint tout
entier dans cet épisode de sa jeunesse vagabonde.
Tout l'homme est là, effronté et timide, maladroit
et rusé, candide et hâbleur. Cette aventure à la Gil
Blas lui a laissé, on le sent à chaque ligne du récit,
le fol orgueil d'avoir été un heureux coquin. « Quand
je vivrais cent ans, je ne me rappellerais jamais sans
plaisir le souvenir de cette charmante femme. » Et
avec son impudeur coutumière, il ne nous laisse rien
ignorer des titres que sa compagne de hasard sut
acquérir à sa gratitude. Il devient fat, comme un Casanova, pour fournir des précisions sur son bonheur.
En revanche, il renonce à expliquer « par quelle
bizarrerie il s'avisa de se faire passer pour Anglais ».
Mme de Larnage, nous apprend M. Louis Aurenche,

dut trépasser entre 1751 et 1756. Jean-Jacques était
alors le philosophe, admiré et scandaleux, du *Discours sur l'inégalité* et le musicien applaudi du *Devin de
village*. Mais la charitable petite femme ignora toujours qu'elle avait révélé la volupté à un révolutionnaire stoïcien. Elle est morte dans l'illusion d'avoir eu
pour élève un Anglais jacobite, nommé Dudding. La
seule fois que Jean-Jacques a été aimé pour sa beauté
physique, il lui a fallu s'appeler Dudding.

Mme de Larnage le quitta sur la route de Montpellier, en lui recommandant de venir la retrouver au
Bourg-Saint-Andéol, dès qu'il serait guéri de son
polype. On sait qu'il manqua au rendez-vous. En la
quittant, il alla visiter le pont du Gard et fut saisi
par la majesté du peuple romain. « Je parcourus les
trois étages de ce superbe édifice que le respect m'empêchait presque d'oser fouler sous mes pieds. Le reten-
tissement de mes pas sous ces immenses voûtes me
faisait croire entendre la forte voix de ceux qui les
avaient bâties. Je me perdais comme un insecte dans
cette immensité. Je sentais, tout en me faisant petit,
je ne sais quoi qui m'élevait l'âme ; et je me disais en
soupirant : Que ne suis-je né Romain! Je m'en revins
distrait et rêveur, et cette rêverie ne fut pas favorable
à Mme de Larnage. » Un jeune homme de vingt-cinq
ans ne renonce point à aller retrouver une femme éprise
de lui, sous prétexte qu'il vient de visiter un aqueduc,
même romain. Rousseau, que cette aventure avait déjà
rendu plus avantageux qu'un mousquetaire, donne
encore, pour raison de sa réserve, qu'il craignit en
allant au Bourg-Saint-Andéol, de tomber amoureux
de la fille de Mme de Larnage. « Cette idée me fit horreur. » Il redouta de devenir un Don Juan. Et il brûla
héroïquement l'étape. Inutile d'ajouter qu'il ne perd
pas une si belle occasion de parler de sa vertu. La
vraie raison, c'est que M. Dudding avait eu quelque

difficulté à jouer jusqu'au bout son rôle d'Anglais. « Il
ne fallait au Bourg-Saint-Andéol qu'une seule personne qui eût été en Angleterre, qui connût l'anglais,
ou qui sût leur langue, pour me démasquer. » Cet
argument lui parut encore plus persuasif que le pont
du Gard.

M. Louis Aurenche ne peut s'empêcher de regretter pour Jean-Jacques qu'il ait renoncé au second
chapitre du roman. « Le Bourg-Saint-Andéol, dit-il,
est assis au bord du Rhône, au pied d'une colline blanche, garnie de chênes; le pays est couvert d'oliviers, de
figuiers, de lauriers, c'est la Provence du Vivarais. Le
printemps est agréable sous ce ciel toujours bleu, et
Rousseau a fait un vrai sacrifice en renonçant à faire
un séjour dans la maison qui lui était ouverte. » La
maison de Mme de Larnage existe encore ; « large
portail, sculptures ; appartements voûtés au rez-de-
chaussée, lambrissés au premier étage ; un jardin ».
Aucun voisinage désobligeant n'y aurait gêné Rousseau. M. de Larnage, après avoir eu dix enfants de sa
femme, vivait séparé d'elle. Là s'arrêtent les renseignements sur cet avisé gentilhomme ; nous savons toutefois qu'il s'appelait Louis-François d'Hademar de
Monteil de Brunier, qu'il était aide de camp de M. le
comte de Médavi, chevalier de l'ordre du Saint-Esprit,
et lieutenant général des armées du roy. Nous apprenons encore que son infidèle et féconde épouse s'appelait Suzanne et qu'elle eut trente mille livres de dot,
avec des espérances.

Ce sont là, nous le reconnaissons, des résultats d'enquête fort appréciables. Pourquoi faut-il que l'esprit
de recherche soit insatiable ? Tous ces documents
d'archives, si précieux pourtant, nous les échange-
rions volontiers contre un portrait de Mme de Larnage. Etait-elle jolie encore, à quarante-quatre ans,
après dix maternités, et des curiosités successives ?

Rousseau demeure dans le vague : « J'ai dit qu'elle était aimable. L'amour la rendait charmante ; il lui rendait tout l'éclat de la première jeunesse. » Il ajoute : « Je dis charmante, quoiqu'elle ne fût ni belle, ni jeune ; mais n'étant plus ni laide, ni vieille, elle n'avait rien dans sa figure qui empêchait son esprit et ses grâces de faire tout leur effet. Tout au contraire des autres femmes, ce qu'elle avait de moins frais était le visage, et je crois que le rouge le lui avait gâté. » Tout cela nous laisse dans une pénible indécision. Peut-être faut-il se consoler de n'avoir point de portrait de Mme de Larnage. C'était, croyons-nous, une boulotte couperosée. La trouvaille rêvée, chimérique, serait celle des lettres que Jean-Jacques lui écrivait de Montpellier et qu'il signait « Dudding ». Il y avait là du comique à jamais perdu. Et du beau aussi, mais pas le même que dans la correspondance de Saint-Preux.

SOPHIE

Nous remettons les morts en honneur. Voici Rousseau après Shakespeare. Il était certain d'avance que M. Jules Lemaître parlerait de Rousseau avec mansuétude. D'aucuns s'attendaient à voir ce parfait lettré exterminer le citoyen de Genève. Il se trouve des personnes distinguées pour regretter que la Révolution française se soit produite. C'est une opinion des plus élégantes. Elle a ce mérite d'être parfaitement inoffensive. Il lui arriverait de triompher que les choses demeureraient telles quelles ; cela suffit à la faire considérer sans colère. M. Jules Lemaître doit d'ailleurs faire encore plusieurs conférences. Il est possible que les théories politiques de Jean-Jacques auront de mauvais moments à passer. Soyons sûrs que leur absurdité sera démontrée délicatement. C'est un jeu facile pour un maître de l'analyse. Mais du Rousseau, professeur de bonheur universel, qui donc a cure ? Existe-t-il un homme au monde que passionne encore le *Contrat social ?* Chez Jean-Jacques, le réformateur était Suisse désespérément. Nous n'avons naturalisé que le poète. On aura beau dire, nous ne saurions renier ce Rousseau-là. Il a été un moment de la sensibilité française. Ce Genevois sera de chez nous tant que nous aurons une littérature.

Cet auteur de tant de livres ennuyeux, est le plus amusant des hommes, comme il en fut le plus décevant et le plus divers. Mettons que beaucoup de ses idées soient haïssables, mais lui-même, comment ferait-on pour le haïr ? Saurons-nous jamais, d'ailleurs, jusqu'à quel point il tenait à ses doctrines et s'il n'en riait pas une fois seul avec lui-même et les verrous tirés ? Il était capable de tout, ce diable d'homme, même de ne pas prendre sa vérité au sérieux : « Ne m'amenez pas votre camarade, disait-il à Bernardin de Saint-Pierre ; il m'a fait peur. Il m'a écrit une lettre où il me mettait au-dessus de Jésus-Christ. » Dans le marchand de vertu se cachait un madré compère. Ce cuistre prêcheur avait beaucoup d'esprit et le goût de la mystification.

Emile ne passe assurément pas pour un livre gai. La fin en est pourtant un peu coquine. Il y a dans le dénouement de ce roman pédagogique quelque chose d'absolument déconcertant et comme une revanche de l'ironie.

Il va sans dire qu'Emile est parfait. Elevé selon les méthodes de Rousseau, comment ferait-il pour être autrement ? On sait comment son maître, son sage, son éloquent, son vertueux, son odieux maître, s'arrange pour lui trouver une compagne digne de lui. Sophie mérite son nom. « Elle n'est pas belle, mais auprès d'elle les hommes oublient les belles femmes et les belles femmes sont mécontentes d'elles-mêmes. » Elle est « sensible » et donne à Télémaque les prémices de son cœur. Le précepteur organise entre son élève et cette Eucharis chaste une idylle machinée. Il pousse même la précaution jusqu'à interrompre les fiançailles des deux jeunes gens, en intimant tout à coup à Emile l'ordre de voyager pour étudier les gouvernements de l'étranger. Ces fiancés modèles ne s'épousent qu'après trois ans de stage. Une félicité parfaite est le moins que leur doive la pédagogie. A la fin du premier manuscrit, Emile se jette dans les bras

de son maitre : « Félicitez votre enfant, il espère avoir
bientôt l'honneur d'être père. » Ce serait attendrissant et un peu nigaud, si l'histoire s'arrêtait là.
Mais il y a un chapitre supplémentaire.

Ce bonheur conjugal n'était, hélas ! qu'un de ces
beaux jouets mécaniques qui se détraquent à l'u-
sage. Tout d'un coup. Sophie « souille sa vertu ».
Un perfide voisin de campagne la détourne de ses
devoirs. Elle fait à son mari l'aveu de sa faute. « Je
demeure écrasé ! » s'écrie Emile. L'idée ne lui vient
cependant point d'aller étrangler son précepteur.
Brusquement, Rousseau plante là son héros et son
lecteur au milieu des ruines du système. Et toutes les
vertus inculquées à Emile, sa religion naturelle, sa
culture, ses voyages, aboutissent à faire de lui un
esclave du dey d'Alger. On dirait que la fin d'*Emile* est
du Voltaire grognon.

Si ce n'est pas là, de la part d'un constructeur de
systèmes, se moquer de lui-même et des autres, les
mots n'ont plus de sens. Entre les pages de cette
histoire moralisatrice, on cherche une illustration de
gouaches polissonnes. Etait-il assez romancier
Louis XV, cet écrivain triste !

Il devait y avoir néanmoins un chapitre dernier.
Nous le connaissons d'après le témoignage de
M. Prévost, de Genève, qui fréquenta Jean-Jacques
vieilli. L'auteur d'*Emile* méditait un dénouement
où la pédagogie suisse prenait sa revanche. Une suite
d'événements amenait Emile dans une île déserte. Bien
que déserte, cette île montrait sur son rivage un temple orné de fruits et de fleurs. Ce temple avait pour
prêtresse Sophie, repentante et calmée. Les deux
époux se revoyaient. Emile, en abordant dans l'île,
était accompagné d'une « jeune personne ». Cette
jeune personne, il feignait de l'épouser. Par humilité,
Sophie s'imposait d'assister à la noce. Mais ce mariage

n'était qu'une feinte. Emile se montrait magnanime et Sophie retrouvait son époux. M. Prévost, de Genève, goûtait fort ce dénouement. Il enviait Emile de pouvoir estimer et honorer dans sa femme « *des vertus dont il n'avait qu'une faible idée, avant qu'elles eussent trouvé l'occasion de se développer dans toute leur étendue.* » M. Prévost n'était pas homme à plaisanter avec les choses sérieuses.

Essayez donc de comprendre ce qui plaisait à ces âmes d'autrefois ! C'est aussi absurde que le *Contrat social*, et encore plus démodé, et c'est grandiose à force de candeur. Des femmes charmantes, et point niaises, une Mme d'Houdetot, une duchesse de Montmorency, une comtesse de Boufflers ont vu dans ces contes verbeux tout un beau pervers et troublant.

Avec ses mauvaises manières et sa maussaderie calculée, le Citoyen devait être la séduction même. Le pastel de La Tour laisse deviner quelque chose du charme inquiétant qu'il dégageait. La maréchale de Luxembourg écrivait à cet ancien laquais : « Je voudrais passer ma vie avec vous. » Cette gentille sotte de Mme d'Epinay, après l'avoir congédié brutalement, en eut du remords pour le restant de ses jours. Nous sommes tous, y compris M. Jules Lemaitre, comme la châtelaine de la Chevrette. De temps en temps, nous feignons de mettre Jean-Jacques à la porte de chez nous ; il trouve toujours moyen d'y rentrer. On ne peut pas entendre en confession ce délicieux menteur sans qu'il vous extorque l'absolution. C'est peut-être parce qu'il avait du génie.

MADAME DU BARRY

On prend grand plaisir à lire l'étude, gracieuse et savante, que M. Claude Saint-André vient de consacrer à Mme du Barry. « Consacrer », est bien le mot qui convient. Cet aimable livre dégage, en effet, un vague parfum d'hagiographie galante. Non pas certes que M. Saint-André prenne jamais le ton du panégyrique : il a trop d'information et trop de tact pour nous présenter son héroïne coiffée en rosière. Mais le scrupule qui guide M. Saint-André est celui d'un portraitiste soucieux de faire ressemblant. Il a étudié longuement, minutieusement son séduisant modèle. Au cours des séances de pose, il est arrivé au peintre de devenir quelque peu amoureux de sa cliente. Le cas n'est pas damnable et il s'autorise d'un illustre précédent : M. Cousin, tout platonicien qu'il fût, devint éperdu, sur le tard, de quelques-unes des belles criminelles de la Fronde. Là où succomba l'austérité du pape de l'éclectisme, — le danger de peindre de jolies femmes, — il est permis de chanceler à la vertu d'un jeune historien.

M. Saint-André avait fort à faire pour délivrer « cette pauvre mémoire de pécheresse » du chiendent des mauvaises légendes. Les plus redoutables ennemis de Mme du Barry, ceux qui obtinrent de l'opinion publique une audience prolongée, se recrutèrent dans le monde des parlementaires et dans la coterie des Choiseul. Il n'est, il n'était du moins sous l'ancie

régime, rien de plus féroce que la rancune d'un ministère tombé. C'est avec des pamphlets royalistes que
se constitua la tradition d'une du Barry débraillée
et ordurière, encanaillant à plaisir son vieil amant.
L'histoire, telle que l'écrivaient les romantiques, n'eut
garde de négliger un si beau thème d'indignation.
Chaque génération ayant ajouté un trait de noirceur
à l'image déformée, les monographies de la favorite finirent par constituer un album de caricatures venge-
resses. Vinrent les Goncourt, qui passèrent longtemps
pour des oracles documentés ; il a fallu s'apercevoir
que ces deux superbes amateurs, tout couverts de
poussière d'archives, n'étaient pas, en tant qu'historiens, beaucoup plus dignes de créance que Cape-
figue ou le bon père Dumas. Vatel eut le mérite de tenter
le premier sinon une réhabilitation de Mme du Barry,
du moins une enquête impartiale et consciencieuse.
C'est cette œuvre d'équité que M. Claude Saint-André
parfait aujourd'hui. Il y apporte, disons-nous, un
peu d'attendrissement. Mais, ainsi que le remarque
sagement son éloquent préfacier, M. de Nolhac, « c'est
qu'il possède ce don de sympathie sans lequel on ne
pénètre guère l'intimité des âmes ».

Nous entrons donc, sous la conduite de M. de Saint-
André, dans l'intimité de l'âme de Mme du Barry.
Alors, elle avait une âme ? Que c'est donc inattendu !
Voilà, nous l'avouons, une idée qui ne nous serait
jamais venue. Il apparaît toutefois qu'elle en avait
une, dans la qualité de celles que peuvent avoir les
pêches ou les roses, ce que Henri Heine appelait « une
âme végétale ». Mettons, pour ne rien exagérer, qu'à
défaut d'une âme proprement dite, elle possédait un
excellent petit cœur. Au point de vue de la morale éternelle, il est trop facile de démontrer qu'elle réalise
excellemment le type de ces personnes qu'on appelait
autrefois « des pas grand'chose ». Une fille, assurément,

mais une bonne fille, sans le moindre grain de férocité. Voilà ce que son compatissant biographe parvient à établir, avec pièces à l'appui.

Elle n'était point grossière et n'appelait jamais le roi très chrétien « La France », ce qui, soit dit en passant, ne saurait passer pour une injure. Elle dut bien avoir, aux heures d'abandon, de ces familiarités qui sont inévitables entre une très jolie personne et un vieux marcheur, mais aucun document ne permet de fixer ce point d'histoire. Ces lèvres, dont Pajou a ciselé amoureusement le pur contour, parlaient naturellement la langue courtoise. Tout au plus apporta-t-elle dans l'air un peu lourd de Versailles une bouffée de la fraîcheur de ces guinguettes de banlieue où la modiste de la boutique Labille était allée passer de gentils dimanches polissons. Devenue plus que reine, elle eut des manières, autant qu'il en fallait, et même des lettres et une bibliothèque, où Pascal alternait avec le *Traité du rouge végétal à l'usage des dames*. Peut-être lut-elle ce livre-là plus souvent que les *Pensées*, mais c'est là, de notre part, hypothèse pure.

« Elle fit preuve, a dit Sénac de Meilhan, d'une modération remarquable dans sa position. » Criblée de pamphlets obscènes, jamais elle ne fit mettre personne à la Bastille. Elle a honoré M. de Voltaire. Au mois de février 1778, elle profita des loisirs que lui laissait sa disgrâce pour aller faire ses dévotions philosophiques devant le patriarche. Elle se présenta chez Voltaire, dans l'après-dînée. « On eut, disent les *Mémoires secrets*, bien de la peine à déterminer le vieux malade à la voir. Son amour-propre souffrait de paraître devant cette beauté sans toilette et sans préparation. Il a cédé enfin à ses instances et réparé par les grâces de son esprit ce qui lui manquait du côté de l'élégance extérieure. » Pendant l'entrevue, le menu fretin des visiteurs remplissait l'antichambre. Un

pèlerin timide allait se retirer, inconsolable de n'avoir
pu voir l'idole du jour ; il eut l'idée de réclamer la
protection de la belle inconnue qui sortait du cabinet
de Voltaire. Toujours bonne personne, Mme du
Barry servit d'introductrice au pauvre garçon,
qu'elle gratifia, par-dessus le marché, d'un sourire.
Ce protégé de la comtesse était Brissot. Le girondin
n'oublia jamais le procédé, encore moins le sourire.
Plusieurs années après, il s'entretenait avec Mirabeau et Laclos des scandales de la cour de Louis XV.
Les trois interlocuteurs furent d'accord pour traiter
Mme de Pompadour avec sévérité. Brissot plaida
pour Mme du Barry. — « Vous avez raison », dit
Mirabeau. — Laclos conclut : « Il faut la purifier ! »

L'auteur des *Liaisons dangereuses* allait un peu
loin. « Elmire, a-t-il écrit, ne redoutera point le jugement de la postérité. » La pauvrette n'en demandait
pas tant. Elle se serait contentée de mener dans son
Louveciennes une petite vie tranquille, se laissant
aimer par le duc de Brissac, et plus tard, en cheveux
blancs, de faire une fin de bonne dame aumônière.
Sauf respect, c'est une laide sottise qu'on a commise
en guillotinant cette inconsciente. Il a fallu de stupides et féroces maladroits pour donner à la plus jolie des
têtes sans cervelle la grâce du martyre. Le procès de
Mme du Barry, tel qu'il est raconté pour la première
fois par M. Claude Saint-André, en historien véridique, se justifie passablement : elle était coupable, elle
conspirait, elle n'avait point l'âme jacobine, elle
gardait rancune aux patriotes qui avaient jeté
dans son boudoir la tête de Brissac, son dernier
adorateur. Ce procès est d'une légalité irréprochable,
il s'explique ; il ne s'excuse pas. L'Anglais Greive,
« citoyen des Etats-Unis », qui fit son affaire particulière
de l'arrestation de la malheureuse, est bien le type
accompli de ces lâches drôles qui souillèrent de leur

zèle la Révolution. Quel terrible « fichard » et de quel
ton il parlait aux tièdes ! Le juge de paix de Marly
reçut de lui un billet mémorable. Greive rappelait à ce
magistrat qu'il possédait la confiance du Comité de
Sûreté générale, « en dépit des gens à double visage...
J'ai su déjà mépriser les calomnies et braver leur
poignard et je m'en f... ! Si tu es un brave homme, je
t'estimerai ».

Greive ne prodiguait pas son estime. Il l'accordait
pleinement à Zamor, cet affreux négrillon que
Mme du Barry avait gavé de confitures et qui vint
charger sa bienfaitrice au tribunal. Devenu terroriste
et vertueux, ce moricaud faillit néanmoins encourir
la disgrâce de Fouquier-Tinville; il fut emprisonné
comme suspect. Le citoyen Greive intervint aussitôt.
Il exigea la libération « de notre vertueux Zamor,
cet enfant de la Nature, cet apôtre de la Liberté, ce
digne élève de l'immortel Jean-Jacques. » Et Greive
rappelle à l'accusateur public la conduite civique de
Zamor au tribunal révolutionnaire : « Tu l'as entendu,
cet être intéressant qui, arraché des bras de sa
famille à l'âge de quatre ans, et mené en Europe pour
servir de joujou à la vile maîtresse d'un crapuleux
tyran... », etc. Greive, sentant que ce certificat pourrait ne pas suffire, gardait pour la fin l'argument
suprême : « Oh ! si tu le connaissais, ce brave Zamor !
Demande ce qu'en pensent les braves patriotes du
café Procope, où il est estimé de tout ce qu'il y a d'esti-
mable !... »

On est heureux d'apprendre que la clémence de
Fouquier-Tinville rendit Zamor aux amis du Procope
et permit à ce nègre de continuer.

AVANT VIRGINIE

Voici deux siècles que la culture française a
pénétré en Russie pour y faire une fortune que
nous admirons. » M. Emile Haumant vient d'écrire
l'histoire de cette conquête spirituelle dont les deux
nations s'enorgueillissent. Son savant et aimable
livre est dédié à la mémoire d'Alfred Rambaud, qui
fut un des initiateurs de l'amitié franco-russe. A
l'exemple de son cher maître disparu, M. Haumant
estime qu'un historien peut charmer ses lecteurs sans
rien abdiquer de sa dignité. Le souci d'être exact et
documenté ne lui interdit point de faire vivant. Il
suit, étape par étape, la marche de notre influence
entre 1700 et 1900. Depuis les premiers conseillers du
tsar Pierre jusqu'à M. Jaurès, dont les discours sont
commentés à la Douma, tous les aspects de la séduction française défilent ainsi sous nos yeux. Et c'est
souvent de l'histoire de France un peu picaresque que
M. Haumant nous raconte en étudiant les choses de
Russie.

La conquérante entreprise a commencé petitement
et sans dessein préconçu. Les ouvriers de la première
heure, militaires et ingénieurs, firent des débuts assez
humbles. Mais le bruit se répandit que la Moscovie était
un pays de fortune. Dès le milieu du dix-huitième
siècle, les immigrants français étaient jugés trop nombreux par notre ambassadeur. Des rapports diploma-
tiques parlent « d'une nuée de Français de toute cou-

leur, qui sont venus infester la région septentrionale
après avoir eu des démêlés avec la justice de Paris ».
Les colonisations se recrutent comme elles peuvent.
Des mécontents de toutes les catégories, inventeurs
éconduits par les bureaux, demoiselles abandonnées,
financiers méconnus, réformateurs à la recherche de la
vérité politique, prirent la Russie pour Eldorado. Parmi ces inquiétants chercheurs de chance, M. Haumant
en cite un, au passage, qui valait bien tout un chapitre.
L'aventure de Bernardin de Saint-Pierre est peut-être
le plus divertissant épisode de cette mêlée de convoi-
tises. Il y a là une petite énigme historique qui donne
a rêver.

Pourquoi Bernardin ne trouva-t-il en Russie que
des déboires ? Son hagiographe, l'excellent Aimé
Martin, a répondu longuement à cette question. A
l'en croire, M. de Saint-Pierre échoua dans ses diverses entreprises parce qu'il avait une âme trop
pure. Un excès d'innocence ne messied point chez
le poète de *Paul et Virginie*. Le récit d'Aimé Martin
est édifiant comme un conte de bollandiste. Bernardin de Saint-Pierre rêvait déjà à vingt-six ans, d'or-
ganiser sur un coin de la planète une république où
se pratiquerait la parfaite vertu. Il avait fait choix des
bords du lac d'Aral pour y fonder la cité du bonheur. Il
traversa l'Europe pour venir soumettre à l'impératrice Catherine son projet de colonie agricole et
idéale. Il arriva à Saint-Pétersbourg, avec la félicité
d'un peuple dans la tête et six francs dans la poche.
Catherine était à Moscou. Le jeune pionnier de la
philosophie faillit désespérer. Mais il avait, comme
Jean-Jacques, le don de susciter les dévouements
spontanés. On lui fit crédit sur sa belle mine. Il
était charmant : des boucles blondes et de grands
yeux bleus, une bouche fraîche d'où la vérité s'é-
chappait en sentences fleuries. De hauts personnages

prirent en gré un réformateur si joli. Bernardin put se rendre à Moscou. Il y obtint vite une sous-lieutenance dans le corps du génie. Au vêtement de gros drap pilou, doublé de peluche de laine, succéda le brillant uniforme des ingénieurs russes: habit écarlate à revers noirs, gilet ventre-de-biche, bas de soie blancs et plumet. « Jeune encore, dit Aimé Martin, il ne fut pas insensible à l'élégance de ce nouveau costume. » En voyant un ingénieur aussi fringant, le grand-maître de l'artillerie, M. de Villebois, « qui était Français et ne démentait pas cette noble origine », eut une idée subtile et scélérate, qui sentait sa perversité parisienne. M. de Villebois, artilleur psychologue, avait remarqué chez son auguste souveraine la curiosité de l'éternel masculin. Tandis que Bernardin, dans l'innocence de son cœur, comptait pour attendrir Catherine sur le seul prestige de la vérité, M. de Villebois caressait la pensée coupable de donner à Orlof un successeur. Arrive le jour de l'audience. L'impératrice paraît. « Elle s'avançait seule ; son port était noble, son air doux et sérieux ; sa démarche facile ; tout en elle éloignait la crainte et inspirait le respect. » Tandis que Bernardin de Saint-Pierre se jetait à ses genoux, Catherine passait l'inspection du jeune pétitionnaire. L'impression fut favorable. La souveraine sourit à plusieurs reprises et prescrivit au protégé de M. de Villebois « d'apprendre le russe ». Etait-ce une formule d'un sens particulier ? Les courtisans entourèrent aussitôt Bernardin et lui demandèrent sa protection. Le comte Orlof l'invita à déjeuner. Le candide Français, étonné de cette faveur soudaine, en demanda l'explication à un officier de ses amis, Barasdine, « qui poussait la franchise jusqu'à la rudesse. » Barasdine, lui fit remarquer qu'Orlof était devenu tout pâle. « Croyez-moi, osez tenter d'être le rival de cet indigne favori. L'impératrice est jeune, belle, faible.

Vous êtes Français, vous êtes aimable, tout vous est possible ».

On trouve dans la *Vie des Saints* plusieurs exemples de tentations semblables. Elles fournissent toujours à la vertu de superbes occasions de triompher. Ainsi en fut-il pour notre compatriote Bernardin, si l'on en croit Aimé Martin l'évangéliste. Il repoussa avec mépris l'idée du péché. Ce sous-lieutenant de vingt-six ans demeura pur. Il était venu en Russie uniquement pour créer une république au lac d'Aral. Son projet succomba, mais non sa pudeur.

C'est une histoire touchante et qui convient à merveille au futur père spirituel de Virginie. Seulement...

Voilà le malheur, il y a un seulement. Comment le digne Aimé Martin connaissait-il ce trait héroïque de la jeunesse de Bernardin de Saint-Pierre ? Par la charmante veuve du philosophe, que lui-même avait épousée. Bernardin, dont la vie d'aventure et d'intrigue est désormais dégagée de la légende, n'a pratiqué vraiment l'innocence qu'à partir de soixante-trois ans. Ce diable d'homme, mélangé de Gil Blas et de Saint-Preux, après avoir beaucoup roulé à travers le monde, a fini gentiment aux pieds d'une Sulamite parisienne, sa seconde femme, Désirée de Pelleporc. Son féroce égoïsme abdiqua devant la grâce d'une épouse de vingt ans. Il eut alors des candeurs d'autant plus sincères qu'elles étaient tardives. Amoureux comme un écolier, il trompait les longueurs des séances académiques en écrivant des billets doux à sa jeune femme sur le papier de l'Institut. On l'imagine très bien racontant, certain soir, à Désirée qu'une impératrice avait, jadis, vainement essayé de le séduire. Et le bon Aimé Martin, disciple et successeur du maître, nous a pieusement légué cette chaste tradition mouillée de pleurs

Est-ce à dire qu'Orlof avait eu raison de pâlir ? Faut-il penser que le complot de M. de Villebois reçut un commencement d'exécution ? Méfions-nous de l'esprit d'hypothèse et de ses pièges. Tout au plus est-il permis non point de supposer, mais de rêver ceci : Catherine se prêtant loyalement à un loyal provisoire d'influence française, et Bernardin sachant mal le russe et abusant de l'idéalisme. Il était né avec du génie et le défaut de lasser l'interlocuteur. Ce fut un homme charmant, absurde et insupportable. Nous ignorons profondément s'il s'est passé quelque chose entre lui et l'impératrice de Russie. D'ailleurs l'intrigue ourdie contre Orlof était vouée d'avance à l'insuccès. En admettant que Bernardin de Saint-Pierre eut consenti à accepter la difficile mission qui lui était offerte, la fonction n'était pas dans ses aptitudes : il causait trop.

ROSALIE DUTHÉ

CATHERINE-ROSALIE Gérard, qui fut illustre sous le nom de Mlle Duthé, mourut à Paris en 1830, ayant de bonne heure connu la gloire ; elle avait mis quatre-vingt-deux ans à acquérir la considération. Octogénaire, à demi aveugle, Mlle Duthé était classée au titre de monument historique. On aimait, on respectait quasiment en elle un des derniers témoins des grâces de l'ancien régime. Trois ans après sa mort, paraissaient chez le libraire Ménard, place de la Sorbonne, quatre volumes intitulés : *Galanteries d'une demoiselle du monde ou Souvenirs de Mlle Duthé*. La première version de cet ouvrage est devenue d'une extrême rareté. Un écrivain passionné pour l'histoire du théâtre, M. Paul Ginisty, nous en donne aujourd'hui une édition nouvelle. Il accompagne sa publication de notes discrètes, ne voulant point tomber dans le travers de documenter à l'excès une histoire frivole. « Je sens, déclare sagement M. Ginisty, tout le ridicule qu'il y aurait à trop appuyer sur cette existence légère. » Quelqu'un disait d'un livre récent, consacré à la biographie d'une jolie femme : « C'est un pavé sur une rose. » Rosalie Duthé, livrée au zèle d'un commentateur maladroit, s'écraserait de même douloureusement. Il sied de la présenter du bout des doigts, comme une curiosité fragile.

Ces *Souvenirs* ont un défaut, qui est pour des *Souvenirs* le plus grave de tous ; ils sont apocryphes. M. Ginisty nous en prévient tout d'abord. Transformée en douairière vénérée, sinon vénérable, Mlle Duthé don-

nait de petits dîners fins à quelques amis ; elle comptait
parmi ses hôtes le baron de Lamothe-Langon, fonctionnaire retraité qui se faisait une spécialité des
faux Mémoires. Ce fut, on le sait de reste, pendant la
première moitié du dix-neuvième siècle, une industrie des plus florissantes. Lamothe-Langon, aussitôt
après le décès de sa vieille amie, se mit à rédiger les
confidences qu'il prétendait avoir recueillies. Agit-il
là comme un vulgaire faussaire, ou peut-on accorder à
son témoignage quelque crédit ? « Il ne faut point,
observe M. Ginisty, regarder avec trop de dédain les
livres apocryphes écrits à une certaine époque et dans
certaines circonstances. » La remarque est parfaitement juste. Il n'est pas douteux que le baron de Lamothe-Langon fréquenta Mlle Duthé pendant sa
vieillesse conteuse ; il était potinier et interrogant ;
elle devait s'abandonner complaisamment au plaisir de raconter ses campagnes. Ces pseudo-mémoires
demeurent probables, s'ils ne sont pas rigoureusement vrais. Ils ont en outre un certain charme,
et nous avons le devoir de reconnaître que le baron
Lamothe avait du talent.

Et voilà justement où est son tort. De vrais Mémoires de Mlle Duthé seraient plus innocents. Cette célèbre personne n'eut d'autre génie que d'être parfaitement belle. Elle avait bien appris au couvent un
minimum d'orthographe, mais le souci de sa carrière
l'empêcha très vite d'acquérir de la littérature. Les
quelques billets que l'on possède d'elle trahissent une
aimable insouciance des lois du style. Si elle avait
raconté elle-même ses aventures, elle en eût fait un
livre délicieusement bête. Le factum de Lamothe-Langon est intelligent jusqu'au malaise. Ce polygraphe
était un pince-sans-rire. Nous raconte-t-il comment
la jeune Rosalie fut admise, en qualité de surnumé-
raire, dans les chœurs de l'Opéra, — l'Opéra était

alors un lieu d'asile — il fera dire à son héroïne :
« C'était, à cette bonne époque, un brevet d'éman-
cipation accordé à toute fille innocente, voulant
vivre dans l'indépendance et sans être à charge à
ses parents. » Il est visible que le baron y met du sien ;
Mlle Duthé a dû lui dire quelque chose de semblable,
mais avec plus de touchante candeur.

Tel qu'il est, ce livre, un peu scandaleux, ne
doit pas être dédaigné par les amis de la petite histoire. Ce fut presque un fonctionnaire que Mlle Duthé.
Elle a rempli des missions officielles. Lorsque le jeune
roi de Danemark Christian VII vint faire à Paris un
voyage d'études, Rosalie fut un numéro du programme imposé à celui que les *Mémoires secrets* appelaient
« le moderne Télémaque ». Les choses se passèrent
le plus décemment du monde, et tout à fait comme elles
se passent en ce moment même aux Variétés. Sa Majesté
danoise dut prononcer avant M. Brasseur la parole célèbre : « Ah ! que j'aime la France ! » Et ici encore, nous
en voulons au baron de Lamothe-Langon de prêter à
l'institutrice de Christian VII des mélancolies trop
philosophiques. Il tient vraiment la plume sous la dictée de Mlle Duthé, alors qu'il écrit cette phrase si
simple et si décente : « Je fus discrète touchant l'honneur qui m'était fait. » Mais l'auteur professionnel
reparaît aussitôt : « C'est chose sacrée et très vénérable que la personne d'un monarque, et la haute opinion que l'on prend d'elle avant que de l'approcher
souffre beaucoup, lorsque, dans une fréquentation
plus intime, elle est contrainte d'en rabattre ; c'est ce
qui arrive presque toujours. » Duthé était, trop
bonne royaliste pour se permettre de ces audaces de
psychologie. Il est vrai, toutefois, que Diderot fréquentait chez elle.

Il a dû tout de même s'amuser, ce Lamothe-Langon, auprès du fauteuil roulant de cette vieille !

Que de fantômes évoquait la petite voix cassée de la conteuse ! A l'appel de la fée d'autrefois, tout un monde s'éveillait, le joli peuple des marionnettes de Carmontelle, poudré, pomponné, la fleur au gilet. Voici le duc de Chartres à seize ans. Son père était un prince soucieux de ses devoirs ; Mme de Genlis, si compétente dans les questions de morale et de pédagogie, nous en donne une preuve indéniable : « Le premier soin paternel de M. le duc d'Orléans fut de donner à son fils une maîtresse. » Mlle Duthé était toute désignée pour l'emploi. La fonction n'avait rien de pénible. Le futur Philippe-Egalité, tel que l'a croqué Carmontelle, est gentil comme un cœur ; il porte à ravir l'habit vert brodé de jaune, avec le cordon bleu du Saint-Esprit et le collier noir de Saint-Michel. L'artiste amateur a utilisé un peu du vert de la culotte pour faire à ce Chérubin idéal un entourage de printemps. La famille du jeune homme garda à Mlle Duthé un souvenir reconnaissant. Plusieurs années après, Sophie Arnould s'adressa au duc d'Orléans pour lui demander l'autorisation de tirer le feu d'artifice sur le Palais-Royal ; elle énuméra les titres de l'Opéra à la bienveillance du prince : « Nous n'oublierons pas non plus qu'une beauté (de l'Opéra) a fait goûter à un prince cher, votre fils unique, les prémices du plaisir, et que vous en avez félicité ce jeune athlète dans la carrière de l'amour. » L'autorisation fut accordée, en considération de Mlle Duthé et de ses services.

Rosalie pouvait montrer ses certificats. Les pères l'avaient accablée de leur confiance. S. A. S. le prince de Condé, celui qui devait être le général en chef de l'émigration, vint en personne la solliciter. Il allait marier son fils le duc de Bourbon, « l'amoureux de quinze ans » ; il désirait que son héritier « ne fût étranger à rien ». Encore un préceptorat à entreprendre. Si nous en croyons

Lamothe-Langon, Mlle Duthé sut apprécier toute la délicatesse de la démarche. Tout au plus hasarda-t-elle cette objection : « Mais, monseigneur, vous le faites débuter bien jeune ! » Le prince de Condé aurait répondu : « Oui, sans doute, si on l'abandonnait à lui-même ; mais sous ma surveillance et avec de bons procédés... » Ici, le mémorialiste faussaire, entraîné par son sujet, perd tout sentiment de la mesure. Il grandit Mlle Duthé jusqu'à la taille d'une héroïne historique, il met dans sa bouche des paroles grandioses : « Je souris, et ma réponse prouva au prince mon profond dévouemeut et ma soumission extrême à tout ce qui viendrait de sa part. J'ai toujours été royaliste, j'ai toujours aimé les Bourbons, d'abord à cause de leurs qualités, puis par reconnaissance, enfin parce que je ne leur suis pas étrangère. Son Altesse Sérénissime parut contente de mes sentiments. »

Il est cruel de penser que de telles perles sont probablement des perles fausses. Si au lieu d'être l'amusement d'un froid mystificateur, ces *Souvenirs* de Mlle Duthé étaient authentiques, ce serait un livre essentiel à la consolation du juste.

———

LUCINDE ET BARSINE

UNE œuvre de Duplessis qui entre dans nos musées, c'est une joie pour les amateurs de psychologie peinte. Ce fin portraitiste, de pure manière française, a plus d'une fois égalé les maîtres. Le portrait d'homme, que vient de nous léguer le baron Malouet, ne fera peut-être point grande sensation. La peinture en a souffert ; elle n'offre plus aux yeux qu'une grâce défraîchie. Telle qu'elle est, cette œuvre à demi morte reste évocatrice d'une âme qui fut d'une parfaite innocence. Le personnage, peint par Duplessis, ce joli homme rose, aux yeux humides, a été une aimable créature. Il est équitable de donner, à défaut de gloire, un peu d'estime et beaucoup de tendresse à Michel-Paul-Guy de Chabanon.

J'ai toujours eu, je m'en vanterais presque, un faible pour cet oublié. C'est courir un gros risque d'erreur que de chercher dans les âmes exceptionnelles le secret des époques anciennes ; les écrivains de génie, les artistes suprêmes, les politiques profonds et les capitaines sortent du cadre de leur siècle, ils dépassent l'heure où ils ont vécu. Notre père Sainte-Beuve ne s'y trompait pas ; il aimait à interroger les êtres moyens, et c'était d'après des goûts médiocres et de médiocres humeurs qu'il parvenait à comprendre un moment d'histoire. « M. de Chabanon est musicien, poète, philosophe et homme d'esprit. » Cette fiche est signée : Voltaire. Ne dites point que c'est beaucoup de dons pour un seul homme, l'objection serait trop facile. Chabanon a été un tout petit peu de chacune de ces choses-là. Ne deman-

dez point non plus s'il eut du talent : il avait « des
talents », et de ses aptitudes multiples il sut faire un
usage ingénu. Ce que nous rend ce portrait de Duplessis, c'est, mieux qu'un individu, le fantôme d'une
génération. L'image est fanée, comme fanée la gloire
que le bon Chabanon rêvait de conquérir. « La postérité, disait-il, ne doit pas m'ignorer entièrement. »
Il entendait par là qu'ayant été de l'Académie des
inscriptions à cause des espérances qu'il donnait, et
de l'Académie française pour sa persévérance, il se
croyait autorisé à défier l'oubli. Nous pensons, nous,
que cet honnête touche-à-tout, successivement et
simultanément violoniste, musicographe, helléniste,
italianisant, poète tragique, moraliste, satirique,
— et j'en passe ! — mérite deux sous de souvenir
pour avoir incarné joliment les curiosités de son siècle, résumé ses chimères et ses grâces. Cette gentille
cervelle quelconque fut ouverte à tous les caprices
de la mode. L'étudier c'est une chance de comprendre ce qu'a été l'esprit d'un amateur, entre la royauté
de Voltaire et celle de Pétion.

« Amateur ! » Le pauvre Guy de Chabanon a, toute
sa vie, porté cet écriteau entre les deux épaules. Il
parlait, en expert, de la musique dont il raffolait ;
il comprit le génie de Rameau. Cependant la *Correspondance* de Grimm l'en récompensait en ces termes :
« Il raisonne de la musique à peu près comme une huî-
tre. » Il fit du théâtre, pour faire comme tout le
monde ; sa tragédie d'*Eponine* égaya le parterre. Il
récidiva, sans plus de bonheur. A la fin, il prit le parti
d'imprimer ses pièces, pour éviter, disait-il, « les
risques tumultueux des représentations ». Il excellait
dans l'éloge :

> J'aime à louer, j'y trouve une douceur secrète.

Il publia une brochure dont le titre suffirait à

attendrir : *Vie du Dante, avec une notice détaillée de ses ouvrages.* Il y disait des choses incontestables, sans se laisser aller au délire : « Les beautés de l'ouvrage du Dante ne sont malheureusement pas en assez grand nombre pour en compenser les défauts. » Et de Dante, il passait à Homère, avec des excursions chez Théocrite et chez Pindare. Rien de tout cela ne désarmait les rédacteurs de la *Correspondance* : « M. de Chabanon, disaient ces méchantes langues, jouit d'une aisance honnête. C'est un fort honnête garçon et assez aimable dans la société, mais ses talents sont médiocres et ses succès l'ont été jusqu'à présent de même. » Il se présentait à l'Académie française avec une méritoire obstination. Les sacripants des *Mémoires secrets* résumaient ainsi ses titres : « C'est un garçon bien né, de mœurs aimables et liantes. » Il fut élu enfin, après douze ans de patience. Il prononça l'éloge bien ordonné de son prédécesseur Foncemagne et lut à la Compagnie un dialogue en vers sur le *Traitement qu'on doit dans la société aux hommes vicieux.* Le directeur en exercice, le maréchal-duc de Duras, lui asséna ce compliment de bienvenue : « Un goût sain, un esprit éclairé, un style élégant et correct, des mœurs douces, une conduite noble et sage, tels sont, monsieur, les titres qui vous ont mérité l'estime du public et les suffrages de l'Académie. »

Telle fut sa part de gloire, à ce polygraphe.

L'auteur d'*Eponine* et autres tragédies a donc été moqué abondamment. Il s'en consolait ayant en réserve des trésors d'optimisme et à sa disposition d'heureuses formules de résignation :

> Le hasard du succès doit en calmer l'ivresse,
> Il pourrait même apprendre au sage à s'en passer.

Sans compter qu'il avait pour lui le suffrage de

Voltaire. Chabanon jouissait à la cour de Ferney de
ses grandes entrées. Il eut sa chambre et son couvert
au château du roi de la tragédie. Voltaire lui donnait
des leçons de pathétique et lui corrigeait ses alexandrins. Le patriarche l'avait pris en gré et le traitait
« d'aimable enfant de Polymnie ». Chabanon reste un
témoin à consulter dans le chaos contradictoire des
dépositions relatives au caractère de Voltaire. Ce qui
le frappait chez son glorieux hôte, c'était la bonté :
nous n'avons pas dit que Chabanon fût psychologue.
Et pourquoi pas, après tout ? Il est touchant, et fort
acceptable, le Voltaire bon enfant que nous dépeint ce
disciple, tout ému d'avoir été adopté par le père
des lettres. L'homme au hideux sourire avait, sans
aucun doute, des moments délicieux ; c'est niaisement injuste de le voir toujours en figure grimaçante
Voltaire aimait tellement le théâtre que ce jeune confrère, maltraité par le sort, trouva en lui le plus indulgent des maîtres. Aussi Chabanon, lorsqu'il parle d-
son professeur d'art dramatique, ne tarit-il point de
louanges filiales. Singulier homme de lettres, que
aimait à admirer et jugeait merveilleux que le génie sei
fit paternel. Elles sont précieuses et charmantes, les
pages où l'enthousiaste Chabanon raconte ses séjours
à Ferney. Il payait son écot en petits vers dithyram-
biques. Il joua son rôle dans la fête qu'organisa
Mme Denis le jour de la nativité de saint François,
patron de son oncle. Ce fut une solennité pompeuse
et candide. En présence du régiment de Conti et des
notables du pays de Gex, la comédie avait été donnée
sur le théâtre du château. Il y eut feu d'artifice dans
le parc, suivi d'un souper, Voltaire dansa jusqu'à
deux heures du matin avec ses vassales. De temps
en temps, on le couronnait. Les impromptus se suc-
cédaient comme des fusées. Chabanon en fit plusieurs ;
la petite mère y alla du sien.

Et savez-vous pourquoi le poète tragique Guy de Chabanon s'attardait ainsi chez Voltaire ? Pour se guérir d'une peine d'amour. Car il a été énormément amoureux, notre Chabanon. Il a tenu à ce que cette postérité, dont après tout il se défiait secrètement, fût renseignée sur sa carrière sentimentale. Il légua à son exécuteur testamentaire un manuscrit qui portait ce titre sournois : *Tableau de quelques circonstances de ma vie.* Ces cent pages doivent lui faire pardonner *Eponine*, et même ses jugements sur Dante. Elles justifient, pourquoi faut-il que ce n'ait été qu'après décès ? son élection à l'Académie. Sainte-Beuve faisait ses délices de ces *Confessions* d'un enfant du dix-huitième siècle ; peut-être dut-il à cette lecture la première idée de *Volupté.*

Je rêve d'une réédition de cette confidence, embellie d'illustrations empruntées au trésor de l'estampe galante. C'est là un livre qui n'a pas eu sa fortune. Nous l'aimerions pour son effronterie naïve et son charme vieillot. Ses premiers lecteurs avaient d'autres soucis en tête que les aventures amoureuses d'un académicien. Le public de l'An III laissa tomber ces pages dans l'indifférence. Tout au plus subsistait-il en quelques coins du Paris d'alors deux ou trois potinières épeurées. De rares dames coiffées à la grecque, de jolies personnes déjà mûres ont nommé tout bas les femmes dont Chabanon, en sa colère posthume, dénonçait les perfides cruautés. Elles étaient trois, ces criminelles. Chabanon désigne la première par une initiale. Il inflige aux deux autres des noms dans le goût de Diderot : l'une est « Lucinde » et l'autre « Barsine ». Chabanon affirme que toutes trois étaient belles. Il les a aimées, selon toutes les manières du siècle, à la Richardson, à la Jean-Jacques, à la Crébillon, à la Casanova, à la Laclos, — à la Chabanon principalement. Cette dernière méthode n'était pas la plus heureuse. Il commençait, lui un violoniste ! par s'engager solennellement à renoncer aux faveurs de la femme aimée. « Je ne sais, dit-il, si cette façon de sentir est propre à d'autres qu'à moi ; mais par instinct, non par système, l'amour en moi s'est toujours maintenu indépendant des désirs. » C'est une théorie. Encore eût-il fallu que le théoricien la pratiquât. Par malheur, après avoir proféré aux pieds d'une dame de solennels serments de continence, Chabanon, de platonique, devenait assez vite exigeant. Il se plaît d'ailleurs à reconnaître qu'il y a là de sa part un manque de logique. Il remarque en outre, avec surprise, que ni Mme de..., ni Lucinde, ni Barsine ne s'étonnèrent de cette contradiction.

« Je laisse aux femmes, écrit-il, la décision d'un point si délicat. Je dirai seulement à ce sujet que, me faisant un jour un mérite auprès d'une demoiselle de ce que dix ans auparavant j'avais respecté sa vertu, par des motifs de délicatesse relatifs à son honneur et à son repos, elle me répondit très sérieusement : « Mon ami, un procédé semblable inspire aux femmes plus d'estime que de reconnaissance ». Chabanon fut estimé de Lucinde et estimé de Barsine ; Lucinde l'estima quatre ans, Barsine quelques mois. Elles se lassèrent. Ces personnes finirent mal. « Les bizarres et honteux déportements de Barsine retentissaient sans cesse à mes oreilles. Lucinde de son côté est devenue un monstre souillé de noirceurs, de méchancetés, et qui allie les attentats de la haine aux emportements de la débauche. Ma première maîtresse n'est pas mieux famée que les deux autres. » Chabanon s'en attrista pour le reste de ses jours, autant qu'il lui était possible de s'attrister. Il a raconté son triple déboire, non certes pour se vanter, mais dans l'intérêt du sexe masculin : « Ah ! du moins ceux de mes successeurs qui passeront par les épreuves que j'ai subies, si ce récit tombe entre leurs mains, chériront celui qui les devança dans l'infortune. Ce sont des amis que je concilie d'avance à ma mémoire. »

Et vous voudriez ne pas adorer cet homme-là ! J'en appelle à quiconque relira le récit vengeur de ses mésaventures d'amour. Qu'on aille regarder ensuite le bon sourire, largement gobeur, qui s'épanouit sur la peinture effacée de Duplessis. Ce délicieux bonhomme a tout respiré des souffles de son époque, l'esprit encyclopédique, le lyrisme d'album, la tragédie édifiante, l'amour style Saint-Preux, tout le sentimental, tout l'intellectuel, tout le grave et tout le polisson d'un siècle agité. Il a été une date de la sensibilité française. Il eut l'esprit de mourir à l'heure précise où les innocents de son espèce étaient de trop. A la veille du 10 Août, tandis que la voix de Danton grondait sur Paris, M. de Chabanon, « de l'Académie des inscriptions, de l'Académie française, et de celle de Cortone », s'en alla demander à l'autre monde pourquoi l'on avait sifflé *Eponine* et pourquoi Lucinde et Barsine l'avaient trahi.

Son testament d'amour, inaperçu de la foule, obtint dans le *Magasin encyclopédique* l'aumône d'un bon article. Le rédacteur de ce papier était philosophe : « On dit, conclut ce sage, que l'influence des femmes ne se fait sentir que dans les monarchies. Mais il ne paraît pas jusqu'ici que les mœurs républicaines leur aient ôté l'espérance de régner sous d'autres formes. » — Cela, c'est du Chabanon, et du meilleur ! Le défunt se survivait.

LA FEMME DE GREUZE

Les admirateurs de Greuze n'ont pas appris sans émotion qu'un de ses tableaux, l'*Enfant blond*, venait de réaliser dans une vente récente un prix quasi américain. Les commissaires-priseurs deviennent de plus en plus des personnages poétiques : ils jouent dans la société moderne le rôle d'archanges vengeurs du génie. Voici d'autre part qu'un comité s'est formé pour ériger un monument à Greuze, sur sa tombe au cimetière du Nord. Il sied de ne point décourager la sculpture funéraire. Aussi bien ce monument-là aura-t-il au moins le mérite de ne pas encombrer la voie publique. Toutefois si toutes les jeunes personnes qui ont copié la *Cruche cassée* apportent leur obole reconnaissante, le monument de Greuze risque d'atteindre de babyloniennes proportions.

Mariette disait dans son *Abecedario* : « Greuze a choisi pour son genre celui des bambochades et tâche d'y mettre de l'intérêt, ce qui fait que ses tableaux sont fort goûtés. Les connaisseurs trouvent leur compte dans la façon dont ils sont peints ; la multitude est touchée du choix du sujet, qui se rapproche de nos mœurs et qui lui sert d'entretien. » Nous avons perdu l'habitude et le secret de ces verdicts sansemphase ; mais, en juge qui n'abusait point des superlatifs, Mariette a résumé là tout le panégyrique de Greuze. Les « connaisseurs » honorent le maître

peintre en enrichissant les marchands de tableaux ;
la « multitude » s'arrête toujours complaisamment
devant le narrateur d'historiettes touchantes. Greuze
édifiera éternellement le public des dimanches. « Voilà
votre peintre et le mien, s'écriait Diderot, le premier parmi nous qui se soit avisé de donner des mœurs
à l'art ! » Entre le séduisant mensonge de Boucher et
l'ingénue sincérité de Chardin, Greuze, madré compère, se fit une manière de royauté dans le pathétique
bourgeois. Diderot, un peu lourdaud dans l'éloge,
accablait de commentaires larmoyants le moindre
tableautin du moralisateur de la peinture ; il lui donnait
du génie à tour de bras et le sacrait restaurateur
du culte et de la vertu. Il semble bien que le bon Greuze
se soit assez peu préoccupé de remplir une mission
sociale. Non qu'il fût modeste. Ce petit homme pim-
pant, frétillant, pomponné, bavard, avantageux,
avait de ses mérites une parfaite conscience. Mais la
« bambochade » sentimentale lui procurant honneur
et profit, il en épuisa vaillamment le succès. De morale il se souciait médiocrement. Au fond, avec ses
airs de n'y pas toucher, il était égrillard tout autant
qu'un Baudouin. Ses jeunes filles s'habillaient décemment, mais qu'elles ont donc la pudeur provocante !
Elles firent pleurer Diderot, elles attendrirent Voltaire, Rousseau dut chérir en elles des Julies et des Claires. N'importe ! Sous le fichu de ces vierges sournoises,
en cherchant bien, l'on découvrirait un exemplaire
du *Sopha*. Crébillon fils est le véritable confesseur de ce
pensionnat aux paupières baissées.

Greuze, à vrai dire, n'a jamais peint qu'une seule
et même femme, celle qui réalisait son type de grâce
mutine et de fraîche hypocrisie. Toutes proportions
gardées, il subit, ainsi que Rubens, la tyrannie de
l'idéal féminin qu'une mortelle réalisait sous ses yeux.
Il faisait perpétuellement le portrait de sa propre

femme. Et il faut bien le dire, Mme Greuze était douée très insuffisamment pour symboliser la Pudeur.

Les *Archives de l'Art français* ont publié jadis un document qui nous renseigne douloureusement sur le ménage de ce peintre du bonheur domestique : c'est le mémoire envoyé par Greuze à un procureur, lorsqu'il se décida, après des années d'héroïque patience, à se séparer de son idéal. Les amateurs de comique féroce peuvent trouver là leur compte. C'est de quoi rire... aux larmes.

Greuze revenait d'Italie, ne songeant guère à créer le type de la Vierge selon Jean-Jacques, lorsqu'il passa pour son malheur, devant la boutique d'un libraire. La demoiselle du comptoir le subjugua d'un regard. Anne Gabrielle-Babuty, la fille du bouquiniste, était une célébrité du quartier. « Poupine, blanche et droite comme le lys, vermeille comme la rose », a dit d'elle Diderot qui s'attardait volontiers à sa devanture. Diderot aimait à venir chercher chez la jolie marchande des exemplaires de *Pétrone* ou de la *Religieuse en chemise*. Tout affriolante qu'elle fût, Mlle Babuty approchait de la trentaine. Greuze se présentait au bon moment. « Je fus, raconte-t-il à son procureur, frappé d'admiration, car elle avait une très belle figure ; je lui fis des compliments tant qu'elle en voulut. » Au bout de quelques jours, Anne-Gabrielle adressa cette question à l'aimable client : « Monsieur Greuze, m'épouseriez-vous, si j'y consentais ? » Le peintre se crut très habile en répondant : « Mademoiselle, n'est-on pas trop heureux de passer sa vie avec une femme aussi aimable que vous ? » Le prédestiné pensait, en parlant ainsi, ne point s'engager. « Je crus, dit-il, que cette manière de répondre était tout à fait insignifiante. » Quelques jours après, Mlle Babuty pénétrait violemment dans l'appartement de son adorateur, se jetait à ses genoux,

saisissait ses deux mains et les baignait de larmes.
Un tableau de Greuze ! Le malheureux s'exécuta ; il
entra en ménage avec trente-six livres.

Mme Greuze manquait de vertu. Passe encore pour
ses menus défauts de ménagère acariâtre, sottisière et
gaspilleuse.' Elle négligeait sa cuisine au point que ses
casseroles étaient teintées de vert-de-gris ; son mari,
pour avoir pris un bouillon de ces casseroles péril-
leuses, se vit « aux portes de la mort ». Petites misères que celles-là. Mais la dame, qui posait si bien les
Vestales, était galante comme un modèle de Frago-
nard. Le pauvre Greuze énumère dans son mémoire
les nombreuses faiblesses de son épouse. Il y eut
d'abord un M. Dazincourt auquel succéda un jeune
élève. « Je rentrai un jour sur les neuf heures, je trou-
vai Mme Greuze fort embarrassée de sa figure, mon
élève debout devant la cheminée, ne sachant que devenir ; je crus qu'il convenait de renvoyer le jeune homme. » Mme Greuze désapprouva cette mesure. Après
avoir parlé de se tuer, elle se consola avec le fils d'un
fruitier-oranger, lequel s'était découvert des disposi-
tions pour la peinture. Vint ensuite un M. de Saint-
Maurice, chez qui Greuze remarquait « un air sournois
et rampant ». Il y eut flagrant délit. L'épouse coupable ne trouva pour s'excuser que cette phrase : « Cela
est vrai, mais je m'en f... ! » Dès lors Greuze renonça à
la félicité domestique.

Cependant sa compagne se levait la nuit et mena-
çait de lui briser le crâne avec un vase dénué de poésie.
Il résolut de se séparer d'elle. Ne le blâmons pas.

Eh bien ! cette inhabitable mégère incarnait si
despotiquement son rêve artistique qu'il garda jusqu'à la dernière heure dans les yeux, peut-être au
cœur aussi, la vision de son charme menteur. Après
la Révolution, c'était une lamentable épave que le
peintre chanté par Diderot ; désargenté, oublié, sans

clientèle, logé au Louvre par charité, titulaire d'une
pension de 1,500 livres, Greuze errait dans les rues,
en habit écarlate, l'épée au côté, portant beau quand
même. Il peignait encore, il s'essayait à l'art civique.
Et toujours l'accorte marchande de la boutique de la
rue Saint-Jacques hantait le désolé vieillard. La jolie
frimousse trompeuse renaissait sans cesse sous le
tremblement de ses pinceaux. Il quêtait désespérément
des commandes. Sa dernière aubaine fut l'autorisation
de peindre le premier consul, sans qu'il posât. Greuze
put tout au plus entrevoir Bonaparte comme il tra-
versait la galerie de Saint-Cloud. Il lui fallut peindre le
héros de mémoire. Cette œuvre sénile, presque gro-
tesque, se meurt tristement dans un coin de Versailles.
Regardez-la bien. Le premier consul a la peau rosée,
les cheveux soyeux, l'œil rêveur et polisson des accor-
dées de village. Il ressemble à Anne-Gabrielle Babuty !
— Qu'on ose, après cela, nier les sortilèges !

MADAME VIGÉE-LEBRUN

La *Savoie et son duc sont pleins de précipices*, dit un vers célèbre. La Savoie n'a plus pour ducs que ses sénateurs et ses députés. Elle a conservé ses précipices, conseillers d'orgueil. Il ne faut donc point s'étonner si elle exige que le chef de l'Etat se déplace spécialement pour elle. C'est un coin du monde habitué à la gloire. La Savoie fut aimée d'amour par François de Sales, par Rousseau, par Shelley, par Byron, par Lamartine, par Mme de Staël, par George Sand. Ses paysages sont enveloppés de littérature. Un jeune écrivain, M. Léandre Vaillat, nous invite à suivre aux bords des lacs et sur les glaciers les traces des poètes voyageurs. Etant Savoyard, M. Léandre Vaillat est orgueilleux ; son amour de la petite patrie s'exalte à l'idée qu'elle est devenue terre de France. Son généreux livre, écrit en pure langue française, raconte les fastes intellectuels de la Savoie. Sous l'apparence de la petite histoire, c'est en faire de la grande, et de la vraie, que de rechercher avec ce zèle pieux les titres d'une province à la gratitude de l'humanité. M. Vaillat n'oublie personne parmi les illustres pèlerins dont la Savoie charma le cœur. J'imagine pourtant qu'il voue une prédilection particulière à la plus aimable et la plus innocente des visiteuses de sa chère contrée. Le souvenir d'Elisabeth Vigée-Lebrun revient plusieurs fois sourire entre les pages de son livre.

A l'automne de 1789, Mme Vigée-Lebrun jouissait gaiement de la plus jolie gloire qu'une femme ait connue. Elle avait, il est vrai, un mauvais mari, qui touchait ses gains et les allait perdre au tripot. Mais Elisabeth, née indulgente et résignée, ne voyait dans cette disgrâce du sort que l'inévitable rançon d'un trop grand bonheur. Elle était belle, fêtée, illustre ; l'Académie royale venait de l'accueillir à bras ouverts, tout Paris et tout Versailles saluaient son génie, il lui restait à faire quelques centaines de portraits dans le monde de la cour. On s'explique que cette charmante femme n'ait qu'imparfaitement compris la nécessité de la Révolution. Elle fut saisie de panique et s'enfuit aussitôt après les journées d'octobre. « A minuit, dit-elle, on me traîna à la diligence dans un état qui ne peut se décrire. » Les *Souvenirs* de Mme Vigée-Lebrun témoignent ingénument des sentiments qui firent d'elle une des premières émigrées. Je sais bien que le lecteur de ces Confessions doit réserver au fond de son plaisir un petit coin pour la méfiance. Elisabeth était plus que septuagénaire lorsqu'elle a fait le récit de sa vie. Il s'organisa autour du fauteuil de la gracieuse aïeule une intime entreprise de librairie ; la conteuse eut plusieurs secrétaires. Il y a de l'arrangement dans les trois volumes que publia l'éditeur Fournier. Mais, malgré tout, l'âme même de la fragile héroïne, la plus féminine des âmes, transparaît derrière la buée de littérature. A peine la fugitive était-elle dans la diligence qu'elle fit la connaissance du jacobinisme. Elle avait en face d'elle « un homme extrêmement sale et puant comme la peste », qui parlait de mettre les gens à la lanterne. Il nommait par leurs noms ses futures victimes ; c'étaient les personnes qui posaient la veille encore dans l'atelier de l'académicienne. La petite-fille de Mme Lebrun crut qu'elle voyageait avec l'Ogre. A la fin, le

méchant monsieur s'apaisa et se mit à jouer à la
bataille avec la fillette.

Mme Vigée-Lebrun n'avait jamais vu de révolu-
tionnaires ; elle était habituée aux manières de Versailles. Elle n'avait jamais vu non plus de hautes montagnes. En passant le pont de Beauvoisin, elle se
trouva en face de la nature alpestre. « Mon premier
sentiment fut celui de la peur. » Cela la changeait de
Trianon. « Mais je m'accoutumai insensiblement à ce
spectacle et je finis par admirer. »

Si bonne royaliste que fut la portraitiste de Marie-
Antoinette, elle était, comme toutes les dames sensibles de son époque, une fille adoptive de Rousseau.
Elle revint en Savoie vingt ans après, ayant visité
l'Italie, les Allemagnes, l'Autriche, la Russie, l'Angleterre. La vue du Léman lui rendit une mentalité
dans le style de la *Nouvelle Héloïse*. Après avoir peint
toutes les jolies femmes de l'Europe, elle voulut por-
traiturer la Savoie elle-même.

C'était une délicieuse interprète de la grâce que
Mme Vigée-Lebrun. Elle travaillait dans la joie.
Plus de six cents portraits attestent que son facile
génie ne se torturait point. Les dames qu'elle a peintes
lui ressemblent toutes plus ou moins, avec des yeux de
gazelle et un petit nez frémissant. Elle a légué ces
sages préceptes aux portraitistes : « Ne vous rebutez
pas si quelques personnes ne trouvent aucune ressemblance à vos portraits ; il y a tant de gens qui ne savent
point voir. » Sa clientèle de beautés, d'un charme tout
végétal, elle la connaissait comme une jardinière
connaît les roses. « Il faut, a-t-elle écrit, flatter les
femmes, leur dire qu'elles sont belles, qu'elles ont le
teint frais, etc. Cela les met en belle humeur et les
fait tenir avec plus de plaisir. Le contraire les chan-
gerait visiblement. Il faut leur dire aussi qu'elles
posent à merveille ; elles se trouvent engagées par là

à se bien tenir. » Cette subtile et candide méthode,
Elisabeth l'appliqua à tous ses modèles. Elle en eut de
formidables, qui ne l'intimidèrent point : lady Hamilton, Marie-Caroline. Lorsqu'elle peignit Mme de
Staël, elle la pria de déclamer des vers pendant la
pose. Corinne obéit, mais elle s'aperçut très vite que
l'artiste ne songeait qu'à la peinture. « Mais vous
ne m'écoutez pas ! » s'écria Mme de Staël. Elisabeth
répondit : « Récitez toujours! » Il en résulta un portrait où Corinne semble avoir été jolie. — A Rome,
Mme Lebrun eut à peindre une Polonaise intéressante,
la comtesse Potocka. Cette dame vint à l'atelier avec son
mari, qui se retira aussitôt. Mme de Potocka se sentit
en confiance. « C'est mon troisième mari, dit-elle,
mais je crois que je vais reprendre le premier, qui me
convient mieux, quoiqu'il soit ivrogne. » Si cette per-
sonne-là avait posé devant La Tour, le madré psychologue lui aurait dérobé quelque chose de son moi
secret. Elisabeth, optimiste et bienveillante, ne se
troubla point pour si peu. « J'ai peint cette Polonaise,
nous dit-elle, d'une manière très pittoresque : elle est
appuyée sur un rocher couvert de mousse, et près
d'elle s'échappent des cascades. »

A soixante ans, Mme Vigée-Lebrun était toujours égale à elle-même, et toujours royaliste, avec
l'idéal de Trianon au fond du cœur. La Savoie la
tenta, comme la seule grande dame dont elle n'eût
pas encore fait le portrait. Elle voulut peindre le
mont Blanc au pastel. Il se déroba. « Le soleil couchant répandait des teintes dorées sur les hauteurs de
cette masse énorme. Je voulus peindre ce reflet. Je
saisis mes pastels ; mais hélas ! impossible. Il n'y avait
ni palettes, ni couleurs qui puissent rendre ces tons
radieux. »

Elisabeth n'en a pas moins consciencieusement
entrepris de copier la Savoie. « Dans le séjour prolongé

que je fis à Chamonix, j'ai peint toute la ligne des montagnes entrecoupées de glaciers ; j'ai peint aussi toute la vallée. » Que sont devenus les deux cents paysages où Mme Lebrun s'essaya au romantisme avant les romantiques ? « Elle choisissait, suppose avec raison M. Léandre Vaillat, dans ce chaos désordonné, les spectacles qui s'accordaient le mieux à sa vision mesurée. Ce qu'elle peignait de préférence, ce n'était pas l'architecture des aiguilles, des précipices déchiquetés, mais un point des montagnes bordées par un torrent, un bouquet d'arbres superbes dans la prairie... » Nous ne pouvons hélas ! que rêver l'œuvre de Mme Lebrun paysagiste. A-t-elle péri, ou se cache-t-elle dans l'obscurité d'humbles collections ? La recherche est tentante pour un curieux. Comment la délicate magicienne a-t-elle transposé en gentillesse ce sublime qui tout d'abord lui avait fait peur ?

MADAME ROLAND

Il n'est point de petites conquêtes pour l'érudition.
On a gravé, voici quelque vingt ans, une
inscription sur la vieille maison, de si fière allure,
située à l'angle du Pont-Neuf et du quai de
l'Horloge : *Madame Roland fut élevée dans cette
maison.* Voici que le plus autorisé des « rolandistes »,
M. Claude Perroud, nous fait part, dans la revue *la Révolution française*, des doutes que lui inspire cette affirmation. Les profanes, ceux qui, comme moi, s'entendent mal aux recherches d'archives, sont tout disposés, et pour cause, à croire sur parole le savant historien. M. Perroud a consacré des années à éclairer,
selon les méthodes modernes, les points obscurs de la
vie de Mme Roland. Il a publié et commenté rigoureusement sa *Correspondance.* Sans lui, nous ignorerions
encore la personnalité véritable du mystérieux Jany
qui reçut les suprêmes confidences de la condamnée
et l'accompagna jusqu'à l'échafaud ; M. Perroud,
entre autres trouvailles, a établi que ce Jany était
le géographe Edme Mantelle. Ses verdicts font loi
dans l'érudition rolandienne. Est-ce à dire que les
vieux Parisiens devront renoncer à faire, en ce coin
du paysage de gloire, leurs dévotions aux mânes de
Marie Phlipon ? Le dommage est moins grand que
nous ne supposions tout d'abord. En définitive, il
suffira de reculer de quelques mètres le lieu précis du
pèlerinage. « La maison, conclut M. Perroud, où

Mme Roland a vécu de 1767 à 1778, doit être cherchée beaucoup plus à l'est, sur le quai de l'Horloge, près de l'angle de la rue de Harlay. » La parole est à M. Jules Guiffrey, à M. Georges Cain, aux membres du *Comité des inscriptions parisiennes*. Tout au plus faudra-t-il que notre piété change de place quelques pierres. Notre dilettantisme de civilisés vieillis nous fait chérir et vénérer les moindres moëllons où palpite encore du génie ou de la beauté. Mais cette fois, ce ne sont point seulement des murs branlants et un toit chenu qu'il importe de classer, c'est une âme. Aussi bien s'est-elle classée, elle-même, cette âme héroïque, au plus haut sommet où résident les êtres et les choses qui ne peuvent pas périr.

Il eût été cruel de la changer d'espace pour ces années où elle prit conscience de sa grâce et de sa grandeur. La petite Manon, s'éveillant à la vie spirituelle ailleurs qu'aux rives de la Seine, Marie Phlipon, dépaysée, déracinée, les savants nous prouveraient cela qu'il faudrait refuser de les croire, pour ces raisons que la raison ne connaît pas ! Sachons-leur gré de laisser au bord de son cher fleuve cette Parisienne d'épopée. Sur quelle autre parcelle du monde aurait pu germer et s'épanouir cette fleur de gloire ? « Combien de fois, de ma fenêtre, exposée au nord, j'ai contemplé avec émotion les vastes déserts du ciel, sa voûte superbe, azurée, magnifiquement dessinée, depuis le levant bleuâtre, loin derrière le pont au Change, jusqu'au couchant, dorée d'une brillante couleur aurore derrière les arbres du cours et les maisons de Chaillot ! Souvent des larmes douces coulaient silencieusement de mes yeux ravis, tandis que mon cœur, gonflé d'un sentiment inexprimable, heureux d'être et reconnaissant d'exister, offrait à l'Etre suprême un hommage pur et digne de lui. » La fillette du graveur Phlipon se réveille au premier cri des mariniers de l'île Saint-Louis ; elle saute au bas du lit ; en jaquette, les pieds nus dans ses mules, à cinq heures du matin, elle est au travail. « Sa cervelle bout comme de la cire sur le feu. » Que lit-elle, les deux mains crispées dans ses boucles brunes ? Tout ; les livres des saints et ceux des profanes, Voltaire et François de Sales, *Télémaque* et Tacite, Le Tasse, et les *Vies des Pères du Désert* : « J'étais Eucharis et Herminie. » Elle sera tour à tour janséniste avec Nicole, et mystique, et cartésienne, et grecque, et romaine ; elle rêvera la béatitude des Visitandines sous la bure de Philothée. Un incendie d'enthousiasmes enchevêtrés s'allume dans cette jolie tête folle. Il lui faut le couvent, la paix du cloître, pour rafraîchir son cerveau embrasé. Ses parents comprennent-ils bien qu'il y a un volcan qui gronde sous la gentille forêt de cheveux noirs ? Le père ? un artisan, à peine un artiste, mal frotté de demi-savoir, tout à la clientèle, aimant à rire, bon enfant, insoucieux, n'importe qui. La mère ? une douce créature, négative qui regarde, sans voir, croître librement le sauvageon ; Mme Phlipon, tout occupée de son piquet avec une voisine, ne s'aperçoit point que sa fille, assise près de la fenêtre, lit *Candide* en toute candeur. Et puis, elle meurt soudain, la pauvre maman. Le bonhomme Phlipon, l'ayant pleurée autant qu'il convient, s'en va prendre une maîtresse au faubourg. De quelles aventures semble menacée cette jeune fille sans mère, élevée à la diable, dont Jean-Jacques est le dangereux consolateur ? Quel Saint-Preux, quel Lovelace plutôt, se rendra maître de cette fragile âme désarmée ?

Désarmée ? ah ! que non pas ! Jeanne-Marie, qu'on appelle sottement Manon, n'a rien d'une héroïne de conte égrillard. Sur le fonds si riche, défriché au petit bonheur, un beau fruit a poussé : le bon sens. Cette fille de Paris, débordante de vie, garde au cœur une santé puissante. L'infatigable liseuse est ménagère, la rêveuse

sait coudre et cuire la soupe. Plutarque et Rousseau
lui ont donné, l'un la sensibilité frémissante, l'autre
le stoïcisme invincible. Cette débauche d'idées, ces
recherches éperdues, tout ce chaos de connaissances,
n'ont fait que créer de la vertu. Le 4 février 1780, Marie met ses jolis doigts de fée bourgeoise dans la rude
main de M. Roland de La Platière, inspecteur des
manufactures. Roland, plus que quadragénaire,
n'avait rien d'un fiancé d'idylle. La vive Parisienne
et le philosophe grisonnant s'étaient étudiés pendant
quatre années. Leurs longues fiançailles, troublées
par la sottise du père Phlipon, n'allèrent pas sans
difficultés. Roland était profondément épris, Marie-
Jeanne aimait-elle ce fonctionnaire grave, un peu
quinteux, maladroit souvent ? Peut-être. Au moins
avait-elle en ce sûr camarade d'existence une confiance
attendrie. Jamais union ne fut plus sérieusement,
plus librement conclue. Mariage de raison, disons
mieux : contrat juré sur l'autel de la Raison. Les
serments échangés, M. l'Inspecteur des manufactures, amoureux comme à vingt ans, emporte en
province ce trésor de jeunesse et de charme.

Si ce n'était pas du roman que ce mariage, c'était
du bonheur. A Lyon, à Amiens, au Clos de La Platière en Beaujolais, Mme Roland fut adorable de
grâce et de simplicité. Imaginez l'Henriette de Molière
ayant lu Plutarque et la *Nouvelle Héloïse*, et les
oubliant pour le pot-au-feu. La Parisienne se moquait
bien un peu des dames provinciales qui lui faisaient
visite, mais si gentiment. Elle est fermière au mois des
vacances, glorieuse de ses poires tapées et de ses confitures, fière des belles lessives et de ses armoires, et délicieusement, naïvement maternelle auprès d'un berceau. Elle visite les pauvres et coud des hardes pour les
orphelines. En ses loisirs, elle écrit les rapports admi-
nistratifs sous la dictée de son mari. Elle l'aime gra-

vement, ce compagnon sévère et tendre. Il lui a fait une destinée de dignité paisible et d'abondance. Elle ignore la passion ou la dédaigne ; elle est heureuse, souriante et tranquille. Plutarque dort en ce cœur de bonne mère et d'épouse vaillante.

Tout à coup un grand bruit arrive du Paris quitté : La Bastille est prise ! Le vent d'avenir a soufflé du large, cette brise nouvelle qui mit une larme aux yeux de Gœthe et attira Kant, en sa promenade quotidienne, du côté de la France. Le fonctionnaire réformateur et sa belle ménagère savante se jettent dans les bras l'un de l'autre. Ils saluent l'ère de liberté et de justice. La Révolution les enivre. « Nous crûmes qu'elle allait régénérer l'espèce. » Mme Roland a pensé cela de tout son esprit et de tout son cœur. Elle en est morte. Ils en sont morts tous deux. Quelle revanche a pris Plutarque de ces âmes qui allaient l'oublier !

Des maîtres sévères, de rudes artisans de vérité nous ont appris à ne plus voir la Révolution, comment dirai-je ? au point de vue lamartinien. En son optimisme d'archange, le Poëte les bénissait tous, les héros du drame, bourreaux et victimes, d'un geste immense d'amour et de pardon. L'histoire a désappris ces manières ; elle veut comprendre et juger. A son tour, Mme Roland a comparu devant ce second tribunal. Tous les témoignages entendus, l'accusée a été renvoyée absoute. Certes l'Egérie girondine eut ses heures d'injustice, de haine et de colère ; nous l'aimons moins à son pupitre de ministresse, rédigeant des circulaires, qu'en sa chambrette du quai de l'Horloge ou dans sa ferme du Beaujolais. Mais elle est si touchante, une fois vaincue et martyrisée ! La philosophie du dix-huitième siècle a eu sa sainte.

Et si femme, avec cela, si abondamment, si simplement femme, femme toujours, à la ville, au village,

devant sa broderie, devant ses fourneaux, dans l'humilité, dans les honneurs, en prison, sur l'échafaud !
A Sainte-Pélagie, à l'Abbaye, à la Conciergerie, l'âme captive s'évade à tire-d'aile. En ces *Mémoires* écrits sous le couteau, il est une page attendrissante par-dessus toutes : celle où l'héroïne, la Romaine, veut que l'avenir sache qu'elle fut jolie. Elle n'était pas satisfaite de ses peintres. Si elle n'avait pris le soin de se décrire, que saurions-nous de sa beauté ? Le portrait de Heinsius est douteux, le camée de Langlois n'est qu'une ombre. On a souri de cette coquetterie suprême : certaines gens ont des trésors de sévérité. Jamais elle ne fut ni à la Platière, ni à l'hôtel du ministère de l'intérieur, ni rue Guénégaud, mieux dame de Paris, plus maîtresse de maison que dans les cachots de la Terreur. Elle a porté le martyre comme une élégance. Cette stoïcienne était une rieuse. Ainsi qu'elle s'est peinte elle-même, avec tant d'audacieuse complaisance, elle nous apparaît telle qu'une belle rose de France pleinement épanouie. Que de prisonniers durent l'aimer d'amour ! Elle tint salon pour ses frères de captivité. Le soir, lorsqu'elle ne pouvait plus ni charmer, ni écrire, elle prenait quelque repos et s'accordait de pleurer. Pour aller au tribunal, elle fit une toilette de grande visite ; une robe blanche, un ruban à la taille et tous ses cheveux sur le dos. Elle monta au supplice, le sourire aux lèvres, avec une allégresse avide de la mort.

Elle le savait bien que le mieux pour elle était de mourir. Elle avait éperdument fait deux rêves, la Liberté et la Vertu. Et maintenant gisaient à ses pieds les débris souillés de ce double songe. Son idéale cité, sa Lacédémone tremblait de peur au moindre hoquet d'Hébert. Quant à la vertu... Elle l'aimait toujours, mais quelque chose de plus cruel et de plus doux s'était révélé à la stoïcienne. Amoureuse, elle se sen-

tait amoureuse, comme la plus humble de ses sœurs
de féminité ! « O toi que je n'ose nommer ! » écrivait-
elle de sa forte écriture soigneuse, et la plume tremblait
sous ses doigts. « Enfin, je puis t'aimer sans crime ! »
Elle n'avait point faibli. Étant sûre de périr, elle osait
porter sur son cœur la miniature de Buzot. A tous
deux, la mort a épargné la joie et la honte de devenir
des amants vulgaires. Qui sait ? elle, ce n'était qu'une
femme ce n'était, lui, qu'un homme après tout.
Ils allaient en venir, tous deux, à haïr l'importun
époux. Déjà elle s'oubliait à l'appeler « le vieil oncle ».
Suppose-t-on Mme Roland, devenue libre, en proie
aux laideurs de l'adultère ? « Meurs donc ! » écrivait-
elle à Buzot. Il lui obéit. Le « vieil oncle » les égala en
sublime. Tous les trois, ils avaient besoin du tombeau.
La vie, l'usante vie, eût fait peut-être trois personnages du vieux fabliau moqueur de ces êtres créés pour la
tragédie. Devant le couperet, Marie-Jeanne dut avoir
la claire vision que, pour une fille de Plutarque, l'é-
chafaud valait mieux qu'une alcôve. Elle se glorifiait
d'être restée maîtresse souveraine de son orgueil et
de sa beauté. Et c'est pour cela qu'elle donnait à la
mort libératrice le plus reconnaissant de ses sourires.

THÉRÈSE DE STAINVILLE

Nos amis et alliés, les Monégasques, ont failli s'offrir
le luxe d'une révolution. L'Europe en a été
quitte pour la peur. L'ordre règne à Monaco. Il n'y
aura point d'orage sur ce pot de fleurs. Les réflexions
sont déjà épuisées sur ce thème d'ironies faciles.
De quel droit mesurerait-on l'énergie civique d'une
nation d'après l'étendue de son territoire ? Tout au
plus est-il permis de s'étonner qu'il y ait des velléi-
taires de bouleversements parmi des gens dont les
dictionnaires de géographie résument ainsi la destinée : « Les Monégasques ne payent pas d'impôts. »
Il est clair que si les indigènes de ce paradis terrestre
ont demandé une Constitution, c'était pour la satisfaction tout idéale d'en avoir une, et non par de grossières raisons économiques. Ce serait d'ailleurs errer
lourdement que de supposer que cet heureux petit
peuple n'a point d'histoire. Lucain disait : « Circius
seul peut troubler les rivages du port protégé par
Hercule. » Circius était le nom que les poètes latins
donnaient au mistral. Il n'est pas de vent plus révolutionnaire que celui-là. Il a plus d'une fois soufflé dans
les âmes monégasques des conseils d'héroïsme. Tandis
que nous faisions notre Révolution française, Monaco
accomplissait la sienne, en petit format : une réduc-
tion exquise, mais où rien ne manquait de ce qu'il y a
de rituel dans une révolution digne de ce nom.

En l'an 1790, la principauté possédait trois capi-
tales : Monaco, Roquebrune et Menton. Ces trois
cités étaient pourvues chacune d'un conseil élu. En
apprenant que les Etats-Généraux d'un pays voisin
venaient de se constituer en Assemblée nationale,

les comices monégasques éprouvèrent le désir bien
naturel d'en faire autant. La France avait son Louis
XVI ; Monaco eut le sien aussi. Honoré, troisième du
nom, était un prince débonnaire et peu contrariant ;
on lui demanda une Assemblée nationale, il l'accorda
de bonne grâce. La France avait eu une nuit du quatre
août. Monaco aussi. L'Assemblée monégasque abolit
les droits féodaux. Honoré III en conclut qu'il lui
était permis de prendre un congé : il laissa son peuple
aux premières joies de la liberté et s'en fut à Paris, en
toute innocence. Peu de temps après les troupes françaises envahissaient le comté de Nice. Les anciens
sujets d'Honoré III désirèrent avoir, eux aussi, une
Convention nationale. Ils l'eurent. Les trois cités se
proclamèrent villes libres ; elles choisirent des députés.
Cela fit une douzaine de Lycurgues, non moins enthousiastes que ceux qui siégeaient aux Tuileries. On
chanta un *Te Deum*, on tira quarante coups de canon,
on illumina. En guise d'intermède, quelques citoyens
intrépides visitèrent le château et exercèrent de
patriotiques reprises sur la vaisselle d'argent de la
famille Grimaldi. Qui oserait dire que ce n'était point
là une révolution dans les formes ? La République
monégasque enviait tout de sa sœur française. Elle
attira tant et si bien l'attention de sa glorieuse voisine que celle-ci en ouvrit le gosier. Et la petite sœur
fut avalée par la grande.

En proposant au comité diplomatique l'annexion
du territoire de Monaco, Carnot se montra poli pour
Honoré III. « Votre comité, disait-il, pense qu'en
anéantissant ses jouissances honorifiques et féodales,
elle lui doit protection et sauvegarde pour tout ce qui
peut lui appartenir à titre de simple citoyen. La
loyauté française, en jetant sur le prestige des grandeurs l'éclat qui les dissipe, n'écrase point celui qui
en était revêtu. On peut encore être honnête homme

quoiqu'on ait été prince. » Cependant que sa ci-devant principauté devenait « Fort-d'Hercule », Honoré III était autorisé à s'appeler « le citoyen Monaco ». Les représentants Grégoire et Jagot allèrent donner aux députés de Fort-d'Hercule lecture du décret qui, pour prouver à la terre monégasque qu'elle était vraiment devenue libre, l'annexait à la République française. « Après la prestation du serment, dit le procès-verbal, les commissaires ont donné les baisers de paix et de fraternité de la part de la Convention nationale de France au peuple de la ci-devant principauté de Monaco dans la personne du président de la nouvelle administration. » Tout y était, jusqu'au baiser civique. Ce chapitre de l'histoire monégasque est un microcosme. Tous les bruits de la lointaine illusion révolutionnaire y sont contenus, comme la voix de la mer s'emprisonne dans un coquillage.

Et Honoré III ? Depuis le 10 août, il faisait son possible pour vivre selon le programme d'existence que lui avait prescrit Carnot. Il versait de grosses sommes à la Caisse des dons patriotiques, il abandonnait au service de l'armée ses chevaux et ses équipages. La Section du Bonnet-Rouge le dénonçait de temps en temps. Il subissait les visites domiciliaires avec résignation. La loi des suspects finit par l'atteindre. Il fut arrêté et écroué à la caserne de la rue de Sèvres. On ne le relâcha qu'après un an de détention. Six mois après, il s'éteignit dans son hôtel de la rue de Varenne. En somme, il s'en tirait à bon compte.

Le sort fut moins clément à une personne de sa famille, et c'est là que cette histoire, qui semblait plutôt comique à tout prendre, devient vilaine et douloureuse. Honoré III avait marié son second fils, le prince Joseph Grimaldi, à une adorable Française, Thérèse-Françoise de Stainville. Après avoir d'abord émigré, la princesse de Grimaldi-Monaco revint à

Paris pour revoir ses deux fillettes. Elle fut arrêtée comme conspiratrice et incarcérée au Plessis. Cette fille du maréchal de Stainville a été une des plus gracieuses stoïciennes de la Terreur. Lorsqu'on lui communiqua son acte d'accusation, elle refusa de le lire. Elle distribua à quelques camarades de prison l'argent qui lui restait, embrassa sa femme de chambre et marcha tranquillement au tribunal révolutionnaire. Fouquier demanda la tête de la « femme Monaco ». L'accusée fut condamnée le 8 thermidor. Un ami lui conseilla, pour obtenir un sursis, de déclarer qu'elle était enceinte. Elle se laissa d'abord arracher cette déclaration. Aussitôt après, elle eut horreur d'une pareille ruse. Elle écrivit à Fouquier cette lettre sublime: « Citoyen, je vous préviens que je ne suis pas grosse. Je voulais vous le dire; n'espérant plus que vous veniez, je vous le mande. Je n'ai point sali ma bouche de ce mensonge dans la crainte de la mort, ni pour l'éviter, mais pour me donner un jour de plus, afin de couper moi-même mes cheveux et de ne pas les donner par les mains du bourreau. C'est le seul legs que je puisse laisser à mes enfants : au moins faut-il qu'il soit pur. »

Thérèse-Françoise de Grimaldi-Monaco arracha ensuite ses cheveux avec un morceau de verre. Elle écrivit au dos de sa lettre : « Très pressé ». Le tribunal révolutionnaire rendit un arrêt qui la déclarait non enceinte et ordonnait son exécution dans les vingt-quatre heures. La sentence est du 9 thermidor. Cette douce héroïne monta dans la dernière charrette. Son « très pressé » est une des plus atroces ironies de l'histoire. La Terreur prit fin à l'heure même de son supplice. Pendant que sa tête tombait sur l'échafaud, son juge Dumas était arrêté en pleine audience. Elle se fût sauvée en daignant mentir

LADY HAMILTON

L y a dans les domaines de l'histoire une sorte d'enier
où les réprouvés des deux sexes expient leurs
péchés. De temps en temps, un érudit au cœur charitable descend au fond de cet abîme et prend en gré
quelque victime, dont il revise le procès de condamna-
tion. Ainsi s'est constituée toute une bibliographie des
réhabilités. De généreux livres se publient chaque
jour pour nous exciter à l'esprit de pardon. On les
lit avec un plaisir particulier, mais le plus souvent,
lorsque la dernière page est tournée, la tradition
reprend ses droits. C'est tout au plus si les condamnés
malgré le zèle de leurs avocats d'office, obtiennent ainsi
quelques jours de sortie. La justice populaire, un
moment amusée, les fait ensuite rentrer dans leur
géhenne et les y enferme à triples verrous.

Cette mésaventure vient d'arriver à lady Hamilton. M. Fauchier-Magnan a eu la curiosité d'aller voir
si cette délicieuse damnée méritait vraiment tout le
mal qui s'est imprimé sur son compte. Ne croyez
pas que cet écrivain très libre d'esprit soit tombé dans
le défaut coutumier des biographes et ait conclu à
l'innocence de sa cliente. Il a sauvegardé son indépendance ; c'est même le seul homme qui soit parvenu
à vivre dans l'intimité de cette enchanteresse sans en
devenir éperdu. M. Fauchier-Magnan se borne spirituellement à plaider l'inconscience. Il croit à ce que
les médecins légistes appellent la responsabilité mi-

tigée. Sa plaidoirie est informée, ingénieuse et d'une
belle ordonnance. Elle est surtout merveilleusement
amusante. On sourit; parfois même on rit de bon cœur.
Après tout, il ne s'agit que d'accorder à la Dalila de
Nelson un petit congé dans la damnation. Il sera toujours temps de lui faire réintégrer le Saint-Lazare
surnaturel où l'histoire a logé son souvenir.

Ce n'était probablement point un monstre, mais
comme eût dit notre Meilhac, « une pauvre petite
femme. » Je garde toutefois quelque malaise en songeant à son personnage politique. Nous sommes habitués à lui confier un grand premier rôle dans la tragédie de la terreur sanfédiste. M. Fauchier-Magnan
affirme qu'elle intervint au contraire, à plusieurs
reprises, pour sauver des jacobins de Naples. La tradition voulait encore qu'elle eût assisté, parée comme
pour une fête, à la pendaison de Caracciolo. Il n'en est
rien : pendant le supplice de l'infortuné amiral, Emma
ne se dérangea point, elle déjeunait. Cette attitude sied
à l'innocence. Marquons donc un bon point à l'épouse
de sir William Hamilton.

Il est plus difficile de noter ce gentleman. Les raisons de sa conduite demeurent obscures. Jusqu'à l'arrivée de Nelson dans les eaux napolitaines, sir
W. Hamilton avait joui d'un bonheur parfait. L'origine
de ce bonheur est connue. Ce diplomate était collectionneur; un sien neveu possédait Emma en toute propriété. Ce neveu, l'honorable Charles-Francis Gréville,
possédait en outre le sens des affaires. Ayant remarqué
chez son oncle un vif désir d'acquérir un objet d'art
de plus, Gréville se dessaisit d'Emma en sa faveur, selon
un contrat en bonne et due forme. Le bibelot fut expédié à Naples sous la conduite de sa mère. Il est à retenir
que lady Hamilton, au cours de ses fortunes diverses,
demeura toujours sous l'aile maternelle. Encore un
bon point.

Faut-il croire qu'elle resta absolument étrangère au marché dont elle était l'objet ? M. Fauchier-Magnan exige cela de nous. Il a dépouillé la volumineuse correspondance de son héroïne, terrible écrivassière, s'il en fut. A Naples, logée chez l'ambassadeur d'Angleterre, — avec sa mère, bien entendu, — Emma écrivait à Charles Gréville pour le supplier de la rappeler à Londres. Quelques-unes de ses lettres sont émouvantes. Une des dernières suppliques se termine ainsi : « Je ne serai jamais la maîtresse de sir William. Si vous me poussez à bout, je me ferai épouser par lui. » Ces lignes semblent indiquer de la désillusion.

Le mariage se fit et l'affreux Gréville fut châtié. Sir W. Hamilton connut alors le « bonheur domestique » dans sa plénitude. L'entrée en scène du vainqueur d'Aboukir changea ce duo d'amour conjugal en trio. Quelle fut l'attitude de sir William entre Emma et Nelson? Nous nous bornions à penser qu'elle avait été diplomatiquement correcte. M. Fauchier-Magnan veut en outre que nous y admirions de l'ingénuité. C'est là, qu'il nous permette de le lui dire, la plus dure de ses exigences. L'Angleterre n'a jamais eu l'habitude de recruter son personnel diplomatique aux paradis de la candeur.

J'imagine que M. Fauchier-Magnan dissimule l'ironie du sage sous des dehors miséricordieux. Il se méfie des grands mots et des gros mots. Il a l'air de nous dire à chaque page de son aimable livre : « N'oubliez point que je vous raconte là une histoire comique ! » Et en effet, à part quelques massacres auxquels la séduisante Emma ne fut pas absolument étrangère, tous ces gens-là et leurs aventures sont à mourir de rire. M. Fauchier-Magnan ne se moque jamais d'eux ; toutefois il laisse volontiers la parole à de joyeux témoins. Deux surtout, une certaine

Mrs. Trench et Hugh Elliot, un Anglais pince-sans-
rire, se chargent de fournir la note gaie.

Tous deux assistèrent à des scènes héroï-comiques
qu'ils ont su conserver à l'histoire. En 1800, le trio
Nelson-Emma-William quitta l'Italie pour regagner
l'Angleterre à petites journées. Il est superflu de
dire que la « signora madre » était du voyage. Toute
la famille fit halte à Dresde ; l'archiduc Charles, électeur de Saxe, réservait une réception triomphale au
héros d'Aboukir. On resta huit jours dans la capitale
saxonne. Mrs. Trench se donna le plaisir d'observer
les hôtes de l'électeur. Elle remarqua que lady Hamilton avait fâcheusement épaissi, qu'elle buvait sec, et
que ses pieds étaient hideux. Pour la maman, elle a
cette phrase elliptique : « On ne peut s'attendre à la
trouver autrement qu'elle n'est. » Mrs. Trench entendit chanter Emma : « Sa voix est bonne et très forte,
mais elle détonne fréquemment. » A un dîner chez
les Elliot, la malicieuse mémorialiste fit encore diverses observations. La conversation étant venue sur la
rareté des réceptions officielles à la cour de Saxe,
lady Hamilton crut devoir s'écrier : « Alors, jamais
de gueuletons ? » A en croire Mrs. Trench, l'assistance
fut choquée. Aussitôt après, l'ambassadeur, cédant
à cette contagion de volupté qu'Emma semait autour
d'elle, imagina « de sautiller tout autour de la table,
assis sur le coccyx, ses décorations, rubans, bras et jambes voltigeant de toutes parts ». M. Fauchier-Magnan
ajoute : « En somme, les Hamilton n'avaient eu à
Dresde qu'un demi-succès. » Que voulait donc la
Saxe ?

Hugh Elliot accompagna la caravane jusqu'à
Hambourg. Au dernier moment, Emma, constatant
que sa femme de chambre avait oublié certaines pro-
visions se répandit en propos énergiques. Malgré son
mépris pour tout ce qui était français, elle daigna se

servir de notre langue pour la circonstance. Cependant, son excellente mère lavait des pommes de terre « avec la plus rare dextérité. »

Cette vie inimitable se continua en Angleterre, au château de Merton, dont Nelson fit l'acquisition. Une estampe nous montre Emma folâtrant dans le parc, en chapeau de bergère, avec Horatia, la fille qu'elle avait donnée à Nelson. Dans un coin, à gauche, sir William Hamilton, toujours discret, pêche à la ligne rêveusement. Le digne gentilhomme ignorait profondément l'état civil de la jeune Horatia. Ce collectionneur était sans défiance.

Ce qui me le gâte, c'est son testament. Pourquoi a-t-il déshérité la compagne de sa vie ? Et pour laisser sa fortune à qui ? à Gréville, à ce coquin de neveu qui avait été l'involontaire artisan de son bonheur. Sir W. Hamilton est insondable. On sait la fin lamentable d'Emma. Nelson, mourant à Trafalgar, la légua à l'Angleterre ; le legs ne fut point accepté. Les ministres refusèrent une pension nationale à la pauvre petite femme, devenue une grosse matrone quémandeuse. La reine de Naples, l'ancienne amie des jours de triomphe, envoyait des consolations et pas une obole. Ce fut à qui renierait la vieille fée des vêpres napolitaines. Le charmant livre de M. Fauchier-Magnan se termine en moralité. Et *Boule-de-Suif* est un chef-d'œuvre.

MADAME DE GENLIS

La *Jeunesse du roi Louis-Philippe* a trouvé en
M. Anatole Gruyer un nouvel historien dont la
méthode est sûre et charmante. Le regretté conser-
vateur du musée Condé a publié toutes les peintures
et toutes les miniatures de Chantilly relatives au roi-
citoyen et à sa famille. C'est une sorte d'album psychologique, accompagné de commentaires à la fois
scrupuleux et attendris. L'analyse de ce trésor
iconographique exigerait une longue étude. Au
demeurant, M. Gruyer a laissé bien peu de choses à
dire, après tout ce qu'il dit excellemment. Il connaissait intimement tout le personnel princier dont il s'est
fait l'annaliste affectueux. Il avait toutefois ses prédi-
lections, qu'il se plaisait à avouer ; il préférait ne point
insister sur les sévérités. Nous croyons bien qu'il
réservait le meilleur de sa sympathie à l'une des meil-
leures et des plus douces femmes qui aient pratiqué
la vertu dans la grandeur. Louis-Philippe eut pour
mère une exquise créature de souffrance et de bonté.

Qu'il est douloureux, ce portrait de Chantilly,
nous montrant la duchesse d'Orléans, en 1786, dans
sa grâce dolente et résignée ! La baronne d'Oberkirch,
bon juge des choses du cœur, dit dans ses *Mémoires* :
« Madame la duchesse portait partout une mélancolie dont rien ne pouvait la guérir. Elle souriait
quelquefois et elle ne riait jamais. Elle cherchait à se
distraire et n'y réussissait pas. » Cette grande dame

était ce qu'on appelle au village « une maumariée ». Son mari, le futur Egalité, sans être tout à fait un méchant homme, commettait par veulerie, toutes les grosses et petites infamies. Femme sans époux, mère sans enfants, la fille du bon duc de Penthièvre fut la martyre du mariage d'Etat. « Elle apparaît, dit M. Gruyer, dans ce portrait du musée Condé, comme l'ange de la douleur et de la résignation. Sa tête, presque de face, et comme accablée de tristesse, se penche douloureusement sur l'épaule gauche. Les beaux yeux, grands ouverts, ne semblent plus avoir de vie que pour pleurer ; et la bouche, en parfait accord avec les yeux, exprime le même sentiment douloureux, la même lassitude de vivre. »

Une voleuse d'amour s'était installée au foyer de la pauvre duchesse. Rapprochons de sa mélancolique effigie la miniature où triomphe la fringante Mme de Genlis. Ah ! la véridique image de rouée ! Sous un gigantesque chapeau, qui semble d'aujourd'hui, la patronne des intrigantes nous montre son effronté museau de soubrette arrivée. La duchesse d'Orléans dut se laisser tout prendre par ce petit monstre charmant et charmeur. Passe encore pour le mari, qui n'était pas de ceux dont la perte est irréparable. Mais la sournoise institutrice sut se substituer à la mère. Sainte-Beuve qui n'a pas osé dire de Mme de Genlis tout ce qu'il en pensait, s'est amusé à vanter son génie pédagogique. Elle possédait, a-t-il dit, « l'outil universel ». Il y avait quelques fausses clefs dans cet outillage ; la gouvernante des enfants d'Orléans crocheta leurs cœurs. Si les jeunes princes n'avaient pas été fils de bonne mère, la rusée cabotine de vertu eût fait d'eux d'accomplis simulateurs. Elle les dominait. Louis-Philippe, déjà grand, vénérait candidement la maîtresse de son père : « J'ai dîné hier à Bellechasse, écrivait-il dans son *Journal* (janvier, 1791).

Le soir après le souper, je suis rentré chez mon amie :
j'y suis resté jusqu'à minuit et quelques minutes ;
j'ai été le premier qui ait eu le bonheur de lui souhai-
ter la bonne année. On ne peut pas me rendre plus
heureux. En vérité, je ne sais pas ce que je deviendrai
quand je ne serai plus avec elle. »

Il devint quand même un brillant colonel de dra-
gons. Il devint aussi jacobin, malgré sa mère, pour
plaire à la plus prévoyante des institutrices. Elle lui
avait enseigné le ton pleurard et dadais de sa pédagogie niaisement menteuse. Voici un document (tout à
fait inédit) que nous extrayons d'un dossier d'archives,
qui va être publié prochainement. Le jeune duc de
Chartres est à la veille de se rendre à l'armée. Et voici
comment Mme de Genlis était arrivée à faire parler un
dragon de dix-huit ans :

« Je n'ai pas pu répondre hier sur-le-champ à la
lettre de ma chère maman dont j'ai été vivement touché. Je partais dans ce moment pour le Raincy avec
mon père... Ce dont je désirais parler à ma chère
maman ne concerne que moi et je puis, par conséquent,
le confier à la poste. Ce qui faisait que j'éprouvais de
l'embarras à en parler, c'est que c'est une de ces choses
sur lesquelles on ne peut pas s'expliquer nettement et
clairement, mais puisque maman m'a permis de tout
lui dire, je vais le faire. Depuis longtemps je désirais
vous entretenir de mes mœurs. Je souhaitais vivement que vous connaissiez entièrement ma conduite.
Elles sont, j'ose le dire, aussi pures sous tous les rapports qu'il est possible qu'elles le soient ; elles sont
intactes. Ma chère maman a peut-être cru que j'avais
employé des moyens malheureusement trop répan-
dus ; elle peut être sûre que rien n'est plus faux. On
m'a d'ailleurs inspiré trop de principes de religion, ils
sont trop bien gravés dans mon cœur pour que je
m'en écarte jamais. Je ne vous cacherai pas non plus

que je n'ai pas pu réussir à me conserver pur sans combats, sans souffrances; ma santé même en est quelquefois altérée, mais n'importe! je souffrirai patiemment toutes les peines que Dieu m'enverra jusqu'à ce qu'il me soit permis d'être heureux légitimement, et quelque grandes que soient les tentations qui m'entourent, maman peut être sûre que j'en triompherai, car j'aimerais mieux mourir que de manquer de mœurs et à ce que je dois à la religion. Je vous ai ouvert mon cœur et je ne vous ai rien caché. J'espère que ma chère maman gardera tout ceci pour elle. Cependant, si mon grand-père avait quelques doutes sur la pureté de mes mœurs, je serais trop fâché qu'il les conservât, pour ne pas prier maman de vouloir bien les dissiper. Je vous demande pardon de tous ces détails ; je n'y suis entré que parce que j'ai cru que vous seriez bien aise de les connaître. »

Est-ce à dire que nous refusions notre approbation aux sentiments parfaitement louables qui sont exprimés dans cette lettre ? Nous ne la citons que pour montrer à quels tours d'adresse pédagogique s'entendait cette bonne pièce de Mme de Genlis. Une caricature se permit de la représenter armée d'une férule et d'un bâton de sucre d'orge. Ces deux engins maniés tour à tour lui permirent de réaliser ce produit inespéré : une âme de prince jacobin dans le corps d'un colonel immaculé !

Un aimable correspondant m'a reproché d'avoir parlé de Mme de Genlis sans esprit de charité. « Ce n'était pas, dit-il, la première venue. » Non certes. J'accorderai même bien volontiers qu'au *point de vue littéraire* nous négligeons injustement cette dame. Elle subit le sort ordinaire des polygraphes, lesquels demandent à la postérité trop de ses loisirs. Il n'est rien de plus dangereux que d'avoir écrit cent volumes. N'empêche qu'en cherchant bien, l'on trouverait dans le fatras de Mme de Genlis, plus d'une page digne d'être relue. Certains de ses *Contes de la veillée* ne manquent point d'émotion ; ses *Mémoires* ont une grâce venimeuse. « C'est toujours bien », disait Sainte-Beuve. Mais il ajoutait : « Ce n'est jamais mieux. » Concédons que ce n'était jamais mal. Ceci dit, je reste quand même en désaccord avec mon correspondant. Je l'ai contristé en traitant Mme de Genlis de « cabotine ». Je retire le mot qui n'est pas dans la langue du temps. Disons « comédienne » tout simplement.

S'il y eut au monde une créature de faux semblant, une âme fardée, ce fut Stéphanie-Félicité. Tout est mensonge chez cette ensorceleuse. De qui donc Barbey d'Aurevilly écrivit-il un jour : « Qu'on ne me parle jamais de cette coquinette ! » Cette exclamation vous vient aux lèvres toutes les fois que rentre en scène le personnage maquillé de Mme de Genlis. Est-ce une raison, parce qu'elle a « roulé » son siècle pour que la postérité demeure sa dupe ? Ah ! par exemple, elle a triomphalement joué ses contemporains, Pétion compris, et ce qui devait être plus difficile, Napoléon par-dessus le marché. L'empereur, qui n'aimait pas les pédantes, accorda sa confiance à celle-là. On dit, il est vrai, que c'était une confiance de fonds secrets et que Napoléon l'apprécia surtout pour ses qualités de fine mouche. La prêtresse de la pédagogie aurait joué un rôle dans la troupe policière ; l'emploi lui convenait à ravir.

Quant aux bonnes âmes, elles en voudront toujours à Mme de Genlis du long martyre qu'elle infligea à l'exquise et douce duchesse d'Orléans. Feuilletons encore le charmant recueil d'images, si éloquemment commenté par M. Anatole Gruyer : la *Jeunesse du roi Louis-Philippe*. Voici la reproduction d'un tableau du musée Condé, la *Fête de la Sauvinière*. Il n'est rien de plus complètement genlis dans les fastes de la genlisserie. L'œuvre déborde de sentimentalité Louis-Seize. Si Jean-Jacques avait assez vécu pour connaître cette peinture, il eût exigé d'Emile et de Sophie qu'ils vinssent la baigner de leurs pleurs.

Mme de Genlis a longuement raconté dans ses *Mémoires* comment elle organisa cette pompe domestique. La duchesse d'Orléans, toujours languissante, était allée aux eaux de Spa. La source de la Sauvinière, dont la renommée quasi-miraculeuse remontait à Pline, lui rendit la santé. Mme de Genlis excellait dans les tableaux vivants. Toute fillette, elle avait si joliment figuré l'Amour qu'on n'avait pu se résoudre à lui enlever ses poétiques oripeaux ; elle avait continué à porter, dans la vie quotidienne, son arc, son carquois et une paire d'ailes couleur bleu d'azur. Elle enlevait seulement ses ailerons le dimanche, pour aller à la messe. Aux processions, l'Eros païen se métamorphosait en angelot de missel. Depuis lors, Stéphanie-Félicité vécut perpétuellement en ce double costume de mascarade. A la Sauvinière, elle organisa tout un petit carnaval larmoyant. Sur son ordre, on éleva, sur un tertre de gazon, un autel à la Reconnaissance, en marbre blanc. Les quatre enfants d'Orléans, ses élèves, travaillèrent, pendant trois semaines, à l'édification de ce monument. Au jour dit, toutes les jolies personnes sensibles de Spa furent priées de se rendre à la fontaine, « vêtues de blanc, avec des plumes blanches, des bouquets, des écharpes de fleurs de bruyères et des rubans violets ». Tandis que la musique du Vaux-Hall remplissait les bois d'harmonie, la duchesse d'Orléans parut, tendrement soutenue par Mme de Genlis. Ses quatre enfants,

Chartres, Montpensier, Beaujolais, Adélaïde, étaien
groupés autour de l'autel, selon toutes les lois de la
composition. Le roi Louis-Philippe, coiffé en cato-
gan, avec un soupçon de poudre, culotte chamois,
habit bleu et bas blancs, était armé d'un stylet et
semblait graver lui-même cette inscription : « Les eaux
de la Sauvinière ayant rétabli la santé de Mme la
duchesse d'Orléans, ses enfants ont voulu embellir
les environs de cette fontaine. Ils ont eux-mêmes
tracé les routes, enlevé les pierres, planté les fleurs et
les arbustes, et ils ont défriché ce bois avec plus
d'ardeur et d'assiduité que les ouvriers qui travaillèrent sous leurs ordres. » Telle est l'églogue qu'a
reproduite le peintre du musée Condé. Auprès des dis-
ciples princiers de la perle des institutrices, on voit
encore les jeunes amies de Mme de Genlis, Henriette de
Sercey, et ce chef-d'œuvre vivant de pédagogie,
Paméla, la divine Paméla qui « savait courir comme
Atalante ». L'effet produit, les enfants de la duchesse
abandonnèrent la pose et vinrent se réfugier dans le
sein maternel. Mme de Genlis se rappelait avec attendrissement, trente-huit ans après, cet épisode de son
roman scolaire. C'était le temps où, plus que septuagénaire, elle posait pour la vestale du pot-au-feu ; les
visiteurs qui venaient lui rendre hommage la trou-
vaient épluchant des poireaux et écumant le bouillon. Elle enlevait son tablier de cuisine, et la muse
apparaissait soudain sous la ménagère. Après tant
d'années et tant de fortunes diverses, elle pleurni-
chait encore au souvenir de la fête de la Sauvinière.
Et elle écrivait : « Tout ce qui était là fondait en
larmes. Ce qui prouve que les émotions les plus vives
sont souvent produites par les choses les plus simples. »

Voilà ce qu'on voit dans le tableau, d'ailleurs
délicieux, de Chantilly. Ce qui ne se voit pas, c'est

le dessous cruel, affreux, saignant, de cette impudente
comédie. Et le mot de cabotinage s'écrit de lui-même.
L'organisatrice de cette cérémonie de famille est,
ne l'oublions point, la maîtresse en fonction du papa.
Ouvrons un volume de notre ami Lenotre; nous y trouvons une lettre de la duchesse d'Orléans qui va commenter lamentablement la cérémonie de la Sauvinière :
« Mon cher ami, écrit-elle à son mari, vous avez déjà
fait beaucoup pour mon bonheur en m'accordant
mes enfants un certain nombre de fois par semaine...
Je ne veux plus revenir sur le passé, ainsi que je vous
l'ai déjà dit. Les torts que je reproche à Mme de Genlis existent et ne peuvent être détruits, ni par son
Journal, ni par tout ce qu'elle pourra vous dire : *c'est
moi qui ai vu et entendu tout ce qui m'a déplu.* »

Entr'ouvrons encore certain dossier de documents inédits. Nous y lisons une lettre, non datée,
où la mère, sevrée de tendresse filiale, exhale moins discrètement sa plainte. Fut-elle envoyée, cette lettre ?
Nous l'ignorons. En tout cas, elle fut destinée on ne
sait auquel de ces quatre enfants qui, autour de l'*autel de la Reconnaissance*, faisaient si élégamment les
gestes de l'amour filial :

« Il n'y a pas de réponse à faire à votre lettre,
mon enfant. Aussi ai-je laissé partir votre courrier
sans lui en donner une. Que vous dirai-je, d'ailleurs ?
Que je suis malheureuse, vous le savez ; que je suis très
souffrante, vous ne l'ignorez pas ; mais vous vous y êtes
montrés bien indifférents, car mes enfants sont les
seuls qui n'ont pas seulement envoyé prendre de mes
nouvelles. Les personnes que je connaissais le moins
m'ont donné cette marque d'intérêt. Cette différence
m'a été au cœur. Je vous ai mandé à tous que j'étais
dans un état affreux. Pas un de vous ne m'a témoigné
la moindre sensibilité à cet égard. *Tous vos sentiments, toutes vos pensées avaient un autre objet que*

moi. Ah ! mes enfants, que j'ai besoin de me flatter que les heureux germes que vous aviez annoncés dans votre première enfance ne sont qu'étouffés et qu'un jour l'amour et le devoir vous porteront à rendre à la meilleure des mères ce qu'elle aurait droit d'attendre de vous ! »

Ces petits êtres, enveloppés de mensonge, adoraient leur pauvre maman lointaine. Mais autour de ces quatre cœurs prisonniers veillait implacablement la Cabotine.

MADAME DE STAEL

U^N comité de dames anglaises vient de se former, pour coopérer avec le comité de dames françaises qui se propose d'élever à Paris une statue à Mme de Staël. » Cette courte dépêche a fait le tour de la presse sans y produire d'agitation. Les personnes qui songent encore à Corinne se font de plus en plus rares. Aussi, pour se mettre à la mode, ses admiratrices de France et d'Angleterre ont-elles pris le parti de se syndiquer. Elles viennent de créer une confédération fermée. La Suède, la Suisse, l'Allemagne, l'Italie, la Russie ne seraient-elles pas en droit de réclamer ? Une des grandeurs de Mme de Staël, la plus belle de ses beautés spirituelles, fut dans le caractère européen de son pouvoir d'aimer. Elle a cherché la sagesse politique à travers les nations et demandé son propre bonheur un peu partout. Sans doute, mais à la fin de ses vagabondages elle pensait avoir trouvé l'amour chez un jeune mari, et dans la Constitution anglaise la vérité. Elle trépassa en odeur de parlementarisme et en état parfait d'uxorité. L'Angleterre, pays classique des vertus conjugales et terre natale du libéralisme, a le droit de la revendiquer comme une fille d'adoption. Aussi bien, comme disait Albert Sorel, « ce fut l'Angleterre son véritable pays d'utopie ».

Alors que fillette turbulente, Germaine Necker échappait à la direction de la plus pédagogique des mères, quel enchanteur emportait son esprit voya-

geur ? Richardson ! « L'enlèvement de Clarisse a été
le grand événement de ma jeunesse. » Lovelace
obtint les prémices de ce cœur voué aux déceptions.
A dix-huit ans, elle entend parler de mariage. M. et
Mme Necker ne pouvaient accepter pour leur jeune
muse qu'un protestant de race consulaire. Le second
fils de lord Chatham voyageait alors en France. William
Pitt apparut aux parents de Germaine comme le gendre
rêvé : vingt-trois ans, et déjà ancien chancelier de
l'Echiquier ! Mettons-nous à la place d'un banquier
genevois ambitieux et d'une mère philosophe. Les
Necker voyaient avec raison en de pareilles fiançailles
une conjonction d'astres. Jusqu'où allèrent les pourpar-
lers de mariage ? On attribue à Pitt ce mot d'auteur :
« Je suis déjà marié à mon pays. » Il est plus probable
que la grande jeune fille refusa tout bourgeoisement
le grand jeune homme. Elle voulait bien habiter en
rêve la patrie de Clarisse Harlowe, s'y installer l'épouvanta. La future Corinne eut le frisson des brumes du
Nord. Pitt fut dédaigné. Le père et la mère de Germaine
s'expliquèrent mal ce caprice d'enfant gâtée. La jeune
fille, excédée de reproches, nota ceci dans son *Journal* : « Ile maudite, source présente de mes craintes,
source à venir de mes remords ! » Elle faillit prendre
l'Angleterre en horreur. Au fond, c'était Paris, et
Paris seul, que voulait épouser cette chercheuse de
gloire.

Vint un jour où il fallut bien le quitter, ce Paris où
l'ambassadrice du roi de Suède avait trôné pendant
les dernières années de la monarchie. La ville du 10
août devenait inhabitable pour la fille de Necker.
Mme de Staël, fuyant les massacreurs, fit alors ce
premier voyage d'Angleterre dont elle devait dire :
« Quatre mois de bonheur échappés aux naufrages de
la vie ! » Tout la charma de cette nation dont les fils
ne s'égorgeaient point. Elle entendit Pitt, son ancien

fiancé, applaudit Fox, fit la connaissance de Shakespeare, tint une cour charmante d'émigrés français : Lally, Montmorency, Malouet, Talleyrand. Elle avait vingt-cinq ans, toutes les espérances, toutes les illusions, et aussi toutes les audaces d'une princesse de l'esprit. Les Anglais lui agréèrent infiniment. Leur plut-elle ? Peut-être, avec cette magnanime loyauté qui fut son vice et sa vertu, ne dissimula-t-elle pas suffisamment que M. de Narbonne régnait sur son cœur. On s'en offusqua au pays du *cant*. Mme de Staël quitta l'île de la pudeur au moment où elle allait la scandaliser.

Elle y revint vingt ans après, en proscrite, avec plus d'une plaie au cœur et bien des rides sous son turban. Mais cette inusable machine à sentir demeurait sous pression quand même. Son généreux cœur incorrigible battit plus ardemment que jamais lorsqu'elle aperçut « l'île verdoyante qui seule avait résisté à l'asservissement de l'Europe ». La société anglaise reçut en prétendante exilée la plus illustre victime de Napoléon. Ce second séjour à Londres, c'est la revanche de Corinne contre l'homme qui avait prétendu la condamner au silence. Elle s'épanouit, elle se dilata sur cette terre promise des orateurs. Là enfin on pouvait parler ! Et quel auditoire ! La reine, le régent, et tous les lords, et des ministres et des princes français ! Elle vit Louis XVIII au moment où il partait pour octroyer la Charte. En sa fureur d'optimisme, la noble illusionniste fit cette prédiction : « Nous aurons en ce prince un roi très favorable à la littérature. » Tout apparaissait alors à Mme de Staël à travers un prisme enchanté : la France de demain et l'Angleterre de toujours. Pour se faire mieux aimer encore, étant toute à tous, elle expliqua aux Anglais l'Angleterre.

Il y en avait un surtout, parmi ces fortunés insulaires, qu'elle s'était juré de séduire. Il possédait, celui-là, tout ce qui ravissait Corinne, du lyrisme et de la scélératesse, le double don du génie et du scandale. Lord Byron à vingt-cinq ans, c'était Oswald italianisé et satanique, Oswald damné. Elle entreprit, en tout bien tout honneur, la conquête de cette proie superbe. Mme Récamier, qui n'était que belle, aurait eu raison de Giâour en trois coups d'éventail. Mme de Staël n'avait à donner que son âme. Il semble bien que Byron jugea l'offrande insuffisante. Son terrible « Moi » battit en retraite devant le plus débordant des « Moi » féminins. La première fois que Byron vit Mme de Staël, elle fraternisait, dans le salon d'un ami commun, avec l'Irlandais Curran. Le jeune lord s'attacha d'abord aux apparences : « Ils étaient tous deux si horriblement laids, que je me demandais avec étonnement comment les deux plus beaux esprits de la France et de l'Irlande avaient pu se choisir chacun de leur côté une telle résidence. » Byron demeura froid sous les feux d'éloquence et méchamment railleur. Elle cependant, toujours disputeuse et interrogante, l'entreprit sur sa conception de l'amour ; il se déroba. En politique, le malentendu fut pire encore. Elle admirait dans l'Angleterre « l'expression parfaite de la civilisation, le plus beau monument de grandeur morale qui ait été élevé par des hommes ». Il ne voyait, lui, que maquignonnages et basses cuisines dans la vie parlementaire. Et par raffinement de dandysme, il était bonapartiste avec insolence. Il laissait la prophétesse discourir toute seule : « Elle parle des in-folio, disait-il. Ses ouvrages font mes délices. Elle aussi... pour une demi-heure. »

Que n'était-elle belle ? Et pourtant il y avait en cette incomparable femme, vieillie, ravagée, parfois moquable, tant de rayonnement qu'à la fin le dandy féroce subit de son charme tout ce qu'il en pouvait subir. Tandis qu'il ne l'écoutait point, il regardait, en connaisseur, cette vivante statue de l'enthousiasme. « Sa taille n'était pas mal, ses jambes étaient passables et ses bras très beaux. Au total, je conçois qu'elle ait pu inspirer des désirs. Son âme et son esprit pouvaient faire naître des illusions sur tout le reste. » Et plus tard, lorsqu'il apprit que s'était tue pour jamais cette retentissante voix de loyauté, le Corsaire s'oublia jusqu'à s'attendrir. A la nouvelle de la mort de Mme de Staël, lord Byron écrivit dans son *Memorandum :* « Elle laisse un grand vide. »

Le comité franco-anglais ne trouvera rien de mieux à inscrire sous la statue de la sibylle de la liberté.

MADAME DE CHATEAUBRIAND

M. Ladreit de Charrière vient de donner une édition excellente des *Cahiers* de Mme de Chateaubriand. Cette publication complète celle de Pailhès; elle nous permet de voir mieux encore cette figure effacée si longtemps dans l'absorbante gloire de René. Céleste Buisson de La Vigne a rempli ici-bas le rôle ingrat d'épouse légitime d'un illustre infidèle. Cet emploi, dans l'argot du théâtre, s'appellerait « une panne ». Il y a les pannes de la vie. En se résignant à son douloureux personnage, la femme de Chateaubriand a su montrer, plus d'une fois, les qualités d'un premier rôle. Et ce fut vraiment « quelqu'un », que cette honnête dame dont la postérité se soucie trop peu.

« La gloire en tiers dans le tête à tête ne fait que tout gâter », disait Sainte-Beuve. Est-il vrai qu'il y ait eu du tragi-comique dans le ménage Chateaubriand ? Une femme ordinaire, d'esprit moyen et de sensibilité courante, aurait trouvé mille raisons, — mille et trois — d'arracher les yeux d'un mari fait comme Chateaubriand. Quel dossier pour une instance en divorce que le tiroir secret du Vicomte ! La Vicomtesse ne fouilla jamais dans ce tiroir. Elle avait beaucoup d'esprit. Cela n'eut point suffi à lui donner la parfaite philosophie conjugale. Le secret de son stoïcisme domestique fut en ceci : qu'elle n'était point, pour son bonheur, le moins du monde amoureuse de son magnifique scélérat d'époux.

Elle n'était pas éprise de lui, elle l'aimait : d'une solide et loyale amitié, raisonnable et raisonnante, faite de clairvoyance et de mansuétude. Le hasard avait uni là les deux êtres les plus dissemblables qui aient entrepris de faire côte à côte le voyage de la vie. Lui, le nomade de la passion, un insatiable curieux d'aventures, un moi affolé d'orgueil, enivré de génie ; elle, une créature sédentaire, équilibrée, sans imagination, la moins folle des femmes. Céleste de La Vigne naquit chanoinesse. L'amour n'était pas de sa compétence. Elle ne manquait pourtant point, en sa seizième année, d'une certaine grâce discrète. Chateaubriand s'amusa un jour, à tracer, de souvenir, un portrait d'elle : « Blanche, délicate, mince et fort jolie ; elle laissait pendre comme un enfant, de beaux cheveux blonds naturellement bouclés. » Il est cruel de comparer ce léger crayon au médaillon que M. Ladreit de Charrière publie à la première page des *Cahiers*. Un long usage du mariage a transformé la poétique jeune fille en une sèche matrone, d'aspect masculin, dont les lèvres ont un pli d'amertume. Un grand nez osseux domine ce visage fier et dévasté. Ne nous y trompons pas ; c'est ce nez-là qui a servi de gouvernail à Mme de Chateaubriand. Il l'a conduite, patiemment et sûrement, au port de la sagesse et du pardon. Ah ! que ce noble nez révèle de choses !

Chateaubriand ne parle jamais qu'avec une sorte de pitié insolente des dames nombreuses qui vinrent se brûler l'âme à son rayonnement. « Toutes ces femmes, dit-il, qui ont passé devant moi. » Il a regardé nonchalamment souffrir ces passantes : Pauline de Beaumont, l'agonisante du Colisée ; la blonde dame de Fervacques, Delphine de Custine, « héritière des longs cheveux de Marguerite de Provence » ; la duchesse de Mouchy, la Bianca du voyage d'Espagne ; la duchesse de Duras, Mme Récamier, — nous en oublions. Il s'amusait languissamment de leurs langueurs, Mme de Custine écrivait à Chênedollé : « Je suis plus folle que jamais, je l'aime plus que jamais et je suis plus malheureuse que je ne puis dire. »

Et René de noter un nom de plus dans la comptabilité de ses victimes. Il le dit bien ; toutes ces femmes passaient devant lui. Mme de Chateaubriand ne se mit ni devant, ni derrière. Elle s'installa, à sa droite, pas du côté du cœur ; une fois assise, elle ne bougea plus. Et c'est pour cela qu'elle n'a point passé.

Gardons-nous de croire d'ailleurs qu'elle resta, auprès du dieu, en posture d'humilité et de sacrifice. Cette chrétienne, née au siècle de Voltaire, était une ironiste accomplie. Le comte d'Haussonville, jeune attaché d'ambassade, assista, à Rome, au tête à tête du Vicomte et de la Vicomtesse ; il nous a laissé un récit piquant des petites vengeances de l'ambassadrice. « Elle prenait plaisir à contredire tout doucement, mais péremptoirement, les assertions souvent un peu risquées de l'auteur du *Génie du christianisme*, ou de redresser ses souvenirs personnels trop fantaisistes, en leur opposant des faits positifs, accentués d'une voix basse et comme indifférente, mais toutefois assez sèche et très nette. » Est-ce en songeant à ces taquineries un peu cruelles que Chateaubriand disait : « Je ne sais s'il a existé une intelligence plus fine que celle de ma femme. » Après tout, il lui rendait justice, avec un peu de crainte respectueuse ; elle l'intimidait.

« Mme de Chateaubriand, dit-il encore, m'admire sans avoir lu deux lignes de mes ouvrages. » Là-dessus encore, il est bon de ne pas croire le mari sur parole. La vicomtesse était lettrée et fort capable d'apercevoir le génie d'écrivain de son époux. Le malheur voulut qu'elle ne fût pas du tout romanesque et romantique encore moins. Le style de ses *Cahiers* a de la verve, de la netteté, le son des choses véridiques ; elle écrit dru, sans la peur du mot cavalier. Les deux conjoints n'appartenaient pas à la même école littéraire. Le genre Chateaubriand devait porter sur les nerfs de madame. Et puis, s'il lui arrivait de lire le *Dernier Abencerage*, elle y trouvait Mme de Mouchy. Tous ces livres étaient pleins de ces « madames », comme elle disait en parlant des « passantes ». Elle a dû les lire une fois, pour se rendre compte ; elle s'abstint ensuite d'y revenir par discrétion.

Ce n'était point une femme de littérature. Par contre, elle aimait furieusement la politique. L'homme d'Etat que voulut être Chateaubriand trouva en elle une Egérie, un peu hargneuse, mais passionnément admirative. Lorsqu'il s'agit des ambitions de son mari, de ses mésaventures ministérielles, des congrès, des ambassades, des histoires de portefeuilles, la plus amoureuse des « madames » est dépassée par elle en aveuglement. Ce n'est ni la dame de Fervacques, ni Pauline de Beaumont, ni Julie Récamier, qui a écrit cette phrase : « M. de Chateaubriand est à la messe. J'ai peur quelquefois de le voir s'envoler vers le ciel, car, en vérité, il est trop parfait pour habiter cette terre, et trop pur pour être atteint par la mort. » L'enragée politicienne devenait extatique, ni plus ni moins qu'une simple duchesse, en face du ministre dont elle portait le nom. Elle eut toutes les injustices, toutes les rancœurs, toutes les haines de la ministresse en disponibilité. Si l'on veut voir trousser les Bourbons de façon magistrale, c'est à cette légitimiste qu'il faut s'adresser. « Lorsque ces chers Bourbons sont revenus, » s'écriera-t-elle et l'on sent qu'ici la plume trempe dans de l'encre vinaigrée. Quant aux rivaux de Chateaubriand, chacun d'eux en prend pour son grade. Le « bourbeux ministère », c'est le cabinet Fouché-Talleyrand ; voici Pasquier « qui n'oubliait pas son métier de premier mouchard »; voici

Blacas « un audacieux valet ». Les paladins de la Vendée ne sont point épargnés : « Le grand La Rochejacquelein, le héros de toutes ces histoires ne fut autre chose qu'un brouillon, un ambitieux, un homme sans talent et sans générosité. » — On dirait Mme Pernelle, distribuant autour d'elle les vérités comme des soufflets. Cette pieuse personne, cette émigrée, était bonapartiste dans le fond du cœur. « Vous êtes républicaine », lui disait parfois Chateaubriand.

Il a dit encore : « Elle est meilleure que moi, quoique d'un commerce moins facile ». En effet, il était, en dépit de son égoïsme féroce, « plus bon » qu'elle ; elle fut meilleure. C'est quelque chose de très noble et de très fier que cette vie rageuse d'ambitieuse déçue, emprisonnée dans les tracas mesquins de l'infirmerie Marie-Thérèse. Céleste fabriquait du chocolat en rêvant d'un grand rôle politique ; elle soignait les rhumatismes d'un Don Juan retraité ; elle souhaitait secrètement une gloire tout autre que la gloire littéraire. Elle ne fut ni aimée d'amour, ni durablement ambassadrice Il sied de l'estimer et de la plaindre. Elle a été l'honnête homme du ménage. Chateaubriand vaincu par cette patiente vertu sans grâce, a eu cet aveu, l'épitaphe à inscrire sur la pierre tombale : « Quand nous paraîtrons devant Dieu, l'un et l'autre, c'est moi qui serai condamné ! »

LE SECRET DE JULIETTE

CETTE divine Récamier, dont on parlera toujours posséda entre mille attraits cette grâce exquise de n'avoir point d'opinion politique. Née sous Louis XVI et mariée en pleine Terreur, devenue reine elle-même, elle regarda régner successivement ses confrères Barras, Bonaparte, Napoléon, les Bourbons, le Roi Citoyen, Lamartine, Cavaignac et le Prince Président. Elle fut indulgente à ces diverses modalités du bonheur public. Tous les partis se réconciliaient à ses pieds. Aujourd'hui encore, comme disait Gustave Flaubert, « elle les corrompt par delà le tombeau ». Deux nouveaux chevaliers servants viennent de prendre ses couleurs.

M. Herriot l'a célébrée en deux volumes, pleins de tendresse et d'érudition. Ces jours derniers, M. Jules Lemaître la traitait, avec sa maîtrise coutumière, comme une figure de la Légende dorée. M. Herriot, maire de Lyon, étant radical, professe les opinions auxquelles semblent se plaire momentanément la majorité des Français. M. Jules Lemaître ne dissimule point ses préférence pour un essai différent de sociologie. Sur tous les autres sujets, ces deux écrivains seraient ennemis, ou du moins adversaires. « Mes bonnes amies ne se querellent jamais, disait Liszt : elles s'aiment en moi. » Les adorateurs de Juliette atteignent inconsciemment ce bienheureux état d'âme. Même après sa mort, Mme Récamier pacifie les cœurs. En ce sens, elle a été vraiment une manière de sainte. Mais ce n'est pas trop de tout le savoir de M. Herriot et de toute la subtilité de Jules Lemaître pour analyser les éléments multiples qui constituèrent sa sainteté. Et, malgré tout, cette incomparable créature demeure chimérique et inexplicable. Il y aura toujours un « secret de Juliette » que ni les historiens, ni les poètes, ni les humbles chroniqueurs ne pourront pénétrer. Sa mémoire est livrée, ainsi que le prévoyait l'excellente Mme Lenormant, « à la profanation des conjectures. »

Du vivant de l'irrésistible Juliette, il fallait bien l'accepter comme telle, et l'adorer de gré ou de force. « Ses beaux cheveux, s'écriait Benjamin Constant, ces cheveux qu'elle ne peut détacher sans nous remplir de trouble ! » Avec des arguments pareils, elle rendait infiniment incertaines les enquêtes psychologiques. Mais enfin, elle n'est plus là, l'ensorceleuse ! Est-ce donc une folie encore aujourd'hui, que d'essayer d'arracher son énigme à cette sphinge aux mines de pensionnaire ? Qui devinera le mystère que cachaient ses frisons châtains ? Notre père Sainte-Beuve, peu facile à tromper pourtant, préféra renoncer ; il accepta le bloc de Juliette, en y comprenant l'absolue pureté. M. Jules Lemaître semble admettre que cette pureté abdiqua, sur le tard, devant Chateaubriand. Sans doute, il n'y a là rien d'impossible, et le Grand Vicomte en a fait bien d'autres. C'est égal, qu'il est donc singulier qu'une femme, une fée adorée par l'Europe, ait pu traverser intacte une incandescence de désirs pour venir se brûler, après la quarantaine, à un volcan éteint ! Pour ma part, j'inclinerais à croire à la pureté continue, Chateaubriand lui-même ayant subi sa continuité. Et nous voilà forcés d'entr'ouvrir l'oreille à ces bruits bizarres qui se chuchotaient dans les boudoirs du Consulat et de l'Empire. Passons vite. Mérimée tenait, sur ce sujet délicat, des propos immodestes de carabin. Faut-il penser que la nature aurait eu cet atroce caprice de créer le charme infini et d'inachever méchamment son chef-d'œuvre ? Elle est capable de tout, la nature.

Plus on y songe, plus l'énigme s'obscurcit. Juliette, si miraculeusement séduisante, aura été l'Inutile Beauté. Mais pourquoi ? Il y a bien l'explication édifiante, tout bonnement celle de la vertu. Ce serait flatteur, comme disait l'autre. Hélas ! méfions-nous des surprises du cœur. J'entends bien que la vertu peut, en jouant avec le danger, rester parfaite. Encore faut-il qu'elle apporte dans ce sport périlleux quelque prudence. La citoyenne Récamier promenait au bal de l'Opéra et à Longchamp des pudeurs téméraires. Jamais la vingtième année d'une jolie femme n'a provoqué plus négligemment, disons les hommages pour rester respectueux. Accordons à Mme Lenormant et au bon Ballanche que Juliette fut complètement chaste. Qu'ils nous permettent seulement d'insinuer qu'elle se conduisit parfois, pendant la noce directoriale et la fête consulaire, comme si elle ne l'avait été qu'à demi. Des médisants, mettons des calomniateurs, se sont permis de jaser. Nous pouvions recueillir, pas plus tard qu'hier, un écho de leur malveillance dans le livre que M. Alfred Marquiset consacre au souvenir de Mme Hamelin. Il y aurait eu conflit entre ces deux merveilleuses : Julie Récamier, toute blancheur, et la créole Fortunée Hamelin, « brune à faire douter de la pureté de son sang ». Fortunée, qu'on nommait « la Jolie Laide », négrillonne endiablée, apportait aux danses une furia qui venait de Saint-Domingue. Elle faisait le bonheur du beau Montrond, un Lauzun de style Barras. Si nous en croyons le général Thiébault, ce Montrond aurait eu la curiosité de comparer la grâce lyonnaise à l'ardeur des Antilles. Certain soir de 1805,

il serait sorti d'un bal avant la fin, en emmenant
Juliette Récamier dans un fiacre. Fortunée aurait loué
un cabriolet et rattrapé les coupables à la barrière
Clichy. Il est vrai qu'on peut, à vingt-huit ans, étant
la plus belle, monter en voiture, et la nuit, avec un
militaire de mauvaise réputation sans songer à mal le
moins du monde. Il convient aussi de ne point oublier
que le général Thiébault était méchante langue et sottisier avec délices. Tout indique d'ailleurs, même en
tenant l'anecdote pour véridique, que Juliette sortit
immaculée de l'aventure. Quelle invincible force donne
à l'innocence le sentiment de l'impunité !

Comprenne qui pourra cette manière hardie d'être
vertueuse ! Juliette usa pendant trente ans de cette
méthode. « Personne mystérieuse et inconcevable
que vous êtes ! » lui écrivait Adrien de Montmorency.
Le prince Auguste, un Prussien chevaleresque, obtint
d'elle, mieux qu'un aveu, un billet à ordre, un chèque
d'amour comme en pouvait signer la femme d'un
banquier : *Je jure sur le salut de mon âme de conserver
dans toute sa pureté le sentiment qui m'attache au
prince Auguste de Prusse ; de faire tout ce que permet
l'honneur pour faire rompre mon mariage, de n'avoir
d'amour et de coquetterie pour aucun autre homme, de le
revoir, le plus tôt possible et, quel que soit l'avenir, de
confier ma destinée à son honneur et à son amour.* Le
Germain naïf avait conclu de cette rédaction que
Juliette était désormais sa fiancée. « C'est, disait de
lui Napoléon, un jeune homme sans boussole. » Lorsqu'il apprit que l'engagement sacré ne tenait plus,
Auguste faillit en devenir psychologue. « Serait-
ce une coquette ? » se dit-il. Pour un Prussien dé-
pourvu de boussole, Auguste raisonnait là passablement. Benjamin Constant, moins candide, après
une année d'agenouillement éperdu, finit par ce
rugissement : « Je l'ai en horreur ! » Et jamais ne fut

adressée à l'idole de plus touchante parole d'amour.

Etait-elle méchamment et gaiement cruelle ? Oh ! que non pas ! Elle fut une délicate virtuose de l'amitié avec de belles fidélités courageuses. Au procès de Moreau, elle alla bravement consoler le vaincu par un sourire. Son fantoche d'époux se ruinait de temps en temps. Elle passait de l'opulence à la gêne avec une grâce tranquille. Parce que son *schall* coûtait moins cher, ses épaules allaient-elles changer? Avec un ruban de trente sous dans ses frisures, elle se passait gentiment de pierreries. Son peuple de victimes criait d'abord ; il finissait par roucouler à l'unisson. Un de ses plus sûrs sortilèges était dans son inlassable douceur.

Et puis, tout ceci dit, nous comprenons un peu moins qu'avant. Les psychologies les plus savantes ne nous en diraient pas davantage. Quelqu'un pourtant a failli deviner. Allons interroger une fois de plus le froid et délicieux portrait de David. On croit ignorer pourquoi le peintre et son modèle se lassèrent l'un de l'autre. David était alors, en cette année de Marengo, l'artiste officiel des souverainetés. L'Homme l'avait choisi pour son peintre. Une autre royauté, celle de la Femme, posait devant lui. C'était l'heure où Juliette incarnait triomphalement une France heureuse de revivre dans la gloire et dans la paix. Cette vivante image de la renaissance d'un monde ne pouvait qu'enchanter David et l'exalter. Mais chez l'artiste mythologue veillait un rude ouvrier de vérité. L'œil de David, implacable, a regardé la déesse sans trouble. Il a tout stylisé, autour d'elle, selon le canon néo-païen. Mais, elle-même, il l'a montrée, telle qu'elle était : une dame à la mode, ce qu'on a appelé depuis « la petite femme ». L'ancien jacobin laïcisa cet ange. David a vu un minois, la frimousse d'une grisette amusée, et il a peint ce qu'il voyait avec une loyale et sévère candeur. Quel

rêve faut-il surprendre dans ces petits yeux humides
et rieurs ? A quoi pense Sa Majesté Juliette, reine des
Français ? A rien du tout. Ou plutôt à ceci seulement
qu'elle est charmante et que c'est divertissant au possible d'être la plus belle de toutes au pays des grâces.
Et elle vivra ainsi dans un état de perpétuelle enfance,
sans penser à mal, ni à bien, victorieuse, innocente
et stérile. Cette fragile merveille a l'air d'un joujou de
vitrine, dont on ne se sert point parce qu'on le casse-
rait. On ne nous ôtera pas de l'idée que Juliette eut
secrètement peur de cette image trop vraie. Elle était
aimée par trop de gens de lettres pour se laisser voir
ainsi sans parure spirituelle. Peut-être lui sembla-t-il
entendre murmurer dans la confrérie : « Comment, ce
n'est que cela, ce qui nous affole ! Quelques bouclettes
au-dessus d'un nez retroussé de gamine espiègle ? »
Madame Récamier rompit les séances avec David. Elle
préféra Gérard, qui lui, plus homme du monde et
peintre de cour, saurait la traduire et non la révéler.
Et Gérard la peignit, comme elle voulait être désirée,
mélancolique, songeuse et profonde, telle qu'une Muse
au repos. Quant au chef-d'œuvre de David il devait
rester inachevé. Le modèle aussi.

JULIETTE ET JULIE

Un bruit étrange nous arrive de Lyon. Nous le recueillons sous toutes réserves, et avec la quasi-certitude que c'est un faux bruit. Est-il vrai, toutefois, que quelqu'un ait songé, sur les rives de la Saône voluptueuse, à placer un lycée de jeunes filles sous l'invocation de Jeanne-Françoise-Adélaïde-Julie Bernard, plus connue sous le nom de Mme Récamier ?

Encore que Lyon soit la patrie de Guignol, ce n'est pas une cité réputée pour ses aptitudes à l'espièglerie ? On y dissimule mal un peu de dédain pour la frivolité parisienne. Aussi nous refusons-nous à admettre que ce projet, d'une galante fantaisie, ait pu germer dans un cerveau lyonnais. Ou bien alors, la divine Juliette aurait-elle fait là une suprême conquête ? Parmi la foule dolente et résignée de ses victimes, il y eut des Lyonnais et non des moindres. Enerverait-elle encore les énergies de ses compatriotes « par delà le tombeau » ? Les hommes de Lyon dont elle endormit la conscience, le bon Ballanche, Jean-Jacques Ampère, ont pour excuse d'avoir eu sous les yeux l'ensorceleuse, parée de tous les prestiges de la vie. Ils pourraient nous dire : « J'aurais voulu vous y voir, vous qui parlez ! Vous y auriez passé comme les autres. »

Il est infiniment probable qu'aucun de nous n'aurait échappé au délicieux mal qui eut le caractère d'une épidémie européenne. Mais enfin, elle n'est plus là,

cette Circé, pour changer les austérités en roucoule-
ments. Et maintenant le sexe masculin a de la défense
contre la magicienne défunte et l'ombre de ses sortilèges.

Faut-il penser que la récente acquisition par le
musée de Lyon du buste de Chinard a rendu à
Mme Récamier toute sa puissance de sorcellerie ? On
vient de nous envoyer deux photographies de ce chef-
d'œuvre révélateur. Vue de face, l'effigie de Juliette ne
dégage qu'innocence et pudeur. On l'imagine très bien,
au seuil d'un collège de jeunes demoiselles, symbolisant
les vertus inscrites au programme. Est-ce avec une
intention perfide que le photographe a pris une autre
épreuve, en regardant le buste de côté ? Sous ce second
point de vue, Mme Récamier, perd soudain toute
autorité pédagogique. « Ah ! mademoiselle, disait
Lassouche dans une farce d'autrefois, pourquoi
avez-vous ce diable de petit nez ? » Il est adorable, le
nez de Juliette, si mutin, si frémissant, si gourmand des
fruits défendus ! et tout ce que vous voudrez encore,
mais absolument incompatible avec ce que représente
l'enseignement secondaire, — incompatible et absolument.

Il se moque de nous encore aujourd'hui, ce nez de
grisette déifiée. Il se retroussait ainsi depuis quarante-
trois ans, lorsque Jean-Jacques Ampère lui fut présenté. C'était le 1er janvier 1820, à l'Abbaye-au-Bois.
Le jeune étudiant lyonnais commençait sa vingtième
année ; il venait de lire *Obermann* ; il avait résolu de quitter les sciences physiques et naturelles pour la poésie.
Déjà, le Théâtre-Français lui avait refusé des tragédies ; il était mûr pour une grande passion. Mme Récamier lui apparut voilée d'une brume de mousseline,
telle qu'une radieuse matinée d'automne. Autour
d'elle, « un Sénat d'amoureux. » Trois surtout, entraî-
nés à la contemplation pure : Mathieu de Montmo-

rency, doyen de la corporation ; l'innocent bonhomme
Ballanche, désespéré et persévérant, et Chateaubriand, celui de tous qui supportait le moins bien la
frugalité et qu'on soupçonnait vaguement de commettre au dehors des écarts de régime... Ampère fils
vint faire un quatrième à ce whist de la continence.

Le pauvret subit cinq années de travaux forcés du
désir. « N'avez-vous jamais, s'écriait-il, entendu parler de certains supplices où une sensation douce, irri-
tante, prolongée, finit par faire expirer le patient dans
des convulsions ? Eh bien, c'est là mon histoire. »
La tortionnaire, si chaste, — oh ! combien ! — s'inter-
disait de le dédommager autant que de le décevoir. Elle
lui ordonnait de courts voyages en manière de médi-
cation. Il lui écrivait des lettres hurlantes de douleur : il y en a cent dix. « Nos destinées ne peuvent
s'unir. C'est maintenant que cette idée m'accable,
maintenant que vous êtes loin, maintenant que je n'ai
plus l'espoir d'appuyer sur vos genoux ma tête décou-
ragée ! » Que de formes diverses s'amuse à prendre
la vertu ! Il est mille moyens pour une dame bien
intentionnée de calmer un adorateur trop hardi. Il ne
faut pas discuter les méthodes. C'en est une, semble-il,
pourtant un peu singulière, pour décourager une tête
de vingt ans, que de lui offrir deux genoux parfumés,
comme oreiller de renoncement. Après cinq années
de cette cure, le *patito* se donna lui-même une commu-
tation de peine : il s'enfuit jusqu'en Laponie chercher
une atmosphère plus réfrigérante que celle de l'Abbaye enchantée. C'était ainsi que badinait Juliette,
en son quarante-troisième printemps.

Et dire que ce fut le grand Ampère qui eut l'idée
d'amener son fils au jardin d'Armide ! Si candide
qu'ait été ce saint de génie, il dut regretter plus
d'une fois le jour de l'an de 1820. Comme a osé l'écrire
Cuvillier-Fleury, qui n'était pas un pamphlétaire

violent, la rencontre de Mme Récamier fut funeste
« au vif rejeton de l'inventeur de l'électricité dyna-
mique ». On ne saurait mieux dire.

Lui, le père, ce n'était pas dans un boudoir qu'il avait
appris l'art d'aimer. On connaît cet exquis poème des
amours d'André Ampère et d'Antoinette Carron,
l'idylle si fraîche et si saine du verger de Pomereux,
une des pages les plus blanches de l'histoire des âmes.
Ce timide amour du futur grand homme pour celle
qu'il nommait « sa Julie », quel moraliste inventera
rien de meilleur ? La belle jeune fille, d'une santé si
riche, « faisait des fous par centaines » à son insu. Elle
choisit librement celui de tous qui paraissait le moins
digne d'elle, ce laid garçon, gauche et sauvage, l'humble André, dont on se moquait. Ampère, transfiguré
par l'amour, connut les ruses du séducteur; il s'acheta
des culottes neuves et un chapeau de toile cirée. Il
devint astucieux : il feignit d'oublier son parapluie chez
les parents de Julie, dans le dessein scélérat de revoir
la jeune fille. Il eut des hardiesses. Un soir, il consigna
dans son *Journal :* « J'ai mangé une cerise qu'elle
avait touchée ! » Après trois ans de telles fiançailles,
André Ampère épousa Julie. Peu après, la mort lui
enlevait celle qui avait été si amoureusement maternelle à son cœur sublime d'éternel enfant.

Au fait, il y a à Lyon un lycée Ampère, celui des
garçons. Pourquoi, si l'on est embarrassé de baptiser
le lycée de filles, ne l'appellerait-on pas « lycée
Julie » ? Ce serait le placer sous l'invocation d'une des
plus pures mémoires féminines qu'on puisse vénérer.
Quant à Juliette, on consacrerait son souvenir sur
l'enseigne d'un marchand d'éventails.

CLAIRE DE DURAS

QUELQU'UN osera-t-il jamais écrire cet ouvrage encyclopédique : *les Femmes de Chateaubriand ?* Nous ne sommes plus au temps où la librairie savait consacrer une vingtaine de volumes à un seul sujet.

> Bornons ici cette matière,
> Les longs ouvrages me font peur.

Nos historiens, à l'exemple de La Fontaine, se méfient des vastes entreprises. Le répertoire des victimes du grand Vicomte, si on s'avisait de l'établir avec la rigueur des méthodes modernes, prendrait l'ampleur et la majesté d'un *Corpus.* « Toutes ces femmes qui ont passé devant moi ! » disait insolemment René vieilli. Elles sont trop. Le parti le plus sage est de renoncer à les convoquer pour une revue d'ensemble. Peu à peu d'ailleurs, chacune d'elles trouve son biographe particulier. C'est presque un département de la Bibliothèque nationale qui se constitue avec les monographies de ces personnes que Mme de Chateaubriand appelait « les belles madames », et qui furent aussi nombreuses que charmantes. Il devient facile au premier venu de choisir, au gré de ses sympathies, dans ce harem d'ombres. Oserai-je dire que mon choix est fait ?

Un respect attendri est dû au souvenir de Claire

de Kersaint, duchesse de Duras. De toutes les âmes
dont l'ennui de Chateaubriand s'est amusé, celle-là
fut la plus douce et la plus vraie. Le dernier ouvrage du
regretté abbé Pailhès nous raconte cette destinée
mélancolique et c'est grande pitié aux cœurs chari-
tables. Peut-être le zèle de l'historien confesseur l'a-
t-il entraîné à écrire un trop gros livre. La mémoire de
Mme de Duras est quelque chose de fané et d'exquis
comme une fleurette d'herbier. Cinq cents pages de
documents commentés pèsent d'un poids un peu lourd
sur cette grâce fragile. Mais quoi ! Allons-nous reprocher à un biographe d'avoir voulu être complet ?
C'est tout un moment de la société d'autrefois que
M. Pailhès a évoqué en nous parlant de Claire de
Duras. Il nous montre cette aimable femme envi-
ronnée de toutes les amitiés qui lui servirent de conso-
latrices. Le monde de la Restauration fait cercle
autour d'elle. Et pourtant un seul individu accapare
l'intérêt du livre, comme il absorba tout ce qu'il y
avait chez cette créature exceptionnelle de puissance
de tendresse et d'aptitude à souffrir. L'aventure de
Mme de Duras, l'abdication de son être aux pieds de
Chateaubriand, c'est un conte de sorcellerie, l'histoire d'un envoûtement au siècle de M. de Talleyrand.
La triste « dame d'Ussé » prend place avec les Aïssé,
les Lespinasse, les Marceline Valmore, aux limbes
des amoureuses victimées.

M. Pailhès indique discrètement qu'au point de
vue du septième commandement, il croit à l'innocence parfaite de ses rapports avec Chateaubriand.
Il est toujours préférable en principe de conclure ainsi
sur un sujet à ce point délicat. La tendance de la
postérité serait de se prononcer plutôt en sens contraire, pour deux raisons : d'abord parce que la postérité ne vaut pas cher, et aussi parce que la réputation
de René s'associe mal à l'idée de continence. Mais il

faut bien reconnaître que Chateaubriand put cette fois demeurer respectueux, sans faire preuve d'un héroïsme inaccoutumé. Digne de toutes les adorations spirituelles, la duchesse de Duras manquait, hélas ! du don périssable de la beauté. Lorsqu'elle fit la rencontre, délicieuse et funeste, de l'homme de séduction qui la conquit tout entière, celui-ci lui proposa tout d'abord de l'appeler « ma sœur ». Il n'a jamais nommé ainsi certaine dame, pour ne parler que de celle-là, qu'il emmenait manger une friture sous les tonnelles de la banlieue, et qui lui chantait du Béranger au dessert. La pauvre Mme de Duras fut accablée de fraternité. Il lui échut la mauvaise part et elle ne lui fut jamais ôtée. Du « cher frère », elle a recueilli les mauvaises humeurs, les rancunes, les bouderies, les colères, tout ce que se plaisent à réserver pour le foyer domestique les grands infidèles. En ce sens, la dame d'Ussé confisquait sans le vouloir la part légitime de Mme de Chateaubriand. Mais Mme de Chateaubriand, bon bec et dure à la riposte, avait de la défense. Et puis, — et c'est ce qui lui a permis de supporter tant bien que mal son intermittent compagnon d'existence, — elle n'était pas amoureuse de lui le moins du monde. Elle appartenait, quant aux passions, comme en littérature, à une autre école que celle de René. Il n'y eut pas dans cette nature de chanoinesse caustique la moindre goutte de romantisme. Au contraire, il jaillissait à flots, le romantisme, du cœur de Mme de Duras, et c'est miracle que le plus insatiable des égoïsmes masculins ne soit pas parvenu à dessécher cette source vive d'enthousiasme et d'abnégation.

Et si abondamment douée, avec cela, de toutes les armes de l'intelligence, équilibrée, prudente, raisonnable, raisonneuse, bonne conseillère, pieuse sans bigoterie, lettrée sans pédantisme, royaliste sans fanatisme, fidèle fille du conventionnel Kersaint et dame de cour, girondine de tradition et légitimiste par convenance, clairvoyante à ce point qu'elle jugeait sainement jusqu'à sa propre maladie. On ferait avec les aveux découragés qui lui échappaient de temps en temps une exacte psychologie de Chateaubriand. « Tout vous est possible, lui écrivait-elle, hors de me tromper. » Désespérant de transformer son cruel frère en quelqu'un de plus intime, en frère tendre tout au moins, elle le voulut heureux. Pour le Chateaubriand d'après 1814, être heureux, c'était être ministre le plus souvent possible et ambassadeur le reste du temps, Mme de Duras prit sous sa tutelle les ambitions de son tyrannique ami. Elle fit son bien propre de la fortune politique de ce perpétuel convoiteur. « La gloire, a dit Mme de Staël, n'est pour une femme que le deuil éclatant du bonheur ! »

Au moins Mme de Staël se consola-t-elle des iniquités de l'amour en conquérant la gloire pour elle-même. La duchesse de Duras nous semble plus touchante, n'ayant rien obtenu personnellement. On a souvent rapproché ces deux illustres femmes, l'auteur de *Delphine* et l'auteur d'*Ourika*. Sainte-Beuve remarquait qu'elles se ressemblaient « par le noir des yeux ». Elles furent, l'une et l'autre, des passionnées privées de beauté, de riches instruments de souffrance, de généreux et malheureux cœurs. Récemment M. le comte d'Haussonville publiait dans le *Figaro* quelques-unes des lettres qu'échangèrent ces deux incorrigibles idéalistes, et nous retrouvions là une preuve nouvelle de leur parenté. Toutefois, si Mme de Staël impose l'admiration, Mme de Duras inspire mieux la sympathie. Elles ont mis toutes deux sur le papier leurs confidences. Il y a du tumulte aux livres de Mme de Stael ; la plainte d'*Ourika* n'est qu'un murmure. Ce dolent récit d'amour, écrit avec

un minimum de littérature, reste, entre *Adolphe*
et *Dominique*, un livre essentiel pour l'histoire de la
sensibilité française. Chateaubriand daigna en corri-
ger les épreuves ; c'était bien le moins qu'il devait à
la plainte d'une âme que son *moi* avait dévastée.

M. d'Haussonville a raison de dire qu'elle l'emportait sur lui, même par l'éloquence. Il lui a écrit des
monceaux de lettres, affairées, verbeuses, grondeuses,
dont la lecture irrite et ennuie. Très précis et très
abondant lorsqu'il s'agit d'une démarche à demand-
der, d'une faveur à arracher au pouvoir, on sent à chaque ligne qu'il se tient en garde contre une importu-
nité d'amour. Parfois, ayant accompli à souhait sa
tâche d'intendante soumise, elle risque un mot trem-
blant de reproche. Elle était jalouse. Mme de Mouchy,
Mme Récamier, d'autres encore, toutes celles qui étaient
belles, lui arrachèrent des cris, aussitôt étouffés. Il
lui fallait se contenter de brefs billets jetés comme des
aumônes : « Je n'ai point vu *d'autres*, pas même l'Abbaye. Que dites-vous de cela ? Je suis mieux, Demain,
j'irai m'enrhumer chez vous. » Le mot est d'une atroce
vérité ; elle n'a eu de lui que ses rhumes. Mme de
Staël, elle, avait des colères qui terrifiaient les ingratitudes. Corinne n'aurait jamais consenti à signer cette
phrase de Mme de Duras : « Aimer sincèrement donne
les vices et les vertus de l'esclavage. »

Après avoir pleuré, Claire de Kersaint écrivait à
un ministre pour recommander Chateaubriand. Quelques mois avant sa mort, à l'agonie, elle se disait :
« Il va être aux affaires étrangères! » Ne pouvant vivre
sans lui, elle s'ingénia à lui trouver toujours des ambassades qui l'éloignaient. Lorsqu'il partit pour Londres, ils eurent ensemble une scène cruelle. Il s'excusa
par un froid billet de deux lignes. Elle répondit :
« Vous êtes fâché de m'avoir désolée, je le crois bien,
tyrannique enfant gâté! Je suis malade, tant j'étais

affligée de votre départ. J'avais peur que vous ne vinssiez pas me dire adieu. Voilà tous mes crimes. Enfin vous étiez là. *Et je voudrais encore recevoir vos injures au même prix.* »

Un coup d'œil jeté sur son miroir rappelait la duchesse de Duras à l'humilité. A-t-elle jamais lu, en une stance oubliée, le secret de son héroïsme ? Six vers, six adorables vers qui échappèrent, un soir de mélancolie, à une dame auteur du dix-septième siècle, Louise de Saintonge ? Cette contemporaine de La Fontaine et de Fénelon, dont on ignore la vie, a écrit des madrigaux, des épîtres, des églogues, des opéras, qui forment deux illisibles volumes. Et soudain, au milieu de ce fatras, brille une perle, cette larme, semblable à celles qu'a dû verser Claire de Duras devant sa psyché :

> Lorsque vous me changez pour une autre bergère,
> Je voudrais vous punir de votre humeur légère,
> Et suivre mes transports jaloux.
> Mais hélas ! mon amour désarme ma colère ;
> Et quand je cesse de vous plaire,
> Je me trouve cent fois plus coupable que vous.

DOROTHÉE DE COURLANDE

Nous avons eu récemment ces *Souvenirs* de la duchesse de Dino, où la célèbre Egérie de Talleyrand a su parler d'elle-même sans sévérité. Ce fut une grande dame, une très grande dame, qui joua les premiers rôles de coquette dans la comédie de la politique. Elle avait l'âme européenne. Nous serions tentés de lui reprocher d'avoir eu, étant devenue Française par son mariage, des sympathies pour tous les pays de l'univers, sauf pour la France. Cosmopolite d'éducation, Sarmate d'origine, Allemande de cœur, Dorothée de Courlande nous porta toujours une antipathie secrète. On retrouve une inquiétude rétrospective, en songeant que cette belle sans-patrie fut la conseillère du plénipotentiaire français au congrès de Vienne. Talleyrand avait laissé à la maison sa légitime épouse, cette ex-belle indienne, qui, disait-il, « n'avait jamais eu de l'esprit que comme une rose ». Pendant la plus grande partie de sa carrière, le prince de Bénévent s'était passé fort bien des charmes de l'influence féminine. Il aimait à dire : « Une femme spirituelle compromet souvent son mari ; une femme bête ne compromet qu'elle-même. » Il renonça à cette théorie lorsqu'il découvrit chez sa nièce par alliance le génie de la politique. Il devint le plus docile et le plus ravi des oncles. La duchesse de Dino dépassa son maître ; elle fut parfois plus talleyrandienne que Talleyrand lui-même. On sait qu'elle intervint pieusement pour obtenir de l'ancien évêque d'Autun un trépas chrétien. Elle habitua peu à peu le vieux pécheur à l'idée de l'extrême-onction. S'étant trouvée un jour légèrement indisposée, elle réclama les derniers sacrements. Comme Talleyrand s'étonnait qu'elle eût fait une aussi grave démarche sans une absolue nécessité : « Que voulez-vous ? répondit la duchesse, cela fait bon effet pour les gens ». Talleyrand médita la profondeur de cette parole ; il s'en souvint à son heure dernière. Mme de Dino présida au cérémonial de sa conversion. Après quoi, justement fière d'avoir sauvé une âme française, elle ne fit plus rien pour la France. Elle quitta le pays des mécréants et s'en fut vieillir dans la suave Allemagne de son enfance.

Pourquoi cette belle et savante personne ne nous aimait-elle point ? On l'entrevoit dans ses *Souvenirs*. Elle nous en voulait de son mariage. Si peu ingénue qu'elle fût, Dorothée de Courlande avait caressé l'espérance d'épouser le prince Czartoryski ; elle le connaissait à peine, il avait vingt-cinq ans de plus qu'elle, mais il descendait des Jagellons. Pourquoi ce rêve aux couleurs de la Pologne ne put-il se réaliser ? Parce que M. de Talleyrand voulut pour un sien neveu la plus riche et la plus séduisante des héritières du Nord. Napoléon l'avait envoyé à la cour de Russie chercher une impératrice des Français. Talleyrand s'y occupa beaucoup plus de marier son neveu que de marier son empereur. Il fit le siège du petit cœur de Mlle Dorothée de Courlande avec la plus délicate scélératesse. La pauvrette nous a raconté « l'intrigue secrète qui conduisit sa destinée ». Talleyrand la trompa comme un simple Napoléon. Il se servit d'agents officieux qui vinrent raconter à la jeune fille qu'Adam Czartoryski allait se marier. De dépit, elle consentit à devenir comtesse de Talleyrand-Périgord. Les deux fiancés échangèrent ce dialogue, où s'annonce déjà

Meilhac : « J'espère, monsieur, que vous serez heureux dans le mariage qu'on a arrangé pour nous. Mais je dois vous dire que je cède au désir de ma mère avec la plus parfaite indifférence pour vous. » Le jeune homme répondit : « Mon Dieu, cela me paraît tout naturel. D'ailleurs, moi aussi, je me marie parce que mon oncle le veut, car à mon âge, on aime bien mieux la vie de garçon. » Avoir rêvé d'un Jagellon d'idylle, et se marier ainsi, voilà ce que la nièce de Talleyrand ne nous a jamais pardonné.

Elle a nommé parmi ceux qui jouèrent un rôle dans le louche imbroglio de son mariage un certain comte Batowski, à qui elle semble garder quelque rancune. Mandée par sa mère au château de Lœbikau, Dorothée y trouva ce gentilhomme polonais, qui lui parut « tombé des nues ». Batowski l'entreprit longuement sur les mérites des Talleyrand, oncle et neveu. La duchesse de Dino n'en dit pas plus dans ses *Souvenirs*. Elle laisse Batowski dans le mystère.

C'en était assez pour mériter au comte Batowski l'intérêt des psychologues. Voici que sa figure s'éclaire. La *Revue historique* publie sous ce titre : *Souvenirs autobiographiques d'un émigré*, quelques pages inédites du baron de Vitrolles. Nous devons la divulgation de ce morceau de haut goût à l'éditeur des *Mémoires* de Vitrolles, M. Eugène Forgues. Ce spirituel érudit connaît son Vitrolles sur le bout du doigt. Vitrolles, qui fut en politique le plus hardi et le plus heureux des amateurs, était confit en finesse ; cancanier comme un émigré et collectionneur d'anecdotes piquantes. En attendant qu'il pût faire la Restauration à lui tout seul, il promenait à travers l'Europe une curiosité de pince-sans-rire. Le hasard le donna pour voisin de campagne à la duchesse de Courlande, mère de la future nièce de Talleyrand. Vitrolles n'était pas homme à négliger les agréments de ce voisinage. Il regarda de tous ses yeux et enrichit sa collection d'historiettes. Il va sans dire que nous lui laissons toute la responsabilité de ses médisances ; ce sont d'ailleurs peut-être des calomnies. Il résuma ses jolies malveillances dans un cahier auquel il donna ce titre innocent : *Anecdote courlandaise.*

A en croire Vitrolles, la duchesse de Courlande aurait eu au comte Batowski de grandes obligations. Leur amitié datait du jour où, député à la Diète de Pologne, Batowski avait enlevé, plus ou moins régulièrement, une décision favorable aux prétentions des ducs de Courlande. Les députés s'étaient prononcés dans le sens contraire ; Batowski fit recommencer le vote à la hussarde. Entre les deux scrutins, la duchesse s'était évanouie. « Elle reprit ses sens, dit le baron de Vitrolles, pour ainsi dire dans les bras de son ami. Sa reconnaissance fut aussi vive qu'elle était naturelle. » Cette gratitude se serait prolongée. Vitrolles vit, non sans attendrissement, la duchesse et le subtil Polonais se promener poétiquement dans les jardins de Lœbikau. « N'est-ce pas, cher monsieur de Vitrolles, que nous avons l'air de deux bons bourgeois ? » Batowski aurait dû être heureux. « Les bonnes grâces que la duchesse avait pour tout le monde se tournaient pour lui en témoignage de la plus vive affection. Sa reconnaissance pour le nonce de la Diète de Varsovie se révélait par les attentions les plus recherchées. » Il aimait les belles éditions ; son amie allait elle-même acheter des livres rares à Leipzig. Les dames du château l'accablaient de gentillesses. « Il me semblait voir ce que l'on racontait autrefois des aumôniers de couvent, que les religieuses comblaient de cajoleries et de friandises. »

Et pourtant Batowski n'était pas heureux. La duchesse de Courlande dut retourner à Sagan, où l'appelaient ses devoirs conjugaux. Avant de partir

elle recommanda « bon ami » au baron de Vitrolles.
« Il vous aime tant, et il sera si triste ! » Un soir,
Batowski s'épancha dans le sein du baron. Il s'abandonna à un monologue de mélancolie que Vitrolles
trouva « shakespearien ». Le malin Français railla le
Polonais fatal. « De quoi vous plaignez-vous ? »
lui répétait-il. Batowski fit cette réponse à la Werther :
« C'est précisément parce que je n'ai plus rien à désirer
que je suis si malheureux ! »

Il n'était pas l'homme des petits bonheurs tran-
quilles ; il lui fallait les grandes circonstances. On
le vit bien lorsque le duc de Courlande ayant tré-
passé, la duchesse songea à devenir baronne d'Armfeld. Batowski détenait de son amie la promesse de
l'épouser dans l'année qui suivrait son veuvage.
Vitrolles fournit même sur cet arrangement cette
précision : « Elle lui avait signé un dédit de quinze
cent mille francs ». Il ajoute : « Suivant un usage
assez répandu dans le Nord, et que nos mœurs n'ad-
mettraient pas ». Batowski ne manqua point de grandeur d'âme. Il s'effaça devant le baron d'Armfeld.
« La duchesse de Courlande n'y consentit qu'avec peine.
Elle exigea de lui qu'il acceptât une pension de trois
mille ducats, comme une légère compensation, disait-
elle, du sacrifice que le comte avait fait d'une manière
si généreuse. » Batowski, l'année suivante, épousa la
fille d'un banquier.

Tel était Batowski. Homme de famille avant tout, il
conserva quand même son dévouement à la duchesse
de Courlande Il le lui prouva en mariant sa fille au
neveu de Talleyrand. On nous parle beaucoup, depuis
quelque temps, des vertus patriarcales de l'ancienne
aristocratie. L'*Anecdote courlandaise* nous rend un
peu de leur parfum.

IDYLLES GERMANIQUES

J'suis t'i assez la honte du régiment ! » s'écrie un des héros de Courteline. L'ami de Lidoire est un savant artiste du repentir : il goûte à la fois la joie du remords et l'orgueil du péché. C'est une âme double.

Telle était l'âme de Zaccharias Werner, que M. Vierling vient d'analyser subtilement devant la Faculté des lettres de l'Université de Nancy. C'est toute l'Allemagne des premières années du dix-neuvième siècle que M. Vierling évoque dans son livre : une Allemagne rêveuse et troublée, celle de la découverte du romantisme, plus improbable encore que l'utopique Germanie de Tacite. Et Zaccharias Werner nous apparaît comme le revenant d'une planète éteinte.

Singulier et captivant personnage, un aliéné à froid, avec des lueurs de génie. Nous ignorons lamentablement son œuvre. Le drame *Martin Luther*, au dire de Stendhal, serait « la plus belle pièce depuis Shakespeare ». Il est regrettable qu'on n'ait jamais songé à reprendre, sur une scène parisienne, la courte tragédie fataliste : le *Vingt-quatre février* ; elle aurait un beau succès d'épouvante. Philarète Chasles, qui fut un curieux explorateur de l'ancienne âme allemande, a parlé de Werner sans charité ; il n'a voulu voir dans le plus romantique des Prussiens qu'une manière de charlatan débraillé. M. Vierling a dans l'esprit plus de mansuétude et d'équité. A force de fréquenter ce diable d'homme, il est parvenu à l'aimer, malgré ses vices, à cause d'eux peut-être. La critique française excelle dans les œuvres de pardon. Elle dédaigne les généralisations à la Harden. N'empêche que le cabotin des cabotins, le plus effronté fanfaron de vice et de repentir qui ait jamais existé est un natif de Kœnigsberg. Si la terre de France avait fourni un produit semblable, tous les rédacteurs de la *Zukunft* se voileraient la face et lanceraient la foudre. Qu'il soit permis « au pays de Robert Macaire » de saluer en Zaccharias Werner le plus amusant et le plus scandaleux des Poméraniens. On prête à Lamartine cette définition de Joseph de Maistre : « Un moïse farceur. » Werner a doté l'humanité d'un type plus savoureux encore. L'Allemagne romantique, la pré-Allemagne a lancé cette curiosité psychologique : le mystique rigolard.

« Je suis gourmand, sensuel, capricieux, fantasque, inquiet et impur », a confessé Werner dans son *Journal*. M. Vierling nous doit la traduction des *confessions* intégrales de l'illustre converti. Nous verrons alors comment le candide Zacharias alla de la fête à la sainteté en prenant les chemins de traverse. Ce fut tout un *raid*. Il y eut, dès ses débuts, deux vocations chez Werner : celle des dames et celle du divin. Presque enfant, il a trouvé le moyen de faire la noce à Kœnigsberg ; cela seul suffirait à l'immortaliser. Il a scandalisé Kant. « Je n'ai point la vocation du mariage », reconnaît-il quelque part. Que se serait-il passé, doux Seigneur, s'il l'avait eue ? Werner s'est marié trois fois. A vingt-trois ans, il épousa une personne de mœurs douteuses, qui fit mauvais effet à Kœnigsberg ; d'où un premier divorce. Il essaya ensuite d'une certaine demoiselle Y..., qui, a-t-il dit lui-même, « avait eu une légion d'amants » et possédait un nombre respectable de thalers ; des malentendus se produisirent. Deuxième divorce. Et enfin troisième mariage avec une honnête Polonaise dont le poète entreprit héroïquement l'éducation intellectuelle et sentimentale. Le sujet était rebelle. La troisième Mme Werner préféra prendre pour professeur de vertu le conseiller Kunth. Werner pensa se fâcher, mais son ami Jean de Müller, un vrai sage, qui aimait la Providence et les liqueurs, l'invita au renoncement philosophique : « Sépare-toi de ta femme à l'amiable. Dieu t'a donné une plus haute mission. »

Ces joyeux théosophes parlaient de Dieu à propos de tout. « Werner, écrivait Sismondi à la comtesse d'Albany, est, à votre choix, apôtre ou professeur d'amour. » Il causait un jour avec un vieux monsieur très raisonnable, le baron de Voigt. Il lui posa cette question délicate : « Savez-vous ce que l'on aime le mieux dans sa maîtresse ? » L'honnête baron se recueillit un instant, désireux qu'il était de fournir une réponse précise. Werner ne lui laissa point le temps de la réflexion :« C'est Dieu ! » prononça-t-il.« Sans doute ! » répliqua Voigt, abruti et résigné. Il avait pensé à autre chose, ce baron.

Cependant, toujours mystique et toujours sanguin, successivement franc-maçon et Rose-Croix, Werner continuait à être « la honte du régiment ». Entre temps, il écrivait ce beaux drames nuageux à la louange de l'ascétisme. Comment Mme de Staël n'aurait-elle pas ajouté un passant semblable à sa collection de curiosités ? L'auteur d'*Attila* fut reçu chez elle, en tout bien tout honneur, avec des égards particuliers. « Notre-Dame de Coppet » lui donna une belle chambre sur le lac. Corinne aurait aimé à faire de Werner le sujet d'une cure spirituelle. Elle n'en eut pas le loisir. Son intéressant malade la quitta au bout de quelques semaines. Il bénit tout le monde avant de partir. Il prit à part Benjamin Constant et lui recommanda d'abord de ramener Mme de Staël à Dieu et ensuite de répandre en France l'esprit religieux. Benjamin se laissa confier ces deux mandats sans promettre formellement de les remplir. A Coppet, malgré sa tabatière gigantesque, ses redingotes crasseuses et son nez de priseur, Werner avait plu infiniment.

Il plut moins à Weimar. Très humble en face de Gœthe, il eut d'abord quelque succès. Il exaspérait et divertissait l'Olympien. Gœthe daigna faire jouer sur le petit théâtre de Weimar *Wanda, reine des Sarmates*. Il y eut souper après la représentation. Les jeunes filles embrassèrent le poëte. Une tradition — hélas ! peut-être inexacte — prétend qu'on servit une hure de sanglier ; Gœthe aurait détaché la couronne de lauriers qui embellissait cette pièce de charcuterie et l'aurait posée sur la tête de son hôte. Admirable et profond symbole. Gœthe était très renseigné sur les procédés de prédication dont se servait le doux romantique. Les petites bourgeoises de Weimar furent abondamment catéchisées. Quant aux dames de la haute coterie intellectuelle, elles écoutaient avidement la parole sainte. Elles étaient réunies un jour, pour entendre l'apôtre. Comme il tardait, elles eurent l'imprudence de l'envoyer chercher par une femme de chambre. Peu d'instants après, la pauvrette fit irruption dans la salon, et raconta, larmoyante et décoiffée... (Voir Schutze : *Weimar Album, passim.*)

Cette aventure jeta un froid. Les douairières et les conseillers auliques s'affligèrent. Gœthe n'insista point pour garder Werner plus longtemps. « C'est un matou ! » disait gentiment le grand-duc. Quant à Gœthe, il préparait déjà la définition qu'il devait donner plus tard : « Monsieur Werner, un poète dégoûtant ! »

Ce jugement de Gœthe fut prononcé, avec moins d'autorité et plus de candeur, par une aubergiste provençale. Tandis que Zaccharias, plus avide de sainteté que jamais, se rendait à Rome, il fit halte dans une auberge des environs d'Aix. Tout permet de supposer qu'il y entreprit la conversion des chambrières. Le lendemain matin, tandis qu'il montait en diligence, la bonne hôtesse eut cette vue psychologique : « C'est ce vieux-là qui est le plus débauché ! » Cette hôtelière n'avait pas lu la légende de Tannhæuser ; elle ignorait que son auberge, située sur la route de Rome, venait de représenter une des stations du Vénusberg.

La grâce attendait Zaccharias dans la Ville Eternelle. Elle ne le toucha point immédiatement. On s'amusait ferme, dans la Rome de Napoléon : « *Persécuté*, s'écrie Werner, toujours fidèle au vieux péché, j'ai péché honteusement sur les collines sacrées, j'ai déshonoré Rome ! » Mais à Naples, il vit se liquéfier le sang de saint Janvier. La vérité, qu'il avait cherchée partout, même à Paris, dans les galeries du Palais-Royal, lui apparut enfin. Sa conversion fut édifiante. Il se fit prêtre, puis moine. Il devint *el santo Wernero*. Tout arrive. Il confessa, il prêcha. A Vienne, pendant le Congrès, les dames dînaient à six heures pour ne rien perdre de ses sermons. De temps en temps, afin de mieux édifier l'auditoire, le bouffon vieilli racontait une anecdote polissonne. Poète quand même, ce singulier sermonnaire trouvait parfois d'admirables cris. Il cabotina jusqu'au tombeau.

M. Vierling, sans être jamais dupe, a su être miséricordieux à cette pauvre âme. Notre impure race française n'aurait jamais pu produire un mystique d'aussi forte santé.

ANGELICA KAUFMANN

IL existe encore des âmes pieuses pour songer à Angelica Kaufmann, qui apparut à nos arrière-grands-pères comme une Muse exilée ici-bas. Les riverains du lac de Constance viennent de célébrer le centenaire de cette illustre oubliée. On a réuni dans le *Landesmuseum* de la jolie ville autrichienne de Bregenz, toute une galerie des peintures et des dessins d'Angelica. Un de nos amis, qui a eu l'heureuse chance de visiter cette collection, nous en parle sinon avec enthousiasme, du moins avec le plus sincère attendrissement. Les organisateurs d'expositions rétrospectives ont à vaincre deux difficultés contradictoires : ils peuvent craindre de ne pas réunir assez d'œuvres représentatives du maître que l'on veut honorer ; ils doivent aussi redouter d'en trouver trop. Il y aurait, nous dit-on, à Bregenz, quelques Kaufmann discutables. Devons-nous en conclure qu'il se fabrique en un coin perdu de l'univers, de faux tableaux d'Angelica ? Ce serait une fière réponse à ceux qui prétendent que la gloire de cette femme charmante est désormais la proie du néant.

Mais peut-on falsifier Angelica ? Pour donner l'illusion de sa manière, la scélératesse ne saurait suffire. Il y faut encore cette divine candeur dont le secret est à jamais perdu. Marie-Anne-Catherine-Angélique Kaufmann incarne adorablement un idéal aboli. Dès l'enfance, elle choisit le génie comme loi de sa destinée. A onze ans, elle faisait le portrait d'un évêque et lisait Homère. Son père, qui était peintre avec moins de talent que de ferveur, l'élevait pour la gloire. Elle devint très belle, d'une beauté tyrolienne, tendre et robuste, blonds cheveux épais et regards d'azur. Telle qu'elle nous apparaît dans son portrait

des *Offices*, c'est une vierge alpestre selon le canon
Winckelmann, une nymphe échappée des mytholo-
gies de Raphaël Mengs. Elle chantait délicieusement ;
des amis lui conseillèrent d'entrer au théâtre. Elle
hésita un instant. Une estampe nous la montre entre
la Musique et la Peinture qui toutes deux la sollici-
tent ; elle laissa la lyre pour le pinceau. A Londres, elle
enchanta la ville et la cour par ses talents et par sa
beauté. Reynolds la peignit ; on dit qu'il l'aima.
Angelica dédaigna-t-elle l'hommage du célèbre peintre ? Toute à l'art dont elle était prêtresse, elle attendait patiemment que son cœur eût parlé. Il parla enfin.
Angelica avait alors vingt-sept ans. Un jeune gentilhomme, qu'on appelait Frédéric de Horn, et qui se
disait Suédois, faisait fureur dans l'élégance anglaise
par ses grâces cavalières. L'amour s'empara victorieusement d'Angelica. Il avait suffi à ce Suédois de
paraître. Un seul de ses regards avait fait fondre ces
neiges d'Helvétie sous lesquelles la chaste bacchante
cachait ses ardeurs. On les maria. Hélas ! presque au
lendemain des noces, la comtesse de Horn, découvrait
que son époux n'était ni comte, ni Horn, ni Frédéric,
pas même Suédois. Elle avait pour mari un ancien
laquais, le plus effronté des larrons d'amour. Angelica
pensa en mourir. Elle chassa le drôle et remplit Londres de ses gémissements d'Ariane mystifiée. Mais si
imposteur que fût le pseudo-comte de Horn, il y avait
un point sur lequel il ne mentait pas : le misérable
était beau. En fuyant, le meurtrier laissait la flèche
empoisonnée au cœur de la victime. On prétend qu'Angelica regretta toujours secrètement de n'avoir point
été abusée jusqu'au tombeau. Dès lors elle fit énormément de peinture et n'aima plus que dans Virgile et
dans Homère. L'infâme union ayant été rompue, elle
consentit à épouser le bon peintre vénitien Zucchi, le
plus discret de ses adorateurs. Zucchi excellait à

peindre les ruines. Il habita dans le cœur d'Angelica, ainsi qu'un pèlerin archéologue et philosophe, au sein d'un paysage dévasté.

Les deux époux allèrent demander à la beauté romaine de leur refaire un bonheur. La gloire fit tout son possible pour consoler la pauvre Muse saignante. Angelica eut un atelier où vinrent poser d'illustres modèles et un salon que fréquentèrent tous les idéalistes de l'Europe. Gœthe y parut, lorsqu'il s'enfuit de Weimar pour venir prendre à Rome un bain de soleil. Il retrouvait, chez la belle Suissesse italianisée, cette colonie d'Allemands en rupture de germanisme, Meyer, Moritz, Tischbein, tous épris d'héroïsme et de lumière. Angelica promena Gœthe parmi les chefs-d'œuvre, à peu près comme Corinne guide Oswald, en sibylle dionysienne et pédagogique. Elle le conduisait à la Farnésine, et tous deux rêvaient longuement sur le mythe de Psyché. Ils allaient admirer, au palazzo Barberini, un tableau de Léonard, que nous savons maintenant, pauvres gens informés que nous sommes, ne pas être de Léonard, et qui suffisait à leur extase. « Il est fort agréable, note Gœthe dans son *Journal*, de voir des tableaux avec Angélique, parce que son œil est très exercé et sa connaissance du métier très grande. Avec cela, elle est très sensible à tout ce qui est beau, vrai et tendre, et d'une incroyable modestie. »

Le soir, Gœthe lisait son *Iphigénie* à ses amis romains. « L'âme tendre d'Angélique a été vivement touchée par cette pièce. » A quoi et à qui pensait-elle lorsque le poète de Weimar lisait ce passage : « Mon cœur saignant ne peut guérir. Dans ma jeunesse, je fus frappée d'une malédiction étrangère qui me sépara des objets de mon amour et rompit d'une main de fer les beaux liens qui m'enlaçaient. Je ne sentirai plus jamais le charme de la vie renaître et refleurir dans mon sein ? » Entre les colonnes d'un temple

dorique, une ombre criminelle et faussement suédoise
se détachait implacablement. Cependant, l'excellent
Zucchi assistait, sans malice, à cette cruelle évocation.
« M. Zucchi lui-même, dit Gœthe, avait voulu en être,
parce que c'était le désir de sa femme. » Il mourut
avant Angelica, ce brave mari consolateur. Sa veuve
connut la misère et la supporta joliment. Lorsqu'elle
disparut à son tour, toute l'Europe artistique prit
le deuil ; ainsi qu'aux funérailles de Raphaël, deux
tableaux d'Angelica Kaufmann furent portés derrière son cercueil.

Il est absolument sans intérêt de se demander si
elle avait du talent. Contentons-nous de savoir que
ses contemporains lui trouvèrent du génie. Un critique moderne a dit de la peinture d'Angelica « qu'elle
laissait à désirer quant au dessin et quant au coloris. »
Mieux vaut relire ces lignes d'un de ses premiers biographes : « Angélique était quelquefois dans le cas
d'être critiquée pour le dessin. Elle évitait d'intro-
duire des figures en raccourci. Quand elle y était for-
cée, elle le faisait avec intelligence. » Voilà le langage
de l'équité. A défaut du dessin, peut-être aussi de
la couleur, Angelica eut le désir religieux du style.
Elle a stylisé jusqu'au « colin-maillard », qu'elle imaginait joué par des vestales. Ses aspirations étaient
situées sur les hauteurs. Il nous faudrait son point de
vue pour la bien juger. Ah ! qu'il est donc douloureux
de fouiller dans l'armoire où sont reléguées les parures
de la beauté d'autrefois ! Au moins, la princesse du
conte n'avait-elle qu'une seule robe « couleur du
temps ». La beauté a mis, à travers les siècles, des
milliers de robes aux nuances des saisons. Sous les
atours dont l'habillait Angelica Kaufmann, elle parut
irrésistible aux yeux de Gœthe.

UNE FIANCÉE DE MONSIEUR INGRES

L ES sculpteurs des monuments commémoratifs se
documentent d'après le dernier portrait du personnage qu'ils ont mission d'immortaliser. Aussi, lorsqu'un
homme célèbre meurt plein d'années, est-ce le plus
souvent une figure de vieillard qui s'impose au commun souvenir. Le bronze d'Etex, au Grand-Rond de
Montauban, nous montre Ingres tel qu'un vieux
monsieur d'une redoutable majesté. Bien que drapé
à la romaine, ce magnifique aïeul porte la date de 1867
à laquelle Ingres trépassa. C'est le sénateur du second
Empire, membre omnipotent de l'Institut, qui siège
aux pieds d'Homère. L'image, ainsi comprise, ne manque ni de grandeur, ni de vérité. Cette statue d'Ingres
intimide la foule. Faire peur aux passants n'était pas
pour déplaire à ce rude magistrat de l'art sévère.
La bouche de bronze est prête à lancer encore la formule : « Allez, la tête levée vers le ciel, au lieu de la
courber vers la terre, comme les porcs qui cherchent
dans la boue. »

Mais il a eu vingt ans, cet ancêtre !

Qu'a-t-elle été, cette vingtième année du père
Ingres ? Un des historiens les plus curieux, les plus
pieux aussi de la vie du maître, M. Henry Lapauze,
nous révèle un coin d'idylle dans cette jeunesse
farouche. Les deux chapitres de cette histoire ignorée,
que vient de publier la *Revue des Deux Mondes*, portent ce titre significatif : *le Roman d'amour de Mon-*

sieur Ingres. Les mots sont choisis à dessein. Il y eut roman, il y eut amour ; il y eut aussi et surtout « Monsieur », c'est-à-dire un moi masculin, maître de lui-même, qu'un vœu jaloux rendit capable de cruauté.

Allons revoir, au Louvre, un des dessins du legs Coutan : *la Famille Forestier*. Une jeune fille, debout entre son père et sa mère, appuie la main gauche sur un clavecin. Quelle parole sort de toutes les bouches féminines devant cette effigie de vierge sage ? « Elle n'est point belle ! » Affublée d'une robe infiniment chaste, avec des bandeaux plats sur un front triste, la pauvrette essaye de ne point déplaire. Deux grands yeux profonds dévorent le maigre visage résigné. Ces yeux-là ont été créés pour les larmes. La main droite tient un mouchoir. Stéphane Mallarmé disait : « Le mot mouchoir est une des hontes de la langue. N'oublions jamais qu'un morceau de linge devient sacré quand il a recueilli de la douleur. Les poètes doivent toujours dire : *un pleuroir*. » Est-ce une intuition de génie qui fit placer par Ingres, au centre de cette scène de paix familiale, le pleuroir de Julie Forestier ?

Pauvre petite Ariane bourgeoise au regard de victime, quel mauvais caprice eut le sort de vous faire rencontrer un immortel ? Ils étaient tranquillement installés dans l'obscur bonheur des âmes moyennes, ces Forestier, le père, un honorable juge suppléant, la maman discrète ménagère, la fillette promise à d'humbles joies ; et voici que pénètre au paisible salon de l'hôtel Bouillon un éphèbe païen, descendu de l'Olympe par le coche de Montauban, qui vient d'obtenir le prix de Rome. Dominique s'assied devant le clavecin de Julie ; une sonate de Mozart les fait soupirer ensemble. Julie commet son premier crime ; elle écrit en cachette à celui qui l'a troublée : « Je regarde comme indispensable de mettre maman au fait de

ce secret qu'il m'a déjà trop coûté de lui celer jusqu'à
présent. » Et comme le jeune peintre est honnête homme, il se laisse fiancer, selon toutes les règles des accor-
dailles innocentes, à cette enfant qu'il croit aimer.
Et puis les fiançailles se prolongent. Julie sait que son
futur mari doit partir pour Rome. L'État fait attendre
deux ou trois ans l'heure du départ. Enfin l'ordre
arrive ; on pleure, on s'embrasse, et Dominique
Ingres s'en va, un bouquet et un anneau sur le cœur,
au pays de la gloire et de l'oubli.

Pour comprendre le douloureux malentendu qui
avait accouplé ces deux êtres pour les désunir fatale-
ment, il faut rapprocher de la chétive fillette du dessin
de *la Famille Forestier* le portrait d'Ingres à vingt-
quatre ans, peint par lui-même en 1804. Il y est terri-
blement beau, avec l'air d'un jeune moine irrité.
C'était à ce cénobite enivré d'orgueil que le courrier
de France apportait les gentilles mélancolies de la
fiancée lointaine, et dans le même paquet les tatillon-
nes doléances du papa Forestier, déjà très beau-père.
Cependant, sur le chevalet de l'atelier de San-Gae-
tano, s'ébauchait la rivale de la plaintive Julie, l'Ana-
dyomène ignorante des pleurs. La petite fiancée du
quai Malaquais, c'était la prose, parlant avec la voix
de ce Paris que l'exilé volontaire avait pris en haine.
Ce murmure de tendresse peureuse était mêlé aux
bruits d'injustice qui venaient, de la ville ingrate,
insulter les premières audaces du novateur. L'ensorceleuse Rome recommençait pour Ingres les enchan-
tements qui jadis lui avaient livré Poussin tout entier.
« J'ai Paris en horreur ; il est le théâtre de ma misère, plein de mes ennemis qui ne cherchent qu'à me
perdre. J'aime mieux mourir ici de misère, s'il le faut,
que de vivre à Paris, au milieu d'une forêt d'assassins
et de voleurs. » Dans cet ouragan de colère, le souvenir de Julie fut emporté comme un brin d'herbe.

Ingres rompit, durement, avec des mots d'excuse que démentait le large soupir d'une âme délivrée.

Ils sont beaux tous deux, lui dans sa cruauté sacerdotale, elle à jamais livrée aux larmes. Ceux qui connurent Julie Forestier en cheveux blancs, inconsolable et vaine d'un tel veuvage, l'ont entendue dire : « Lorsqu'on a eu l'honneur d'être la fiancée d'Ingres, on ne se marie pas ! » Que n'est-elle restée sur cette parole d'amertume douce et de fière pudeur ? Les chercheurs de documents ont d'implacables curiosités. M. Henry Lapauze est parvenu à découvrir que l'Ariane d'Ingres s'est vengée. Oh ! sans férocité, mais de la manière que nous aimons le moins, nous autres noircisseurs de papier, en mettant du noir sur des feuilles blanches. La petite bouche qui s'efforce de sourire sur le dessin du Louvre n'a pas crié ; mais la main qui serre le chiffon de batiste l'a laissé tomber pour prendre une plume. Un cahier de dix-huit feuillets a reçu la confidence du cœur sacrifié. Et ce qui nous gâterait un peu cette charmante personne, à qui seyait si bien le silence, il s'exhale de ces pages comme une odeur de littérature. Nous aimerions Julie confiant à un carnet caché sous sa guimpe de vagues murmures de tristesse. Hélas ! elle a composé ! C'est une nouvelle, dans le style Genlis, que Julie Forestier a voulu écrire, sous le titre : *Emma ou la Fiancée.* Il y a là-dedans jusqu'à de la psychologie. L'ingrat est appelé « Auguste d'Egreville ». Ingres devient noble, il reçoit la particule, comme il convient aux héros des scélératesses d'amour. Emma tient à établir qu'Auguste demeura « bourrelé de remords ». On sait qu'Ingres se maria, le plus raisonnablement du monde, et fut, à deux reprises, un parfait professionnel du bonheur conjugal. Mais ne sommes-nous pas vraiment des gens bien injustes en reprochant à Mlle Forestier d'avoir fait un peu de littérature, nous ne voulons pas dire un peu de *copie ?* Sous la rédaction appliquée et vieillotte, quelques traits vraiment féminins apparaissent et donnent du charme à ce devoir de style. Emma reconnaît loyalement qu'elle manquait de beauté ; elle s'accorde « une figure peu remarquable, mais empreinte de bonté et de candeur. » Cette jolie laide ne veut pas comprendre qu'entre elle et son fiancé il y avait Vénus. Elle suppose, plus modestement, l'intervention d'une simple mortelle. Ici, l'imagination l'égare. Cette « Mme Fernot » n'a existé que dans les rancunes de Julie Forestier. « La disposition enthousiaste d'Auguste, dit le manuscrit, fit trouver cette dame bien au-dessus de la pauvre Emma, dont les traits n'avaient d'autre avantage qu'une expression habituelle de gaîté, de douceur et de raison. Auguste commença par la trouver belle. » Tout cela n'est que littérature. Mais voici le cri parti du cœur : « Ce qui n'était pas absolument vrai. » Il semble bien qu'elle ait été tout à fait de son sexe, cette petite Julie. Son malheur fut de rencontrer quelqu'un qui était pour déesses.

LA VRAIE ELVIRE

O poète, je parlerai volontiers à ces deux qui vont ensemble et qui paraissent si légers au vent ! » — Mais lui : « Attends qu'ils soient plus près de nous. Prie-les alors, au nom de cet amour qui les emporte. » Nous aussi, avec la même curiosité que Dante et moins de fière pudeur, nous demandons aux amants illustres de dire leur secret : « O âmes en peine, venez nous parler. » Que de Francescas ont été sommées ainsi de répondre à la question du vieux poète ! « Quels doux pensers vous ont conduites au douloureux passage ? » Dante interrogeait ; nous interwievons. L'historien moderne pousse le zèle jusqu'à la violation des tombeaux. Il faut à tout prix remplacer par du vrai la grâce des légendes. Que gagnons-nous à arracher aux sépultures quelques misérables lambeaux de certitude ? Est-il donc si précieux de livrer à l'impiété des vivants les cendres d'un souvenir profané ?

Jadis on ne savait rien de ce fantôme voilé que le plus poète de nos poètes appelait Elvire. Il était permis de supposer que la chanteuse du *Lac* n'avait pas eu d'existence mortelle et que sa seule vie avait été la vie du rêve. Qui osa, le premier, traîner à la lumière du grand jour cette créature humaine ? Hélas! ce fut une des fautes de Lamartine. Le chanteur a parlé. Pourquoi ? Il écrivit *Raphaël*, peut-être d'abord pour lui seul, pour savourer l'intime joie d'un pur souvenir. A peine venait-il de tracer les dernières lignes de ce livre interdit au vulgaire, qu'un coup du sort fit de lui, pour un instant, l'homme de la foule. L'amant d'Elvire vit la France à ses pieds. Il pensa revivre la fable d'Orphée dompteur des fauves. Ce fut le songe le plus enivrant, le plus fou, et bientôt aussi le plus décevant et le plus cruel qu'ait osé un poète ici-bas. On sait quel lendemain d'amertume suivit cette débauche de gloire. Il fallut que le charmeur de monstres se déshabituât de l'applaudissement. Une rude voix avait vociféré ce blasphème : « Assez de lyre ! » Le grand ambitieux s'entendait dire par les mille bouches de l'ingratitude : « Tu n'es qu'un poète ! » Alors cette âme désabusée, tombée de si haut, et qui sait ? peut-être rongée de remords, s'alla purifier des souillures de la politique en se plongeant, comme dans une eau lustrale, au fond du passé. Le manuscrit de *Raphaël* était toujours là, sur la table de travail trop longtemps quittée. Un héros, après l'avoir relu, l'aurait brûlé. Mais l'habitude était prise par le triomphateur vaincu d'avoir la foule pour confidente. Comme un dernier sacrifice, comme un défi de plus à l'oubli, Lamartine livra son cœur.

Il voulut crier à ce peuple qui l'abandonnait que l'ombre d'une femme le consolait dans sa disgrâce et que nul homme n'avait été plus éperdument, plus sûrement aimé. Un mauvais sourire accueillit cette dédaigneuse vengeance de rêveur. L'auteur de *Raphaël* fut accusé de trafiquer d'un secret d'amour. Le public d'alors avait-il donc des délicatesses aujourd'hui désapprises ? ou bien cette France, dégrisée d'un excès d'espoir ne trouvait-elle plus que des paroles de reproche pour l'enchanteur qu'elle n'écoutait plus ? Etait-il juste d'accuser Lamartine d'indiscrétion, de fatuité, de profanation, car tous ces mots-là se prononcèrent ? Sans doute, il avait révélé la suave aventure et le poème se prolongeait en librairie. Mais que nos pères apportaient donc de pudeur dans les choses de littérature Un charmant petit livre que vient de publier M. Léon Séché, *Le Roman de Lamartine*, m'a fait relire, ce calomnié, *Raphaël* Je n'y ai trouvé qu'innocence.

Innocence d'un génie qui, dans sa superbe candide, parle de lui-même comme d'un être promis à l'immortalité. Un pareil livre ne s'adressait point aux lecteurs de 1849 ; il a été écrit pour nous autres, successeurs de la génération des ingrats. Il sied de pardonner à ceux qui d'abord ne le comprirent point. Il est difficile à des contemporains d'écouter un homme, la veille encore ministre des affaires étrangères, raconter son roman d'amour. Lamartine, et c'était sa revanche, osa se placer en dehors, au-dessus, au-delà de son temps. Cette attitude fut prise pour de l'insolence. On ne reverra jamais ce magnanime mépris du ridicule, ni cette façon seigneuriale de parler de soi-même, et ces manières-là ne se peuvent plus.

Il les pouvait, lui. On crut qu'il voulait dire aux foules : « Tel est l'homme que je suis ! » Il disait seulement : « Voilà celui que j'aurais voulu être ! » *Raphaël*, c'est la confession d'un repentir. Si l'on veut relire ces pages accusées d'orgueil, et les bien lire, on y découvre un cri d'impuissance et un aveu d'humilité. Ce parfait amant, le poète d'Elvire sait bien qu'il ne l'a pas été. Pour se punir, il s'imagine plus pur et plus tendre. Ne dites pas qu'il a menti. Se peindre, non point selon sa ressemblance, mais d'après l'image idéale qu'on pleure de n'avoir pas réalisée, est-ce là mentir ?

Et de quelle main légère, avec quelle piété il a remué ces cendres ! Oui, il révèle celle qui fut Elvire, il l'a même nommée. Elle reste quand même dans son récit une princesse lointaine. Après les vingt éditions de *Raphaël*, Julie Charles demeurait fabuleuse. Elle est désormais rentrée dans la vie. Nous nous flattons de connaître tout d'elle. En sommes-nous certains?

Sans doute, il est établi, avec la rigueur d'une enquête judiciaire, que Julie-Françoise Bouchaud des Hérettes, épouse du physicien Charles, était une fille de Rousseau mariée à un Wolmar de l'Académie des sciences. Nous pouvons voir, à Aix-les-Bains, le jardin d'auberge où la dolente créole, déjà touchée par la mort, rencontra le beau jeune homme désœuvré en qui ressuscitait Saint-Preux. Le moindre paysan savoyard nous montrera le coin du lac où se passa le drame du naufrage. Nous connaissons, paroles et musique, la ballade écossaise que berçait le bruit des rameurs. Que de trouvailles encore dues à la critique ? Et puis après ?

Le décor de l'idylle, les costumes des personnages, tout l'extérieur est identifié. Reste le mystère même de ces amours. Nul ne répondra à la question qui nous brûle les lèvres : « Comment et jusqu'où se sont-ils aimés ? »

Lamartine affirme qu'un serment d'éternelle abstinence consacra leur union. M. Léon Séché se fait à son tour le chevalier de la pureté de Julie Charles. Rien ne permet de le contredire ; il est éloquent et persuasif, étant convaincu. Malgré nous, nous nous rappelons les feuillets jaunis récemment découverts dans un tiroir du cabinet de Saint-Point. Raphaël prétendait avoir détruit toutes les lettres de Julie : « Je les ai brûlées parce que la cendre même en eût été trop chaude pour la terre. » Quelques-unes de ces lettres se sont retrouvées. Elle n'avouent rien, mais un cœur dévoré de passion s'y trahit à chaque ligne.

Qui nous dira jamais le sens de ces mots tracés par la main d'une mourante ? « Je vis pour expier ! »

Scrupule de chrétienne, a-t-on dit. D'après Raphaël, Julie, en vraie fille du dix-huitième siècle, était sans foi, jusqu'au jour où l'amour platonique lui révéla

Dieu. D'aucuns assurent que M. de Bonald la convertit. Souffrit-elle du remords d'avoir péché d'intention ? Pourquoi pas ? Sans doute, mais voici où commence le châtiment de notre curiosité : puisque ce doux poème se commente en prose, la triste prose reprend tous ses droits. Et l'on se met à songer au Bourguignon vigoureux, au gars solide de vingt-six ans qu'était Lamartine en 1816. Allèrent-ils vraiment tous deux faire le pèlerinage des Charmettes ? Singulière confidente que Mme de Warens pour des amants ayant fait vœu de chasteté ! Tout parle, dans le jardinet cher à Rousseau, d'autre chose que de continence. Des pensées coupables risqueraient de nous envahir. N'en disons pas plus, c'est déjà trop dire. Mieux vaut relire ingénument *Raphaël* et s'en tenir là.

Qu'elle ait péché ou non, Elvire est au ciel, voilà la seule certitude que nous possédions. Quant à lui, s'il nous a menti, qu'il a donc eu raison de nous mentir ! Notre jugement lui importait peu, du reste : il voulait surtout se tromper lui-même.

Il y a eu dans l'histoire de la passion humaine un héroïque amant que Lamartine désespéra d'égaler. Rancé, alors qu'il était livré aux erreurs du siècle, fut aimé de Mme de Montbazon. Elle était la plus triomphante beauté d'une cour d'amoureuses. Mme de Montbazon tomba malade ; elle languit quelque temps, avant de quitter le monde qu'elle charmait. Rancé ne quittait point son chevet. Lorsqu'il la vit sur le lit mortuaire, il conçut « la haine passionnée de la vie ». M. de la Trappe devint un saint. Lamartine n'était pas au lit de mort d'Elvire. Fut-ce négligence ou bien discrétion ? Ou la moribonde eut-elle cette coquetterie de ne pas se laisser voir en agonie ? S'il avait contemplé l'adoré visage outragé par la mort, eût-il, comme Rancé, dit adieu au monde ? Ce n'était pas un saint, mais seulement un poète. Le plus trompeur et le plus sincère, le plus oublieux et le plus fidèle qu'on ait vu jamais, celui de tous qui, dans notre langue, a le mieux prié · Le souvenir de Julie Charles a parfumé cette vie grandiose. De ce dominateur qui gouverna la France pendant une heure, l'humanité retiendra deux hymnes de douleur et d'amour : *le Lac* et *le Crucifix.* C'est dans ces vers que survit une Elvire plus belle qu'une femme et plus vraie que la vérité.

J'ai l'honneur d'être l'humble voisin de cette ombre. Je vois, à quelques mètres de ma table, les fenêtres de l'appartement du ménage Charles. Sur ce rond-point, où des fillettes sautent à la corde, Lamartine, drapé dans le manteau byronien, attendait l'heure de se glisser chez l'amie, lorsque s'étaient retirés les hôtes importuns, Suard, Lainé, Rayneval, Mounier, Bonald. « J'entendais pour tout bruit gronder les flots de la Seine ou tinter les réverbères des deux quais aux rafales des nuits. Une petite lueur de lampe nocturne qui filtrait entre deux volets entr'ouverts m'indiquait seule la place où mon âme cherchait son étoile. » Par les claires soirées de lune, je m'oublierais presque à regarder si les amants du lac du Bourget ne reviennent pas hanter cet autre beau coin du monde. Un affreux petit tramway insulte de son tapage ce lieu qui voudrait être une solitude. Tu me rappelles, ô messager de civilisation, que nous ne vivons plus au temps des longs poèmes et des immortelles amours !

MADEMOISELLE DE FAUVEAU

L E dernier chapitre, publié par la *Revue des Deux Mondes*, des Mémoires de la comtesse de Boigne raconte l'équipée vendéenne de la duchesse de Berry. Parmi les héros et les héroïnes de cette aventure, la spirituelle mémorialiste mentionne Félicie de Fauveau. Mme de Boigne nous fait entrevoir, lors de l'audience que Marie-Caroline accorda à Berryer, Mlle de Fauveau, figurant à l'arrière-plan. « Mlle de Fauveau dessinait des modèles d'uniformes pittoresques pour les troupes, et Mme de La Rochejaquelein les soumettait à l'approbation de la princesse. » Dans ce bas-relief, la romanesque Félicie apparaît comme un personnage effacé. Elle avait droit au premier plan. Elle eut son heure de célébrité pour ses talents de statuaire et ses ardeurs de conspiratrice. La gendarmerie a eu raison de ses ardeurs et l'oubli de ses talents. Mlle de Fauveau rêvait de rendre à la France la royauté légitime et la sculpture gothique. C'était beaucoup à la fois. Mais cette amazone d'art, la première des préraphaélites et la dernière des frondeuses, visait à l'héroïsme et au génie. Pourquoi l'histoire et les musées la dédaignaient-ils ? Aurait-elle échoué dans la statuaire comme elle échoua dans les complots ?

Ce ne fut point de sa faute si la monarchie légitime ne fut pas gratifiée d'une sculpture spéciale. Toute jeune fille, Mlle de Fauveau émigra en esprit jusqu'au fond du moyen âge pour vivre au milieu des rois chevaleresques et des imagiers inspirés. Elle fut romantique avec une candide exaltation. Le démon qui agitait son âme ne lui permit pas de commencer par le commencement. Les tempéraments fougueux sont dédaigneux des grammaires. Mlle de Fauveau eut des convictions politiques avant d'étudier l'histoire et aspira au chef-d'œuvre sans apprendre à très bien dessiner. M. Ingres lui conseillait de copier des morceaux de la frise du Parthénon. Une pareille discipline sembla-t-elle à la jeune royaliste souillée de républicanisme ? Elle s'abstint pieusement de s'y soumettre. Son idéal datait de saint Louis et non de Périclès. Trop enthousiaste pour avoir le temps de s'informer, elle apprit le moyen âge, qu'elle ignorait avec ferveur, dans les romans de Walter Scott. Au Salon de 1827, elle obtint un premier succès sinon comme médiéviste, du moins comme romantique de la stricte observance. Elle exposait deux petits bas-reliefs : *Une Scène de l'Abbé* et *Christine et Monaldeschi*. Alexandre Dumas, encore inconnu, admira « la finesse et l'énergie de son ciseau ». Il emprunta à Frédéric Soulié un tome de la *Biographie universelle* pour connaître les détails de la tragédie de Fontainebleau. L'idée d'un de ses premiers drames lui fut suggérée par Mlle de Fauveau ; il lui en fait honneur dans ses *Mémoires*.

Nous imaginons mal ce qu'était, à la fin de la Restauration et dans les premières années du régime de Juillet, l'influence du « scottisme » sur certains cerveaux. Lorsque Madame fit sa prise d'armes en Vendée, ce fut un chapitre de *Rob Roy* qui revivait. Marie-Caroline, c'était Diana Vernon ressuscitée. Légitimiste, romantique et scottiste, que pouvait faire Félicie de Fauveau? Elle abandonna l'ébauchoir et se fit brigande. La duchesse de Berry

représentait pour elle le type accompli de la princesse de roman. Félicie imita vaillamment toutes les
vertus étourdies de son modèle. A l'exemple de sa
maîtresse, elle mit de l'espièglerie dans l'épopée. Se
déguiser pour dépister les policiers fut pour elle un
délice. Elle conspirait comme on danse au bal mas-
qué. Elle prit un jour la diligence où était monté le
gendarme chargé de l'arrêter, et poussa l'audace
moqueuse jusqu'à s'endormir sur son épaule. Intrépide avec cela, stoïque, couchant sur la dure, fondant
des balles, une vraie chouanne de la légende. Après
le désastre final, elle se réfugia à Florence, déclarant
« qu'elle ne rentrerait en France qu'avec les rois légi-
times ». Elle attendit de 1832 à 1887. Pour prendre
patience, elle se voua tout entière à la sculpture.

Par l'élévation de son caractère et la pureté de sa
foi, Mlle de Fauveau était éminemment digne de
faire des chefs-d'œuvre. Elle fut une des premières
à s'éprendre des peintres et des sculpteurs du *quattro-
cento*. Elle a été ruskinienne avant Ruskin. Elle voulait de tout son zèle continuer Ghiberti et Donatello.
Elle lisait Dante. Au Salon de 1836, elle envoya, de
son lieu d'exil volontaire, un groupe de *Paolo et
Francesca*. Pour accuser le caractère médiéval de cet
ouvrage, elle joignait une inscription en ancien langage, en ce vieux français fantaisiste qu'on parlait
dans les brasseries romantiques. C'était d'un archaïs-
me consciencieux et ingénu. Un vague bruit de ro-
mance pour piano accompagnait la pensée dantesque,
mais l'intention était des plus louables. Les professionnels de la sculpture firent des réserves ; à défaut de
plastique, l'œuvre débordait de lyrisme généreux.

Au Salon de 1842, Félicie de Fauveau eut mieux
qu'un succès : elle fit scandale. Son bas-relief en marbre, *Judith et Holopherne*, hyperdonatellesque,
inquiéta le pouvoir. Elle avait donné à l'héroïne de

Béthulie les traits de la duchesse de Berry. Dans l'Holopherne à la barbe nattée, la malignité publique s'obstina à retrouver la ressemblance de Louis-Philippe. On n'était pas si loin de la vilaine histoire de Blaye et toutes les armes semblaient bonnes contre le roi de M. Guizot. Tout le monde alla analyser le masque de l'Holopherne-Citoyen. « Est-ce assez lui ! » s'écriait-on. Pauvre Louis-Philippe ! Soyez donc le plus fidèle des époux couronnés pour que la statuaire légitimiste vous joue un pareil tour. Il fut extrêmement élégant de s'enthousiasmer pour le bas-relief vengeur de Mlle de Fauveau. Encore aujourd'hui les passions politiques s'interposent entre la critique et cet ouvrage. Sa valeur artistique en demeure indécise. La *Revue de Paris* n'y vit « qu'une imitation prétentieuse et tourmentée des anciens maîtres florentins ». L'article est sévère ; il abonde en objections : « Quelle bizarre idée a donc pu conduire Mlle de Fauveau à un pareil sujet ? » Et le bon salonnier anonyme risque cette vue : « Comment une femme peut-elle chercher à reproduire sous sa main une tête coupée par une femme ? » Le loyalisme orléaniste égare visiblement l'écrivain. Et il ajoute, pour qu'on n'en ignore : « Ce n'est pas, à coup sûr, une pareille action qu'eût choisie la noble princesse Marie pour sa main fière et délicate. » C'était une lutte entre la sculpture de la branche cadette et celle de la branche aînée.

Cependant, Mlle de Fauveau, en son atelier de Florence, jouissait de la double gloire de l'artiste et de l'héroïne. Une visite à l'amie de la duchesse de Berry était une étape obligée du voyage d'Italie. Le « Studio-Fauveau » figurait dans les *Guides*. Le marquis de Chennevières et son ami Lafontan, jeunes, enthousiastes, épris de l'Italie et de la légitimité ne manquèrent point, lors de leur séjour à Florence, en

1842, d'aller présenter leurs hommages à l'illustre
émigrée. »

Il faut revoir, au fond de son vaste jardin,
L'artiste aux cheveux blonds, la femme paladin,

prescrivait Méry. Les deux pèlerins de vingt ans passèrent des heures délicieuses au *Fondacci San Spirito*.
Ils saluèrent les fameux cheveux blonds tels que les
portait Félicie, coupés aux enfants d'Edouard et
coiffés d'un bonnet toscan. L'amazone était vêtue d'une
robe de soie noire, à deux rangs de boutons, un souvenir de l'uniforme de Vendée. On s'entretint de
Benozzo Gozzoli et du retour imminent de celui que
Mme de La Rochejaquelein appelait l'Ange-Roi. Justement Mlle de Fauveau terminait un buste du comte
de Chambord. Chennevières nous dit, dans ses *Souvenirs :* « A voir ce buste, tant il est beau, et à écouter
parler Mlle de Fauveau, on se prend à douter si le roi
qu'elle a fait n'est pas le roi qu'elle appelle et désire.
C'est son type de roi (si beau à l'église quand il s'age-
nouille à terre pour prier), ferme (tenant bien ce qu'il
tiendra), ayant pour lui jeunesse, beauté, force et le
passé qu'elle vénère et l'avenir auquel elle croit. » Nous
ne pouvons pas discerner dans cet éloge si Mlle de
de Fauveau était portraitiste. Ses œuvres étant infiniment rares en France, nous demeurons, en ce qui
concerne son talent, dans une incertitude douloureuse. Théophile Gautier, coutumier de l'indulgence,
parle souvent d'elle avec une bienveillance qui ne
nous rassure qu'à demi. Il reste au moins de Mlle de
Fauveau un poétique souvenir et ce mot admirable :
« Quand on n'est pas dévoué jusqu'à la folie, il ne
faut pas s'en mêler. »

CLARA SCHUMANN

IL est des génies qu'il ne suffit pas d'admirer. Beaucoup parmi les esprits souverains ne veulent être salués qu'à distance; on dit d'eux : «les Maîtres » avec un peu d'épouvante dans le respect. Mais il y a des immortels, de meilleur accueil, qui laissent venir à eux la foule des âmes. Les Surhumains planent au-dessus des têtes courbées; la dîme d'admiration qu'ils exigent s'acquitte avec l'intelligence. Ceux qui daignent descendre parmi nous sont les Bienfaiteurs ; leur gloire se nourrit d'humble amour.

Ceux-là, les doux, seront éternellement les préférés du monde. Le plus modeste d'entre nous se sent auprès d'eux. De tous ces chers confidents, en est-il un plus tendrement amical que le douloureux Schumann, dont la souffrance n'a créé que consolation ?

A peine osé-je dire que je l'admire. J'ai peur du méprisant sourire des initiés de la musique, malheureux barbare que je suis ! Un soir que j'écoutais, en profane ravi, un lied du divin chanteur, une femme charmante m'a cruellement rejeté dans la honte.

Elle m'avait signalé, sans penser à mal, un accord de septième de *mi*. J'ai toutes les peines du monde à discerner un *mi* ; et, quant à un accord de septième, je crains bien de mourir sans avoir compris ce que veut dire cette formule ésotérique. A mon silence, cette dame sentit mon indignité. Hélas ! je la sens moi-même. Je me sais indigne d'admirer Schumann ; je me contente tout bêtement de l'aimer.

Aussi ai-je lu avec émotion, dans un journal d'Allemagne, qu'en mai prochain, la ville de Bonn célébrerait le centenaire du maître des *lieder*. C'est à Bonn qu'est sa tombe. La terre germanique garde sa dépouille ; l'orgueil allemand veille jalousement devant sa gloire. Il a raison. Mais l'âme schumannienne est éparse à travers la multitude des cœurs et ce bien-là est commun à l'humanité.

Allemand, sans doute il le fut, comme nul ne l'a été plus consciemment, au temps, qui semble fabuleux, où l'Allemagne ne versait à l'univers que de la douceur. Schumann, né Saxon, s'est voué au Rhin, lorsque le vieux fleuve roulait entre les peuples des pensées de concorde. Notre Michelet a mélancoliquement parlé de ce Rhin fraternel, chéri des rêveurs. A vingt ans, Schumann, voyant pour la première fois le *Vater Rhein*, ferma les yeux, comme pour une prière : « Lorsque je les rouvris, écrivait-il à sa mère, le fleuve s'étalait devant moi, calme, silencieux, serein et fier comme un dieu antique. » Le Rhin, que contemplait ainsi Schumann, ce Rhin-là conseillait d'aimer. Et ce fut de tendresse, d'universelle tendresse, de pardon, de paix, d'infinie charité que le jeune pèlerin du noble fleuve se remplit l'âme.

Ame adorable entre toutes qui n'a voulu connaître du monde que ce qu'il contient de blancheur ! Quel poème de bonté que cette vie docile d'éternel enfant ! La gloire a des préférences de femme séduite pour les audacieux et les beaux pervers qui l'ont violentée. Schumann était de cette famille de résignés qui font ici-bas le moins de bruit possible et consentent leur destin. Il n'a rien volé au sort; il ne voulait rien qui ne fût mérité. Une soirée où une voix féminine a chanté un lied de Schumann s'achève délicieusement par la lecture d'une lettre de lui. Il existe un petit volume où quelques lettres, choisies avec piété, l'expliquent tout entier, dans son ingénuité intrépide ; Mme Mathilde Crémieux les a traduites en une simple prose française que garde quelque chose de la grâce allemande d'autrefois. Livre exquis d'où s'exhale comme un parfum de violettes séchées. Le monde ne connaîtra plus de cœurs pareils.

Il est magnifiquement amusant de regarder le génie bouleverser tout pour faire sa trouée. Les conquérants au geste brusque auront toujours les faveurs de l'histoire. Mais l'héroïsme, qui s'appelle patience, a donné quelques saints miraculeux. Robert Schumann, ce petit bourgeois d'un village de Saxe, débuta bonnement, paisiblement, comme tout le monde. Ni prodiges, ni révoltes, ni colères, dans sa jeunesse faite d'obéissance. Au fond de l'arrière-boutique paternelle un vieux piano reçoit ses confidences. Son père, écrivain manqué, l'eût laissé devenir un poète. Le père meurt ; la bonne femme de mère, soutenue par un tuteur d'esprit pratique, voue son fils à la jurisprudence. Le jeune homme n'a pas un mot de refus. Il part pour Leipzig, puis pour Heidelberg, à la recherche du diplôme de docteur en droit. Là il se nourrit de deux dangereux conseillers d'indiscipline, Byron et Jean-Paul. Il lit *Manfred* et le *Titan*, il raffole de ces livres enragés et superbes, sans devenir pour cela, ni byronien, ni richtérien, ni satanique. Ce forçat du Digeste passe ses examens à jour fixe. Il attend. Vient le jour où, sûr de sa mission, il a pris conscience de lui-même. Alors, — c'est le 22 août 1830, — il écrit à sa mère cette admirable lettre suppliante : « J'ai enfin fixé le choix de mon avenir, en me décidant à gravir le chemin qui monte vers mon idéal. Mère, descends dans ton cœur et dans le mien ! » C'est avec des paroles tremblantes qu'il affirme son droit au génie. La porte d'or s'ouvre enfin devant ses rêves ; il avait dédaigné de la briser.

Il lui faut bientôt autre chose. Il sent qu'il a droit aussi au bonheur. Cette nouvelle conquête sera encore l'œuvre de sa patience et de sa douceur. On sait la fraîche idylle persécutée de ses fiançailles avec Clara Wieck, la fille de son maître. Elle était une gentille prêtresse triomphante de l'art auquel il avait consacré sa vie. Le père de la pianiste applaudie se souciait peu de ce gendre candide et intimidé. Frédéric Wieck fut cruel, et cruel longuement. Robert Schumann n'osait maudire un ennemi dans son maître. Il attendait Byron, Jean-Paul, Schiller lui-même, le Schiller des *Brigands*, lui disaient, à chaque page de leurs livres : « Enlève Clara ! » Les Claras ne s'enlèvent que dans les romans. Schumann songeait : « Je la mériterai. »

Ce stage d'amour a duré quelque six ou sept ans. Un soir, du bureau de poste de Zwickau, il écrit à Clara : « Peut-être ton père ne retirera-t-il pas sa main quand je lui demanderai sa bénédiction. Il est probable que nous aurons beaucoup à faire avant d'en arriver là, mais j'ai confiance en notre bon génie ? »

Confiance ! c'est le mot d'ordre de ce doux entêté sublime. Il croyait en la vie. Elle l'a cruellement et lâchement trahi.

Il fallut un arrêt de la Cour royale de Leipzig pour conférer à Schumann son permis de bonheur. Rien de moins romantique et de plus touchant que la délivrance de ces deux cœurs opprimés. Le soir de ses noces, Clara écrivit dans son *Journal* : « On a un peu dansé, on ne fit aucune extravagance. Tout mon être débordait de reconnaissance envers Celui qui, au milieu de tant d'écueils, nous a conduits l'un vers l'autre. Mon ardente prière lui a demandé de me conserver mon Robert pendant de longues années. » — Aucune extravagance ! Ces parfaits amants pouvaient définir ainsi leurs sages fiançailles. Le destin extravagua pour eux.

Il leur fit pourtant d'abord l'aumône de quatre années de joie. On lit sur une maison de Leipzig, au n° 5 de l'Inselstrasse : « Ici vécurent Robert et Clara Schumann : 1840-1844. » Tout ce que ces êtres de tendresse obtinrent de la vie se trouve enfermé entre ces deux dates. Ce fut, au lendemain de leur mariage, une pure débauche de musique et d'amour. Quelle femme aura été plus pieusement, plus chastement, plus humainement chantée par une voix divine que Clara Wieck, en 1840, l'année des *Lieder* ? Là s'est exprimé le suave Schumann, cher à nous tous, aux musiciens et aux autres aussi, le Schumann, ami des cœurs innombrables. Ces bruits célestes, *le Noyer*, *Ton regard*, nous viennent du court printemps du *Liederjahr*. Cependant, rassuré, confiant toujours, il disait à la bonne épouse. « Je chanterai jusqu'à ma mort comme le rossignol. »

Et cette calme raison, si purement loyale, a été assassinée par derrière ! Cet homme-là est devenu fou ! Aux jours de sa jeunesse, alors qu'il n'osait rêver encore qu'une gloire de virtuose, la paralysie avait frappé sa main de pianiste. Il faillit crier à l'injustice. « Souvent, a-t-il dit, je m'en suis plaint au ciel. J'ai demandé à Dieu : pourquoi m'as-tu fait cela ? » Ce fut sa seule parole byronienne. Mais de cette première cruauté, la musique et l'amour le consolèrent. L'infâme insulte, la chose imméritée, c'est que le génie ait été traîtreusement éteint dans l'esprit le plus digne d'en nourrir le feu. La conscience mit des années à s'obscurcir en ce cerveau de lumière. Une première fois, qu'il avait oubliée, la folie avait frôlé Schumann. Pendant ses fiançailles, il fit à Clara Wieck l'aveu de cette heure d'angoisse : « Dans la nuit du 17 au 18 octobre 1833, il me vint soudain la plus terrible pensée que puisse concevoir une créature humaine, le plus épouvantable châtiment que puisse infliger le ciel : la crainte de perdre la raison.

Je ne respirais plus, à l'idée que s'il en était ainsi, tu ne pourrais plus penser à moi. Je courus chez un médecin. Il me rassura affectueusement et finit par me dire : « La médecine n'a rien à faire ici ; choisissez-vous une femme, c'est elle qui vous guérira ! » La guérisseuse s'était rencontrée. La confiance, cette naïve, cette sainte confiance, qui fit toute la vertu de Schumann et la moitié de son génie, était rentrée dans son cœur. Alors, en plein bonheur, en pleine gloire, l'Ennemie se rua sur sa victime.

Il a dû sentir — et c'est là l'iniquité inexpiable — sa raison lentement descendre dans l'abîme hideux. A-t-il crié, quelque nuit, ce qu'il avait murmuré jadis en regardant le ciel : « Pourquoi m'as-tu fait cela ? »

Oui, pourquoi ? D'autres intelligences suprêmes ont, elles aussi, sombré aux ténèbres. Il nous souvient d'une affreuse image de cauchemar, exposée aux devantures des librairies, et qui montrait Nietzsche hébété. Mais au moins celui-là était-il coupable du vieux crime d'orgueil. Fils de Satan, il avait tenté de regarder de l'autre côté de la vérité permise. Le supplice de Nietzsche, c'était le péché antique et l'antique châtiment. Schumann n'avait été qu'innocence.

PROUDHON FÉMINISTE

O^N s'occupe du monument de Proudhon. Il serait érigé à Besançon, dans un an, pour le centenaire du grand socialiste. Proudhon est mort en 1865 ; il obtiendra sa statue après un stage de quarante années. Par le temps qui court, c'est beaucoup attendre. Les survivants du gouvernement de Juillet et des crises de 1848 s'étonneront, moins que les jeunes gens, de ce retard. Lorsque Proudhon, inculpé de neuf délits, comparut, en 1842, devant un jury de bourgeois bisontins, ce fut plein d'épouvante et d'horreur. « Foule immense à l'audience. La haine, la curiosité, l'intérêt, mille passions remuaient le public. Il est incroyable à quel degré de haine on était monté ; j'étais un passe-Robespierre, un anté-christ. J'ai vu une jeune et jolie personne de seize ans fuir à ma présence. » Les jurés de Besançon acquittèrent le monstre. Le terrible dialecticien, enfin paysan comtois qu'il était les noya dans des flots de philosophie. Ne comprenant rien ni à l'accusation ni à la défense, ils prirent le parti de pardonner. Un tribunal de capitalistes se résigna à absoudre l'ennemi de la propriété. Avec une assemblée politique, Proudhon se tira d'affaire moins aisément. Au lendemain des journées de Juin, un duel tragique s'engagea entre la Constituante et lui. Ce fut l'époque où sa personne devint un objet de scandale. « J'ai été prêché, joué, chansonné, placardé, biographié, caricaturé, blâmé, outragé, maudit... Les dévots m'ont menacé, dans des lettres anonymes, de la colère de Dieu ; les femmes pieuses m'ont envoyé des médailles bénites ; les prostituées et les forçats m'ont adressé des félicitations dont l'ironie obscène témoignait des égarements de l'opinion. » Un diplomate espagnol, Donoso Cortès, marquis de Valdegamas, exorcisait le réprouvé. « Jamais, disait cet inquisiteur, jamais mortel n'a péché aussi gravement contre l'humanité et contre le Saint-Esprit. Lorsque la corde de son cœur résonne, c'est toujours avec un son éloquent et vigoureux. Non, ce n'est pas lui qui parle alors, c'est un autre qui est lui, qui le tient, qui le possède et qui le jette haletant dans des convulsions épileptiques. Homme ou démon, ce qui est certain, c'est que sur ses épaules pèsent d'un poids écrasant trois siècles réprouvés. » Le démoniaque avait commis l'inexpiable crime de demander un impôt du tiers sur le revenu. L'Assemblée nationale fut unanime à le flétrir. Par 681 voix contre 2, elle vota cet ordre du jour : «Considérant que la proposition du citoyen Proudhon est une atteinte odieuse aux principes de la morale publique ; qu'elle viole la propriété ; *qu'elle encourage la délation* ; qu'elle fait appel aux plus mauvaises passions ; considérant en outre que l'orateur a calomnié la Révolution de Février en prétendant la rendre complice de ses théories... » Attendre soixante ans pour déchirer un ordre du jour de ce style, ce n'est point exagéré, même en un siècle aussi pressé que le nôtre. Encore quelques mois, et les colères des constituants de 1848 feront place à l'apologie. La réhabilitation politique de Proudhon aura le caractère d'un rite officiel. Il y aura des gendarmes et des propriétaires autour de sa statue.

Cela n'est-il pas fait pour autoriser chez le citoyen Pataud bien des espérances ? Sans doute. Mais il ne

suffit point d'être socialiste. Il y a la manière. Qui
se souvient aujourd'hui des théories proudhonnien-
nes ? Nous nous sommes même laissé dire qu'elles
exhalent déjà un parfum de bourgeoisie : « Son mu-
tuellisme, a dit un docteur du marxisme, est considéré comme une réaction bourgeoise contre le collec-
tivisme naissant. » Un petit dictionnaire de poche a
défini Proudhon : « Fameux sophiste. » Ce que ne dit
pas ce dictionnaire, c'est que ce sophiste fut en outre
un des plus beaux écrivains de la langue. Pour parler comme le marquis de Valdegamas, lorsque réson-
nait la corde de son cœur, elle faisait un bruit magnifique. Des *Morceaux choisis* de Proudhon rassemblés au
seul point de vue littéraire, font un livre merveilleux,
L'inauguration de sa statue sera surtout une fête de
littérature.

Et puis, il y avait autre chose encore dans cette âme.
Proudhon fut incomparablement vertueux. Honnête,
probe, désintéressé, cela va sans dire, passionné de
pauvreté, vraiment peuple, mourant libre comme il
avait vécu. Proudhon, à son foyer, n'est plus qu'un
adorable bonhomme, plein de vaillance et de candeur.
Ce formidable tapageur a pratiqué sans bruit de douces vertus. L'Allemand Charles Grün l'alla voir, en
1845, en son logis de la rue Mazarine. « Un visage
ouvert, un front merveilleusement plastique, des yeux
bruns admirablement beaux ; un cœur plein de calme,
d'assurance, de gaieté même ; en un mot, un homme
beau et vaillant contre tout un monde. » Grün et
Proudhon communièrent en Hegel. Ils s'entretinrent
aussi des femmes et de l'amour. Grün cachait sous
son hégélianisme toute une floraison de myosotis ;
Proudhon, d'une chasteté farouche, parlait de la
femme sans compétence. Il en était resté au souvenir
d'un amour de jeunesse : « D'où suis-je si savant, moi
qui n'ai point de femme ? C'est d'avoir eu, très jeune,

un amour honnête et d'avoir vieilli par-dessus. » Il
n'avait pas encore rencontré, en la passementière parisienne Euphrasie Piégard, le bon génie de sa vie.
Si Grün était revenu quelques années plus tard, il eût
trouvé dans le logement de la rue d'Enfer, un Proudhon
souriant et apaisé. C'est ce Proudhon-là qu'a connu,
aimé et respecté Sainte-Beuve. Grün, tout conjugal,
avait eu quelque peu peur de ce célibataire implacable. Sainte-Beuve, quoique ou parce que libidineux
salua très bas, envia peut-être cet heureux patriarche.
Il nous a révélé le Proudhon de l'admirable lettre à
Bergmann : « J'habite avec ma jeune famille un rez-de-
chaussée tourné au Midi, avec un joli jardin devant ma
porte... J'ai épousé, à quarante ans, une jeune et pauvre ouvrière, non par passion, — tu conçois sans peine
de quelle nature sont mes passions, — mais par sympathie pour sa position, par estime de sa personne ;
parce que ma mère morte, je me trouvais sans famille ;
parce que, le croiras-tu ? à défaut d'amour, j'avais la
fantaisie du ménage et de la paternité. Depuis quatre
ans, la reconnaissance de ma femme m'a valu trois
petites filles blondes et vermeilles, que leur mère a
élevées et nourries elle-même et dont l'existence remplit aujourd'hui presque toute mon âme. »

Avec le Proudhon de la vie domestique, écrivant
auprès du berceau de Catherine des choses formidables, quel livre de morale il y aurait à faire ! Sainte-
Beuve n'a pas eu à sa disposition les quatorze volumes de la *Correspondance*. Mais les quelques lettres
qui passèrent sous ses yeux lui permirent de deviner
chez le rude lutteur, des trésors de tendresse et de
grâce. Pendant les dix dernières années de sa vie, le
mari d'Euphrasie Piégard, « ce Samson sans Dalila »,
faisait avec délices la philosophie de son modeste
bonheur. Il aimait à consoler les âmes inquiètes.
Il donnait volontiers des consultations écrites sur

les maladies de la passion. Quelques-unes des lettres
qu'il écrivit pendant cette période sont des chefs-
d'œuvre d'éloquence ingénue. Le fougueux sophiste se
changeait en un sermonnaire attendri. Un certain Gabriel X..., qui avait perdu une femme aimée, lui fit part
de sa résolution de chercher l'oubli dans l'ivrognerie ;
Proudhon, en une page exquise, lui conseilla plutôt
de se marier. Des mystificateurs sans scrupule abu-
sèrent de son innocente manie de prédication. Une
dame légère, se disant écuyère de l'Hippodrome,
simula le repentir. On connaît l'éloquente lettre,
imméritée, qu'elle obtint de Proudhon. Entre autres
médications morales, il lui prescrivait les fortes lec-
tures.

Voici un document, sinon inédit, du moins peu
connu, sur Proudhon moraliste. C'est une lettre, datée
de 1855, qui ne figure pas à la *Correspondance* : elle a
été recueillie par Alfred Bovet, dans sa collection
d'autographes. Une demoiselle de dix-huit ans —
peut-être irréelle — soumit au philosophe un cas de
conscience. Elle était recherchée en mariage par deux
jeunes gens : l'un pauvre, qu'elle aimait, l'autre, non
aimé, mais opulent. « Que dois-je faire ? » demandait-
elle. Proudhon daigna se mettre en frais de dialectique
pour l'engager à n'épouser ni l'un ni l'autre. « Trem-
blez, mademoiselle, de contrarier votre père. Malgré
les romans et toutes les histoires des almanachs et des
journaux, il y a sur cent toujours soixante-quinze
à parier contre vingt-cinq que dans tout cas semblable, c'est le père et la mère qui ont raison contre
la jeune fille. » Il la met en garde contre le prétendant
aimé : « Il n'est pas digne à un homme pauvre d'épouser une demoiselle riche. » Quant à l'autre, il la loue de
n'en pas vouloir, malgré sa fortune. Et puis tout à
coup le théoricien l'emporte sur le confesseur, et voici
Proudhon qui se fâche : « Eh quoi ! mademoiselle,

vous n'avez que dix-huit ans, et toutes vos préoccupa-
tions sont au mariage ? Qui donc vous sollicite et vous
presse ?... Honte à notre génération, à nos mœurs, à
notre luxure ! A peine la jeune fille sort-elle de l'enfance que la richesse ou la misère, l'une autant
que l'autre, la précipite aux bras d'un homme. On ne
lui laisse pas le temps de se connaître, de jouir d'elle-
même de goûter les délices de sa propre virginité.
C'est une primeur que se disputent la cupidité et la
débauche, ayant pour complices l'indolence des
parents et la vanité de la jeune personne. Ne mourez
pas fille : il n'y a pas de bonheur à tromper le vœu de
la nature... Mais songez que cette même nature, d'accord avec les cris de la pudeur et d'une saine morale,
prescrit à la femme, comme à l'homme, d'attendre
pour le mariage la pleine virilité... Nous ne savons
plus, race lascive et dégénérée, ce qu'il y a de beau,
de digne, pour l'homme comme pour la femme, à
garder une longue et inviolable virginité, à tenir son
corps, comme son imagination et son cœur, pur et
libre, à goûter enfin cette haute indépendance de
l'âme qui nous affranchit de toutes les appétences du
sexe ! »

Et dire qu'il nous faudra ignorer toujours ce qu'a
bien pu répondre la demoiselle de dix-huit ans ! A-t-
elle au moins frissonné sous la douche ? Proudhon lui
adressa cet adieu sévère : « Vous n'êtes guère savante
encore en amour, quoi que vous vous imaginiez, vous
l'êtes encore moins en morale ; et vous ne savez rien
en théologie ! »

On peut élever une statue à cet homme : il est infiniment lointain.

LA DILECTA DE BALZAC

THÉOPHILE Gautier a raconté ceci : « Balzac, au cours de notre intimité, fit allusion une seule fois, avec les termes les plus attendris, à un attachement de sa première jeunesse ; encore ne nous livra-t-il que le prénom de la personne dont après tant d'années le souvenir lui faisait les yeux humides. »

Nos balzaciens égalent en ferveur et en noble curiosité les shakespeariens d'Angleterre. On a cherché quelle était cette figure voilée. MM. Gabriel Ferry et Huges Rebell, tout récemment MM. Hanotaux et Vicaire ont nommé Mme de Berny; aujourd'hui Mme Geneviève Ruxton consacre tout un livre à celle que Balzac appelait « *sa Dilecta* ». Un charmant et doux livre qui vient enrichir le trésor de de la bibliographie balzacienne. Une preuve nouvelle qu'il faut chérir autant qu'admirer le colosse de génie qu'on a si heureusement défini, notre Napoléon littéraire.

Balzac a vingt-deux ans. Il vient de subir l'épreuve que lui a imposée son père ; deux années de claustration dans une mansarde parisienne où il devait conquérir par un chef-d'œuvre le droit de n'être pas notaire. De cet absurde stage, héroïquement

accompli, il a rapporté le gros drame de *Cromwell*
qu'il sent n'être point un chef-d'œuvre. Autour de lui
il ne devine que des doutes. On est anxieux dans la
maisonnette de Villeparisis, sur l'avenir de ce gros
garçon chimérique qui se dit promis à une grande destinée. Il conserve, lui, sa magnanime confiance en son
étoile. Au besoin de gloire s'ajoute, dans son cœur
meurtri, un besoin d'amour. Il n'est pourtant
point sevré de tendresse ; sa mère, un peu sèche, lui
donne ce qu'elle peut donner de maternité ; sa sœur
Laure est une gentille confidente ; mais ce n'est point
ainsi qu'il rêve d'être aimé. Ce passionné exige de la
passion. Jusqu'ici les femmes ne l'ont point gâté. Il est
timide, lourdaud, un peu gauche, danseur maladroit,
de ceux qui lisent de la moquerie aux yeux des jeunes
filles. Il ne s'est épris d'aucune femme encore, mais il
attend, comme une chose due, un infini d'amour.

Marie-Antoinette-Laure de Berny a quarante-
trois ans. Elle mène, dans une grande maison du maussade village, une languissante vie sans joie. Son mari
est un monsieur quelconque, tracassier et grondeur.
Cette honnête femme s'ennuie. Ainsi que son jeune
voisin Honoré de Balzac, elle est amoureuse de
l'amour.

Et sans doute c'est là une bien vieille et banale
histoire. Pourquoi prendra-t-elle de la grâce et jusqu'à de l'innocence ? Parce que cette femme vieillis-
sante apportera dans la faute une exquise douceur, et puis, et surtout parce que c'est le naissant
génie de Balzac qu'elle aura couvé. Nous ne pouvons
pas, quoi qu'on fasse et quoi qu'on dise, avoir contre
Mme de Warens les sévérités qu'exigerait la morale.
Examinée par un juge d'instruction, l'idylle des Charmettes devient quelque chose d'assez vilain. On relit
les *Confessions*, et l'équivoque aventure obtient aussitôt tous les pardons.

Une Warens pudique, telle fut Mme de Berny.

On comprend que pour raconter l'humble poème de cette amoureuse, un biographe, qui est une femme, ait pris presque le ton de l'hagiographie. Il se dégage de cette existence de pécheresse comme un parfum de vague sainteté. Mme Ruxton a eu entre les mains, croyons-nous bien, des papiers de famille qui l'ont minutieusement renseignée sur les amours de Balzac et de la *Dilecta*. Elle a trop de tact et de belle indulgence pour nous infliger le dossier des amants de Villeparisis. Mme de Berny domine le livre, mais elle y passe comme une ombre, enveloppée de clarté lunaire. Nous ignorons même si elle était belle et de quelle couleur étaient ses yeux. Seule une main féminine, pieuse et légère, pouvait ainsi évoquer cette figure en lui laissant un charme de fantôme.

Il est sûr que Balzac n'a jamais aimé d'amour que la *Dilecta*. On cite plusieurs femmes dans sa vie. Il eut même sa crise de mondanité, lorsqu'il se crut distingué par la duchesse de Castries. Il s'acheta alors des bottes vernies et des gants jaunes ; il revêtit le costume d'une passion à la Rastignac ; il a décerné à cette duchesse, dans un transport de vanité, ce certificat : « C'est Mme de Beauséant, en mieux ! » Il dut assez promptement s'apercevoir que c'est tout au plus Mme de Langeais, en moins bien. A partir de son entrée dans la grande lutte, le forçat du travail n'a fait que s'amuser de l'amour. Scribe infatigable, qui se grisait d'encre, il se reposait de son cruel labeur en écrivant à diverses dames, même à des inconnues, telle que cette mystérieuse Louise dont nous ne savons rien. « Cela forme le style », disait-il un jour à Gautier. Mme Hanska est le type accompli de ces correspondantes dont l'écrivain acharné ne pouvait se passer. En a-t-il écrit, à celle-là, et pendant dix-sept s, et dans tous les styles, hors celui qui fait le bruit du vrai ! Mme de Castries, c'est la poupée de son orgueil d'ambitieux. Louise et Mme Hanska furent prétextes de belle « copie » grandiloquente. Cette dernière, il a fini par l'épouser, parce qu'il le fallait bien, pour ne pas s'avouer à lui-même la faillite d'une pareille débauche de littérature. Balzac a fait de temps en temps les gestes et dit les mots de l'amour. Un seule fois il a aimé profondément.

C'est d'ailleurs à Mme Hanska — cela dut la flatter médiocrement — qu'il explique, non plus avec l'emphase habituelle, mais avec des mots qui pleurent, ce que fut dans sa vie Mme de Berny. Depuis longtemps, l'amie ancienne, la *Dilecta* des soirées de Villeparisis n'était plus pour lui qu'une fée lointaine. Il vient d'apprendre qu'elle va mourir. Aussitôt il écrit à «l'Étrangère » : «Mme de Berny penche la tête comme une fleur dont le calice est chargé d'eau. Ce doux esprit, cette chère créature qui m'a mis dans son cœur, comme son enfant le plus aimé... Je suis accablé de ce chagrin qui s'avance, et cette âme divine m'y prépare pour ainsi dire par le peu de mots qu'elle peut écrire. » Il dira encore : « Voilà ce que j'ai souffert par le cœur qui m'a créé. »

« L'âme de mon âme », il l'appelait ainsi. Qu'écrit-il aussi à Louise, pour satisfaire son besoin naïf de confier à des compagnes de littérature son culte pour la femme de son cœur ? « La personne que j'ai perdue était plus qu'une mère, plus qu'une amie, plus que toute créature peut être pour une autre. Elle m'avait soutenu de parole, d'action, de dévouement pendant les grands orages. Si je vis, c'est par elle, elle était tout pour moi. » Il nous faut chercher ailleurs que dans sa correspondance le vivant portrait de la *Dilecta*, « la céleste créature dont Mme de Mortsauf est une pâle épreuve. » Balzac bavardait dans ses lettres, il se

confessait dans son œuvre. Mme de Berny revit sous
les noms de Mme de Mortsauf et de la Pauline de la
Peau de chagrin, de l'immatérielle existence des
Laure, des Béatrix et des Elvire. La *Dilecta*, c'était
Mme de Mortsauf en mieux. Elle seule a compris qu'il
y avait dans le prodigieux visionnaire de la *Comédie
humaine* la candeur d'un bon petit enfant. On ne pu-
bliera point de lettres d'elle ; c'était une silen-
cieuse.

DELPHINE GAY

Nous avons connu un vieillard charmant qui ne manquait point d'aller à la Comédie-Française toutes les fois que l'on y jouait *la Joie fait peur*. Il tenait cette pièce touchante pour l'un des chefs-d'œuvre de l'esprit humain. Essayer de le détromper eût été aussi cruel qu'inutile. Les raisons profondes de sa préférence défiaient la méthode expérimentale : cet aimable homme avait été, de 1820 à 1850, amoureux en tout bien tout honneur de Delphine Gay. Il s'était cru le témoin d'un miracle : la poésie s'incarnant dans la beauté. Ce qui constitue le miracle ne dépend point de la réalité d'un phénomène, mais de son prestige sur les âmes d'élite. « Les « miraculés » de Delphine Gay furent innombrables. Pendant trente ans, il y a eu des hommes — et lesquels ! — prêts à affirmer, sur la foi du serment, qu'ils avaient assisté au passage d'une Muse. Les faits d'ordre purement spirituel ne se discutent pas. Il serait donc frivole de se demander si Mme de Girardin fit vraiment des chefs-d'œuvre, au sens où le mot s'emploie en littérature. Son génie apparut à toute une génération avec les caractères d'un prodige. Tout au plus est-il permis non pas d'expliquer, mais de raconter ce miracle.

Il a un dossier. Ce dossier, M. Léon Séché vient d'en extraire les témoignages principaux. On prend toujours plaisir à se laisser conduire par ce chercheur dans les sentiers de l'indiscrétion. M. Séché ne nous en voudra pas de dire qu'il montre parfois, au cours de ses enquêtes sur les morts illustres, plus de curiosité que de respect. Il se plaît aux révélations troublantes. A l'idée qu'il va interroger la mémoire d'une dame, on éprouve une vague inquiétude en même temps que la secrète espérance d'un plaisir coupable. Les esprits malveillants seront déçus. Le livre très intéressant que M. Léon Séché consacre — nous disons bien : consacre — à Delphine Gay est parfaitement pieux. L'auteur déclare tout d'abord que son héroïne ne connut « ni les orages du cœur ni les aventures galantes. » Il avoue qu'il a cherché « par acquit de conscience »... Cherché quoi ? Ne mentez point, ce que bien des gens auraient désiré qu'il découvrît ; un peu de faiblesse féminine chez une femme « Je n'ai rien trouvé », proclame-t-il loyalement. Il faut en prendre notre parti, Delphine Gay n'a pas eu de roman. Et là encore, nous devons reconnaître du merveilleux dans sa destinée.

Toutes les pièces, même inédites, de son dossier de canonisation attestent sa vertu. Elles sont plus affirmatives encore quant à la rayonnante beauté qui rendait cette vertu d'autant plus méritoire. Les certificats sont signés : Marceline Valmore, Lamartine, Victor Hugo, Théophile Gautier. Delphine Gay avait vingt-deux ans, lorsque M. Alphonse de Lamartine, secrétaire d'ambassade à Florence, lui fit les honneurs de la cascade du Velino. La jeune poétesse s'assit sur un tronc d'arbre, en attitude *corinnienne* : « Ses cheveux abondants, soyeux, d'un blond sévère, ondoyaient au souffle impétueux des eaux, comme ceux des sibylles que l'extase dénoue ; son sein, gonflé d'impressions, soulevait fortement sa robe ; ses yeux, de la même teinte que ses cheveux se noyaient dans l'espace... Sa tête et le port de sa tête rappelaient trait pour trait en femme celle de l'Apollon du Belvédère en homme ; on voyait que sa mère, en la portant dans ses flancs avait trop regardé les dieux de marbre. » Lamartine vieilli traçait de mémoire ce portrait d'une imprécision magnifique. Après trente années, le conteur attristé des *Entretiens*, en passant la revue de ses souvenirs, s'attardait à revivre cette heure enchantée. Il insiste sur le caractère tout idéal et désintéressé de son adoration : « Je l'ai aimée jusqu'au tombeau, sans jamais songer qu'elle était femme. »

Marceline Valmore put apercevoir, elle aussi, la vivante merveille. Delphine et sa mère faisaient halte à Lyon. La jeune fille apparut au balcon d'un hôtel. Le bon Valmore, qui passait par là, courut vite chercher sa femme, « pour me faire voir ce que je ne verrais plus de ma vie. » La foule stationnait devant les fenêtres. Delphine dut fermer sa croisée pour se soustraire à l'enthousiasme des Lyonnais. « Belle, imposante, comme la Rachel de la Bible, elle était couverte de cheveux blonds retombant sur toutes ses roses, et semblait en être formée. Jamais rien de si éclatant n'est apparu dans une ville. »

A la première d'*Hernani*, raconte Gautier : « Quand elle entra dans sa loge et se pencha pour regarder la salle, sa beauté — *bellezza folgorante* — suspendit un instant le tumulte et lui valut une triple salve d'applaudissements. »

On sait quelles larmes superbes Victor Hugo versa sur la tombe de Delphine :

> Jadis je vous disais : Vivez, régnez, madame,
> Le bel éblouissant pâlit quand vous partez !

Un ancien officier aux gardes du corps, qui s'appelait Alfred de Vigny, faillit demander la main de Mlle Gay. La mère très prosaïque du guerrier poète bouleversa cette idylle au nom de la prose. Delphine pleura, de Vigny obéit. Après vingt ans, il aimait à se croire secrètement regretté :

> Quand les deux beaux bras nus pressaient la blonde écaille,
> Dans la blonde forêt de tes cheveux d'or pur ;
> ...Tu n'étais pas si belle, en ce temps-là, Delphine,
> Que depuis ton air triste et depuis ta pâleur.

Il devient, n'est-il pas vrai ? moins difficile de comprendre pourquoi le vieux monsieur de la Comédie-Française admirait tant *la Joie fait peur*. Il a cru aux poèmes de Delphine Gay en noble compagnie, avec Lamartine, avec Hugo, avec de Vigny, avec Gautier, avec Balzac, et pour les mêmes raisons qu'eux, pour une raison du moins qui leur a suffi à tous : elle était si belle !

A nous autres, qui ne subissons plus le sortilège de l'enchanteresse, son génie apparaît moins clairement. Aussi y aurait-il de l'impiété à relire son œuvre. Plus d'impiété encore à se demander jusqu'à quel point les enthousiastes de *Judith* et de *Cléopâtre* subissaient l'illusion et s'ils ne se ressaisissaient pas en changeant d'atmosphère. Lamartine lui-même, quelques semaines après la scène de la cascade du Velino, n'écrivait-il pas à un ami : « Mlle Delphine Gay paraît une bonne personne et ses vers sont ce que j'aime le moins en elle. Cependant c'est un joli talent féminin, mais le féminin est terrible en poésie ! » Comme on sent que déjà l'apparition magique n'était plus devant ses yeux ! Les deux fois pourtant Lamartine a été sincère. Il l'était surtout alors qu'assis à sa table de tâcheron sublime, il évoquait l'éblouissant fantôme d'autrefois. Lorsque l'on n'a pas vu Delphine Gay, — et c'est notre cas, pauvres tard venus que nous sommes! — il est sage de croire les grands ancêtres sur parole. La gloire de cette personne merveilleuse ne s'explique point par ses livres. Elle n'appartient pas à l'histoire de la littérature ; elle est du domaine du surnaturel. « L'homme, a dit Renan, fait la beauté de ce qu'il aime, et la sainteté de ce qu'il croit. »

LA MUSE DE MAURICE DE GUÉRIN

Le calendrier des dates littéraires vient de marquer le centenaire de cet écrivain à l'âme exceptionnelle : Maurice de Guérin. Ses admirateurs, plus fidèles que bruyants, se comptent par milliers. Est-ce à dire qu'ils songent à célébrer cette pure mémoire selon les rites coutumiers : inauguration d'une statue, harangues officielles, palmes académiques et banquet ? Ce serait d'une hideuse ironie. Pendant son court passage sur la terre, Guérin ignora la popularité et fut cruellement ignoré d'elle. Le moins qu'elle lui doive aujourd'hui, c'est de lui épargner les pompes grossières d'un tardif repentir. De grâce, que nul ne songe à dresser, devant une foule de dimanche, l'image, en bronze ou en marbre, de cet amant de la solitude. Aussi bien, quelqu'un a tracé le programme de la seule fête qui convienne au souvenir de Guérin. Il n'est qu'une manière d'honorer dignement ce déshérité de la gloire : — le mieux connaître.

Voilà le devoir qu'a voulu nous imposer à tous M. Abel Lefranc en écrivant ce livre : *Maurice de Guérin, d'après des documents inédits.* Livre austère et pieux, dont le charme triste fait penser à une offrande funéraire. M. Lefranc, initié autant que quiconque aux méthodes de l'érudition moderne, excelle à conduire rigoureusement une enquête historique. Mais la recherche lui paraîtrait vaine si elle n'était vivifiée par l'esprit d'amour. M. Lefranc est de ceuxlà qui, pour bien comprendre, commencent par aimer. Ce savant ne s'interdit point l'enthousiasme. Ce que cet homme d'enseignement enseigne avant tout, c'est la ferveur ; il est un maître de l'art d'admirer.

Tous les amis de Maurice et d'Eugénie de Guérin, tous ceux qui portent le deuil de ces deux âmes d'élite, se donneront rendez-vous dans le généreux livre d'Abel Lefranc. Un tel ouvrage était nécessaire. N'est-il pas surprenant qu'il soit le premier travail d'ensemble que Guérin ait inspiré à un écrivain ? Il en a été de la mémoire de Maurice de Guérin comme de sa pensée ; elles se sont dispersées l'une et l'autre. Le génie de l'auteur du *Centaure* — « *Le Centaure*, cette merveille », disait Sainte-Beuve, — a flotté, sans daigner se fixer. Au lendemain de la mort du poète. George Sand jeta au monde un noble cri d'admiration qui retentit profondément. Et puis, avec les générations nouvelles, est venu, ne disons pas l'oubli, mais ce distrait et froid hommage dont la postérité se contente à l'égard de ceux qui n'ont pas su ou qui dédaignèrent le secret de violenter sa faveur. Il y a de savants manuels d'histoire littéraire où le nom des deux Guérin n'est même pas prononcé. Le frère et la sœur, créatures de rêve, traversèrent la vie en état de perpétuel exil. On dirait que la gloire voudrait les exiler encore. C'est œuvre pie que de rendre à ces deux humilités magnanimes leur juste part de rayonnement.

Comment accomplir l'acte de réparation ? En publiant l'édition complète — nous insistons sur le mot « complète » — des œuvres de Maurice de Guérin.

C'est à cela surtout que M. Abel Lefranc convie
notre piété... Il donne l'exemple en analysant éloquemment cinq manuscrits inédits dont il s'est rendu
acquéreur. «Mais, dit M. Lefranc, d'autres trésors restent assurément cachés. Il est certain que le *Centaure*
et la *Bacchante* ne sont pas les seuls poèmes du même
genre, sinon achevés, du moins conçus et préparés
par Guérin. Qui nous rendra les autres ? »

Ici se pose, une fois de plus, ce grave problème :
jusqu'à quel point les dépositaires légaux d'une
grande pensée ont-ils le droit de confisquer du beau ?
On exproprie la sacro-sainte propriété foncière pour
ouvrir des champs de fouilles. La pioche des archéolo-
gues va chercher dans les entrailles du sol les pous-
sières des vieilles civilisations. Or, il se cache au fond
de certaines armoires bien des richesses non moins
précieuses que des marbres mutilés. L'œuvre d'un
poète est-elle bien de famille ou quelque chose du
patrimoine universel ? Où s'arrête le droit des légatai-
res ? Où commence celui de cet héritier idéal qui s'appelle tout le monde ?

Il faut bien le dire, la mémoire de Maurice de
Guérin ne nous est parvenue que déformée. Des
mains tremblantes ont fait au mort une toilette funèbre où il y a du mensonge. Pieuse imposture qu'il
convient d'honorer ou d'absoudre, mais non de
consacrer. Ce n'est point Guérin lui-même que
nous connaissons, c'est sa momie. Les embaumeurs,
si respectables qu'aient été leurs scrupules, sont-ils
assez puissants encore pour prescrire contre la vérité ?

Ah! la vie de Maurice de Guérin, cette vie inquiète,
souffrante, orageuse, dont Abel Lefranc réclame la
pleine révélation, un incomparable témoin eût pu la
dire, en toute loyauté, en toute audace et c'était Barbey d'Aurevilly. Il y songea sans cesse, au cours de
son existence gaspillée. « Je l'écrirai, déclarait Bar-

bey, sa vie de plongeur sous la cloche de cristal, à ce sublime pêcheur des plus belles perles qui aient été jamais tirées du fond des mers. » Ce livre qui eût été le chef-d'œuvre de l'amitié spirituelle, ce poème saignant et superbe, pourquoi Barbey d'Aurevilly ne l'a-t-il pas écrit? Eut-il peur, lui qui n'avait peur de rien ni de personne, d'alarmer des consciences craintives ? Est-ce la main d'Eugénie, cette pâle main de nonne, qui ferma la bouche de sincérité ? A défaut du récit rêvé, Barbey, en plusieurs passages de ses *memoranda*, laisse entrevoir les raisons de son silence : ils étaient trop de gardiens autour de la jeune mémoire embaumée et trop de timides consciences que le poète du panthéisme scandalisait du fond de son tombeau. Une fade légende, fabriquée selon les méthodes bollandistes, nous cache aujourd'hui encore la vivante figure de cet être de passion et de désir qu'a été Maurice de Guérin.

Que pourrait-on craindre à révéler cette âme ? Rien que de magnifique n'apparaîtra au grand jour. M. Lefranc le dit excellemment : « Quand il s'agit d'un écrivain si rare et de si haut rang, il ne saurait être question de mystère. » Chacun sait maintenant que le chantre enivré de la nature a subi, comme le plus faible d'entre nous, le pouvoir de la femme. Les lettres d'amour de Guérin nous sont dues. Elles lui concilieront les cœurs féminins, sans lesquels il n'est point de radieuse immortalité. Que Guérin ait aimé, non point seulement l'âme éparse des choses, mais une créature périssable, et cela avec toutes les candeurs et les souffrances d'un pauvre enfant de la race mortelle, est-ce donc pour le diminuer ? Le clocher du Cayla a vu naître le dernier adorateur de la vie primitive. Sans doute, mais c'est aux pieds d'une femme de son siècle que cet échappé des grottes thessaliennes a reçu le baptême de la douleur ? Peu importe au surplus le

nom de cette dame et nous consentons volontiers à
l'ignorer toujours. Elle s'appelle la revanche de la
vie sur une des âmes les plus dédaigneuses et les plus
farouches qui l'aient jamais défiée. Et c'est nous faire
mieux aimer encore le confident des centaures et des
bacchantes que de montrer d'humbles larmes
humaines en ses yeux de visionnaire surhumain.

TABLE DES NOMS CITÉS

Goncourt (Edmond de), 68.
Goncourt (Les), 140.
Gouast (le marquis de). Voir
  Avalos (Alphonse d').
Gouast (la marquise de). Voir
  Aragon (Marie d').
Gozzoli (Benozzo), 265.
Gréard (Octave), 2, 3.
Grégoire, 187.
Greive, 142, 143.
Greuze, 117, 121, 123, 165-169.
Greuze (Mme), 165-169.
Gréville (Ch.-Fr.), 190, 191, 193.
Grimaldi. Voir Monaco.
Grimm, 158.
Grün (Charles), 275, 276.
Gruyer (Anatole), 195, 196, 200.
Guarini, 48.
Gubernatis (Angelo de), 24.
Guérin (Eugénie de), 291-295.
Guérin (Maurice de), 291-295.
Guibert (le comte de), 127, 128.
Guiffrey (Jules), 178.
Guise (Henri de), 33.
Guizot, 264.
Guyon (Mme), 89-93.

H

Hals (Franz), 61, 62, 64.
Hamelin (Fortunée), 219, 220.
Hamilton (lady), 174, 189, 193.
Hamilton (sir William), 190-193.
Hamilton (Horatia), 193.
Hanotaux (G.), 43, 279.
Hanska (Mme), 281, 282.
Harlay de Champvalon, 37.
Harmensz, 70.
Haugmard (Louis), 8, 9.
Haumant (Émile), 145, 146.
Haussmann, 41.
Haussonville (le comte J.-O.-B.
  de Cléron d') 213.
Haussonville (le comte O.-B.-
  P.-G. de Cléron d') 230, 231.
Hébert (J.-R.), 182.
Hegel, 275.
Heine (Henri), 140.
Heinsius, 182.
Héloïse, 1-5.
Hénault (le président), 126.
Hendrijke, 69, 70.

Henri III, 34, 38.
Henri IV, 29, 35-38, 42, 43.
Henri-Robert (M^e), 91.
Hercule, 18.
Herriot, 217, 218.
Hesse-Cassel (Charles-Louis de),
  84.
Hesse-Cassel (Charlotte de), 84.
Homère, 8, 159, 245, 246, 249.
Honoré III de Monaco. Voir
  Monaco.
Horn (Frédéric de), 246.
Houdetot (Mme d'), 128.
Houdon, 96.
Hugo (V.), 286-288.

I

Ingres, 249-253, 262.

J

Jagellons (Les), 234, 235.
Jagot, 187.
Jany, 177.
Jaurès (Jean), 145.
Jodelet, 65.
Jourdain, 2.
Jules III, pape, 17.

K

Kant, 181, 240.
Kaufmann (Angelica), 245-248.
Kersaint (le comte G.-F. de), 230
Kunth (le conseiller), 241.

L

Labille, 141.
La Bruyère, 73, 82.
La Caze (Louis), 67, 68.
Laeger (Hercule de), 55, 56, 58,
  59.
Lachèvre (Frédéric), 55-58.
Laclos (Choderlos de), 142, 162.
Ladreit de Charrière, 211, 212.
La Fayette (le comte de), 73, 74-
  76.
La Fayette (Mme de), 71-76.
La Fayette (René-Armand de),
  76.

TABLE DES MATIERES

Paris. — Imp. de Vaugirard, 152, rue de Vaugirard.

H.-L. MOTTI, directeur.

BIBLIOTHÈQUE VARIÉE, FORMAT IN-16

À 3 FR. 50 LE VOLUME

ÉTUDES SUR LA LITTÉRATURE FRANÇAISE

ALBERT (P.) : *La poésie* ... 1 vol.
La prose ... 1 vol.
La littérature française des origines à la fin du XVIe siècle ... 1 vol.
La littér. française au XVIIe siècle ... 1 vol.
La littér. française au XVIIIe siècle ... 1 vol.
La littér. française au XIXe siècle ; les origines du romantisme ... 2 vol.
Poètes et poésies ... 1 vol.

BALDENSPERGER (F.) : *Études d'histoire littéraire* ... 2 vol.

BENOIST (Ant.) : *Essais de critique dramatique* ... 1 vol.

BERTRAND (L.) : *La fin du classicisme et le retour à l'antique* ... 1 vol.

BOISSIER (G.) de l'Académie française : *L'Académie Française sous l'ancien régime* ... 1 vol.

BRUNETIÈRE (F.), de l'Académie française : *Études critiques sur l'histoire de la littérature française* ... 8 vol.
L'évolution des genres dans l'histoire de la littérature ... 1 vol.
L'évolution de la poésie lyrique en France au XIXe siècle ... 2 vol.
Les époques du théâtre français ... 1 vol.
Victor Hugo ... 1 vol.
Études sur le XVIIIe siècle ... 1 vol.

CHERBULIEZ (V.), de l'Académie française : *L'idéal romanesque en France* ... 1 vol.

CHURTON-COLLINS : *Voltaire, Montesquieu et Rousseau en Angleterre* ... 1 vol.

CRUPPI (J.) : *Un avocat journaliste au XVIIIe siècle : Linguet* ... 1 vol.

DELTOUR : *Les ennemis de Racine au XVIIe siècle* ... 1 vol.

FAGUET (E.) : *En lisant les beaux vieux livres* ... 1 vol.

FILON (A.) : *Mérimée et ses amis* ... 1 vol.

GENDARME DE BÉVOTTE (G.) : *La légende de Don Juan* ... 2 vol.

GIRAUD (V.) : *Essai sur Taine*, 4e éd ... 1 vol.
Chateaubriand, études littéraires ... 1 vol.
Blaise Pascal, études d'histoire morale ... 1 vol.
Les Maîtres de l'heure ... 1 vol.
Livres et questions d'aujourd'hui ... 1 vol.

GLACHANT (P. et V.) : *Papiers d'autrefois* ... 1 vol.
Essai critique sur le théâtre de Victor Hugo ... 2 vol.

GRÉARD, de l'Académie française : *Edmond Scherer* ... 1 vol.
Prévost-Paradol ... 1 vol.

GRISELLE (E.) : *Fénelon* ... 1 vol.

HAUSSONVILLE (Cte d'), de l'Académie française : *À l'Académie française et autour de l'Académie* ... 1 vol.

HUGO (V.) : *Littérature et Philosophie mêlées* ... 2 vol.

LACRETELLE (P. de) : *Les origines et la jeunesse de Lamartine* ... 1 vol.

LAFOSCADE (L.) : *Le théâtre d'Alfred de Musset* ... 1 vol.

LARROUMET (G.), de l'Institut : *Marivaux, sa vie et ses œuvres* ... 1 vol.
La comédie de Molière ... 1 vol.
Études de critique dramatique ... 2 vol.
Derniers portraits ... 1 vol.

LE BRETON (A.) : *Le roman au XVIIe siècle* ... 1 vol.

LENIENT : *La satire en France au moyen âge* ... 1 vol.
La satire en France au XVIe siècle ... 2 vol.
La comédie en France au XVIIIe et au XIXe siècle ... 2 vol.
La poésie patriotique en France au moyen âge et dans les temps modernes ... 2 vol.

MARTINENCHE (E.) : *La comédie espagnole en France de Hardy à Racine* ... 1 vol.
Molière et le théâtre espagnol ... 1 vol.

MASSON (M.) : *Fénelon et Mme Guyon* ... 1 vol.
Madame de Tencin ... 1 vol.

MERLANT (J.) : *Le roman personnel de Rousseau à Fromentin* ... 1 vol.

MÉZIÈRES (A.), de l'Académie française : *Vie de Mirabeau* ... 1 vol.
Morts et vivants ... 1 vol.
De tout un peu ... 1 vol.
Pages d'automne ... 1 vol.

PARIS (G.), de l'Académie française : *La poésie du moyen âge* ... 2 vol.
La littérature française au moyen âge, 3e édit. revue et complétée ... 1 vol.
Légendes du moyen âge ... 1 vol.

PELLISSIER : *Le mouvement littéraire au XIXe siècle* ... 1 vol.

POMAIROLS (Ch. de) : *Lamartine* ... 1 vol.

REINACH (J.) : *Études de littérature et d'histoire* ... 1 vol.

REYSSIÉ : *La jeunesse de Lamartine* ... 1 vol.

RIGAL (E.) : *Le théâtre français avant la période classique* ... 1 vol.
Molière ... 2 vol.
De Jodelle à Molière ... 1 vol.

ROUJON (H.), de l'Académie française : *La galerie des bustes* ... 1 vol.
En marge du temps ... 1 vol.
Dames d'autrefois ... 1 vol.

SAINTE-BEUVE : *Port-Royal*, 7e édit. revue et augmentée ... 7 vol.

SCHRŒDER (V.) : *L'abbé Prévost* ... 1 vol.

STAPFER : *Molière et Shakespeare* ... 1 vol.
La famille et les amis de Montaigne ... 1 vol.

TAINE (H.) : *La Fontaine et ses fables* ... 1 vol.
Essais de critique et d'histoire ... 1 vol.
Nouveaux essais de critique et d'histoire ... 1 vol.
Derniers essais de critique et d'histoire ... 1 vol.

TEXTE (J.) : *J.-J. Rousseau et les origines du cosmopolitisme littéraire* ... 1 vol.

VÉZINET (F.) : *Molière, Florian et la littérature espagnole* ... 1 vol.